本书为西南政法大学资助项目

左 菁 著

慈善法概要

SUMMARY OF CHARITY LAW

法律出版社 LAW PRESS · CHINA
北京

图书在版编目（CIP）数据

慈善法概要 / 左菁著. -- 北京 : 法律出版社,
2025. -- ISBN 978-7-5197-9917-5

Ⅰ. D922.182.34

中国国家版本馆 CIP 数据核字第 2025US3184 号

慈善法概要
CISHANFA GAIYAO

左　菁　著

策划编辑 徐　菲
责任编辑 徐　菲
装帧设计 贾丹丹

出版发行 法律出版社
编辑统筹 法律出版社
责任校对 张翼羽
责任印制 胡晓雅
经　　销 新华书店

开本 710 毫米 × 1000 毫米　1/16
印张 17.25　　**字数** 221 千
版本 2025 年 1 月第 1 版
印次 2025 年 1 月第 1 次印刷
印刷 北京建宏印刷有限公司

地址：北京市丰台区莲花池西里 7 号（100073）
网址：www.lawpress.com.cn
投稿邮箱：info@lawpress.com.cn
举报盗版邮箱：jbwq@lawpress.com.cn

销售电话：010-83938349
客服电话：010-83938350
咨询电话：010-63939796

书号：ISBN 978-7-5197-9917-5　　**定价**：68.00 元

凡购买本社图书，如有印装错误，我社负责退换。电话：010-83938349

感谢全国人大常委会法工委朱涛副处长、重庆工商大学李喜燕教授以及殷菲阳、余碧丽、龙雨帆等同学对本书的大力支持！

目　　录

第一章

概　述

第一节 引 论

汉语“慈＋善”形成的语词有“发慈心、行善举”的引申含义，蕴含着中国传统的独特文化。“慈”与“善”最初并没有同时使用，而是各有其内涵。“慈”的本义为父母对子女之爱，后被延伸为对他人之爱，汉代许慎的《说文解字》将其解释为“慈者，(爱)也”。“善”的最初含义为吉祥、美好，后引申为乐于助人，品行高尚，《说文解字》释义为“善(譱)者，吉也，从誩羊，此与义(義)美同意”[1]。“慈善”并用，最初形容某人“仁慈善良，富有同情心”，北魏崔光即有“宽和慈善”之誉。据考，“慈善”并用且见之于文献的是《北史》中的《魏书·崔光传》，文中称赞崔光人品时称其“光宽与慈善”[2]。这里的“慈善”为“仁慈善良，富有同情心，乐于帮助他人”之意。

我国民间慈善活动有着非常悠久的历史，慈善活动是中华民族优秀美德和文化传统的体现。改革开放以来，我国现代慈善事业起步，并随着社会经济水平的发展不断丰富，尤其是自2016年《慈善法》实施以来慈善组织数量增加、慈善资源总量呈现喷涌之势、志愿服务高质量增长、全社会慈善环境向好、中国慈善从传统走向现代。[3] 我国慈善立法，完成了从“熟人慈善”到“公益慈善”的学习参考。本书以2023年修正的《慈善法》为参照，从慈善基本理论、慈善组织、慈善募捐、慈善捐赠、慈善信托、慈善财产、慈善服务、应急慈善、信息公开等方面对慈善法作全面阐释。

---

[1] “善”是“譱”(小篆体)的异体字。“譱”为两言加羊，故“从誩羊”，即“羊口为善”。“誩”为两言相争，但意指好的两言相争(如互相谦让不下的争论、争着承担损失、争着承担责任等)。《中国文字学概要：文字形义学》(杨树达)有云：“譱从羊者，羊性柔驯，而言似之，故曰譱也。”中国古代认为羊性情温和，是吉祥、美好之物。《说文解字》中言：“羊者，祥也”“美，甘也，从羊从大”，“此与‘義’‘美’同意”，意即“善(譱)”、“義”与“美”字均从“羊”，故三字义相近。

[2] 《魏书·崔光传》载：“光宽与慈善，不忤于物，进退沉浮，自得而已。”

[3] 参见郑功成：《〈慈善法〉开启中国的善时代》，载《社会治理》2016年第5期。

第二节　慈善法产生的历史背景与发展脉络

一、西方慈善法的起源与发展

1601 年，英国颁布了《慈善用益法》，该法是世界范围内第一部慈善法，被称为“现代慈善法的开端”，在慈善史上具有重要的地位和深远的意义。该法列举了大量都铎王朝晚期社会所普遍认同的慈善目的，此举奠定了以“慈善目的”为核心的现代慈善法基础。

（一）宗教改革前：慈善尊崇上帝和教会

中世纪宗教改革前，普通民众将宗教视为其精神支柱和行为准则，该背景下的慈善活动同样宗教色彩浓重。英国是传统的天主教国家，天主教会在英国有巨大的影响力，大多数民众是虔诚、狂热的宗教信徒，信仰“人生来都有罪，要得到赦免就应该多做善事”的宗教原则，尤其提倡富人应该将多余财产无偿分发给贫民，为自己赎罪。当时的宗教慈善活动并未使用“charity”，而是使用了宗教属性更为浓厚的“piety”一词，即“虔诚行为”[1]，例如，格里高利九世在教皇敕令中鼓励信徒支持“虔诚的事业”——为了尊崇上帝和教会，通过捐赠来自主开展宗教仪式，或向教堂捐款、捐物及以遗赠部分财产的方式换取救赎。在这一时期，教会成为慈善捐赠的中介，普通民众基于宗教情怀将财产捐赠给所属教区的教会，教区的济贫官收集居民自愿捐献的物资，并集中统筹管理，再由其决定捐赠物资的流向。尽管英国早期的宗教慈善与现今所理解的“慈善”还相距甚远，但其宗教法中涵盖的通过捐赠以救济贫困、困难之人，一定程度上构成了现代意义上慈善的基础意涵。

---

〔1〕“piety”（“虔诚行为”）成为中世纪教会法的重要概念，其通常被解释为基于“虔诚目的”，对神与教会所表达敬意之活动。

（二）宗教改革后：慈善世俗化倾向

中世纪法庭通过制定完善的宗教法律规范，并将相关案件管辖权赋予“宗教法庭”，对信徒的捐赠财产给予制度保障，进而最大限度维护教会的利益。然而，随着捐赠财产规模的日益庞大，国家税收大幅减少，王权和教权的碰撞开始产生。特别是大量的土地被教徒捐赠给教会，教会又因此获得对于该土地的永久性特权，形成的所谓“死手”（dead hand）将使附属于土地上的封建义务消失，严重损害了国王和领主们的利益[1]，世俗政府着手规制虔诚行为。

通过几任国王的努力，英国在200多年的时间里出台一系列法令，将对虔诚行为的态度从规制转变为禁止，不仅成功削弱了宗教组织的权威，甚至彻底颠覆了教皇的至高地位。从英王爱德华一世1279年《土地死手律》到亨利八世1532年《土地死手律》、1535年《用益法》，再到爱德华六世1547年《教会解散法》，英国完成了从最初只规定在国王许可下才能将不动产赠与教会，到后期禁止英国臣民向教会捐赠不动产、禁止设立以教会为受益人的用益[2]，再到最后将宗教虔诚与“迷信”等同，天主教会的财产被收归政府的华丽转变[3]，至此，英国慈善逐渐抹去了其浓重的宗教色彩，慈善观念发生了根本性的转变，慈善不再纯粹作为一种宗教道德上的要求，开始出现世俗化趋向。

---

〔1〕欧洲封建君主制政体时代（9～13世纪），是领主、骑士、国王、教会相互依存时期。当时的英国封建土地制度规定，在骑士或者其他小领主去世后，领主对其继承人可行使监护权，包括婚姻控制权和土地归复权等。一旦小领主将土地转让给教会，领主将丧失上述权利，地产便转到教会手中成为不能转让的“死手地”。

〔2〕由于教会不能再通过捐赠的方式获得不动产，便开始倡导通过设立“用益”（use）的方式获得不动产上的利益，以此避免立法的规制和处罚的风险。通过这种方式，教会仍然可以获得大量源自不动产上的孳息等收益。所谓用益制度，即委托人将不动产交由受托人管理，并约定以教会为受益人之（虔诚的）行为。

〔3〕其中最为著名的便是亨利八世因为“离婚风波”向教会发起挑战，掀起轰轰烈烈的宗教改革。通过1533年《上诉法》和1534年《至尊法案》，亨利八世将自己的地位抬高到仅次于上帝的程度，并创建了英国新教，即圣公会。英国宗教改革最终改变了教会占有大量地产的现状，超过600所修道院被迫关闭，其财产被国王收归皇室所有。

(三)以“公益”为核心的管理——慈善法产生与发展

16世纪末社会危机不断加剧,而一系列灾害、饥荒、战争又导致社会大部分民众陷入贫困、伤病和苦难之中。民间自发的慈善事业由于缺乏有效的监管,挪用善款、侵吞财产等行为层出不穷,公信力的下降甚至影响了民众的捐赠热情,急需一部制定法对此进行规范。从立法层面看,“慈善”这个词从“piety”转向“charity”之后,最先需要解决的问题便是如何界定“慈善”这一概念。1601年英国颁布了《慈善用益法》,尽管没有对“慈善”一词赋予明确的法律定义,但在开篇“序言”(preamble)中采取列举的方式,详细罗列了11种具体的“慈善目的”[1]。此外,该法还设立了专门管辖慈善事业的组织机构,为慈善立法提供了大致的框架,为现代慈善活动提供了最早的规则遵循。在此之后的300多年时间里,英国法学界经历了长期的研究探讨和司法实践,并通过一系列判例进一步明确了“公共性+有益性”的“公益原则”,为判断法律上之“慈善”提供了实质性标准。在此基础上,2006年英国《慈善法》第一次对“慈善事业”进行了法律界定[2],并同时罗列了14类慈善目的,正式从立法上确立了慈善目的和以公益性为核心的慈善界定模式。2008年英国慈善委员会制定《慈善组织公益性指南》,对慈善组织的公益性如何认定作出了进一步的解释。此后,受英国慈善立法的影响,包括俄罗斯、新西兰、新加坡等国在内的世界各国都纷纷建立起了以“公益”为核心的符合本国国情的慈善法体系。

---

〔1〕 1601年英国《慈善用益法》对慈善目的进行了清单式的列举,包括:救济老人、弱势和贫困人群;维持病人、伤残士兵和海员的生计;资助学校、免费学校与贫困学者;修缮桥梁、港口、避难所、堤坝、教堂和公路;资助孤儿的教育和生活;救济、维持感化院里的人的生活;帮助贫困女仆之婚礼;支持和援助年轻的商人、工匠、残疾人;救济罪犯和俘虏;帮助减轻收入在15英镑以下的贫困居民的负担;支持军队和减轻税收。

〔2〕 2006年英国《慈善法》第2条规定,“只有从事一项或多项具有慈善目的的事业并且是为公众利益服务的才能被认定为是慈善事业”。

二、我国慈善法的发展历程

(一)我国传统慈善事业

慈善思想是中华传统文化的重要组成部分,扶贫济困、乐善好施、乡邻互助是中华民族传统美德。儒家的"仁爱"、墨家的"兼爱"、道家的"慈爱"、佛家的"慈悲"源远流长,蕴含着丰富厚重的慈善文化思想。在中国历朝历代,慈善救济举措都是社会治理的重要内容之一。

早在西汉时期,汉文帝曾诏令说:"方春和时,草木群生之物皆有以自乐,而吾百姓鳏、寡、孤、独、穷困之人或阽于死亡,而莫之省忧。为民父母将何如?其议所以振贷之。"汉武帝时代开始扩大慈善对象的范围,例如将残疾人也纳入救助对象范畴,并支持鳏、寡、孤、独、穷困之人就业和创业,即提出"存问鳏、寡、废、疾,无以自振业者贷与之"。唐代以后,除发放实物外,还探索设立了收容贫老、乞讨流浪人员的专门机构,如养病坊、悲出院、济病坊等。北宋年间也提出对鳏、寡、贫、病、孤、独者,"官为居养之"。需要指出的是,在我国漫长的封建社会里,在"君临天下"的皇权思想影响下,传统的慈善事业通常受到官府的强有力控制,绝大多数的慈善活动由政府垄断,政府是慈善救济的主体,民间慈善处于配合与补充的地位。

直至明末清初,不依赖于官方的慈善机构开始出现,脱离官府的慈善活动方得以真正大规模独自开展。晚清民国时期西方慈善思想的传入和政治民主化进程启动,则进一步推动了民间慈善力量的发展壮大,大批有社会责任感的慈善家群体,如工商团体、同乡会和社会贤达等纷纷创办新型慈善团体,传统慈善开始了近代化转型,慈善事业的运转模式开始向西方靠拢。在政府连年征战、财源枯竭的历史背景下,我国近代新型慈善事业的发展为纾缓人道灾难、维系社会稳定作出了重要贡献。

(二)《慈善法》出台前中国慈善事业

中国的慈善事业经历了一个曲折的发展过程。从 1949 年至 1956 年,我国政府对慈善团体进行了整体改造,旧社会遗留下来的外国教会、富商、社会名人和旧政府办的慈善机构被整体接收并进行“关停并转”,全国共改造419个慈善机构[1]。随着1956年社会主义三大改造的完成,计划经济体制框架下的政府对各项社会事业实施完全管控,民间慈善缺乏生长的土壤,我国慈善事业的发展陷入停滞。直到20世纪80年代初期,随着改革开放的不断深入,社会观念发生深刻变化,经济发展不断提速,民间力量开始成长壮大,党和国家也开始重新定位慈善的角色,慈善事业的发展重新焕发生机。

1981年7月,我国第一个慈善组织——中国儿童少年基金会成立,标志着我国现代慈善事业开始起步。从20世纪80年代到20世纪90年代初,中国宋庆龄基金会、中国残疾人福利基金会、爱德基金会、中国妇女发展基金会、中国青少年发展基金会等较大规模的慈善组织先后成立。1988年9月,《基金会管理办法》颁布施行,成为慈善法领域的首个法律文件。进入20世纪90年代,我国现代慈善事业步入蓬勃发展的新历史阶段,《红十字会法》《社会福利性募捐义演管理暂行办法》《公益事业捐赠法》《基金会管理条例》《救灾捐赠管理办法》等系列法律、法规、规章陆续出台,标志着我国慈善事业开始走上依法治善的良性发展轨道。

(三)《慈善法》的出台与实施

进入21世纪,公民慈善意识明显提升,慈善组织数量快速增长,慈善事业焕发出勃勃生机,尤其在2003年“抗击非典”、2008年“汶川地震”、2010年“玉树地震”、2012年“雅安地震”等数次重大赈灾中,慈善事业发挥了重要的支持作用。但与此同时,一些慈善乱象也损害了社会民众的爱心善心,导致慈善组织的公信力一定程度的下降。如何营造健康良好的慈善环境,引导慈善事业规范有序发展,是迫切需要解决的制度性问题。此外,随着移动互联网技术的广泛应用,网络募捐大大提高了募捐效率和影响力,在很大

---

[1] 新中国成立之初,鉴于复杂的国际斗争形势,为了防止美国等西方敌对势力利用旧中国遗留的慈善机构进行渗透破坏,我国政府对慈善机构逐步采取了取缔关闭的措施。

程度上降低了募捐的管理成本和组织成本,但同时给慈善监管带来巨大挑战。怎样在鼓励慈善组织利用互联网开展慈善活动的同时,解决慈善信息不对称、防止虚假募捐、保障捐赠人合法权益等问题,也亟待通过相关立法予以保障。

2014 年,国务院出台《关于促进慈善事业健康发展的指导意见》。作为国家层面第一份鼓励慈善事业发展的综合性政策文件,提出了“培育和规范各类慈善组织”“加快完善相关法规政策,规范和引导慈善事业健康发展”等重要指导意见。事实上,我国慈善立法实践始于 2005 年,但期间由于争议焦点较多,在很多问题上难以取得一致意见,在很长时间未取得实质性进展,直至 2013 年全国人民代表大会(以下简称全国人大)主导立法,慈善立法开始步入立法快车道。2016 年 3 月 16 日,第十二届全国人民代表大会第四次会议通过《慈善法》,并于 2016 年 9 月 1 日正式实施。作为我国慈善事业领域首部综合性、基础性法律,《慈善法》以发展慈善事业,弘扬慈善文化,规范慈善活动,保护慈善组织、捐赠人、志愿者、受益人等慈善活动参与者的合法权益,促进社会进步,共享发展成果为其立法宗旨,是对新的历史时期依法治善之法治需求的重大回应,也是我国慈善制度建设的重要里程碑。《慈善法》在实施 7 年后,逐渐暴露出在慈善组织发展、互联网慈善、应急机制、信息公开、促进措施、志愿服务、监督管理等方面尚存在的诸多问题。为了实现慈善事业的健康快速发展,有效规范治理慈善行业,促进慈善事业发挥更大作用,2023 年 12 月 29 日,第十四届全国人大常务委员会(以下简称常委会)第七次会议通过《关于修改〈中华人民共和国慈善法〉的决定》,修正后的《慈善法》自 2024 年 9 月 5 日起施行。修正后的《慈善法》从优化慈善组织认定程序、降低公开募捐资格申请年限、完善合作公开募捐制度、增设应急慈善专章、细化慈善促进措施、充实慈善信托制度、规范个人求助等方面进行了制度调整。

第三节 慈善概念的法律界定与主要特征

一、慈善的概念

“慈善”一词存在着狭义和广义两种内涵，狭义的慈善（charity）是以意图上的利他性以及同情为基础，针对穷人的施舍与帮助，是扶贫济困、帮助老幼病残；而广义上的慈善（philanthropy）则是指博爱、乐善好施，内涵与外延包含着对处于贫穷境况下的人们的帮助与救济，还包含着所有为了公益的志愿行为，如“促进教育”“促进健康”“有益于社群的目的”，即民间倡举的增进社会公共利益的爱心与行为。

《慈善法》对“慈善”的界定采用广义慈善的概念，其赋予了慈善活动成文法的界定，终止了长期以来所谓“小慈善”与“大慈善”之争，它超出了传统慈善立足于扶危济困小范围的局限，扩宽了当下我国慈善事业的发展空间。《慈善法》第 3 条所界定的“慈善活动”不仅包括扶贫、济困这一类狭义的慈善，而且包含救助自然灾害，促进教育、科学、文化、卫生、体育等事业发展，保护环境等有利于社会公共利益的活动，属于“大慈善”概念。故作为一个法律概念，法律意义上的慈善活动指的是自然人、法人或其他组织以捐赠财产或提供服务的方式，自愿开展扶贫济困、扶老救孤、救灾救害、促进科教文卫事业、保护环境等有利于社会公共利益的活动。

二、慈善的特征

慈善的特征是能够揭示其本质属性的核心要素，归纳慈善的特征有利于定性慈善活动、深化人们对慈善的认知。

1. 民间性。慈善的主体在于广大民众，其实质是民间的互助行为。慈善的民间性主要体现在慈善的参与主体是区别于政府部门的民间慈善组织和民间互助力量，慈善活动天然排斥政府强制力的干预。但是，慈善的民间性并不是要把慈善独立于政府之外运作,政府仍需对慈善进行一定程度的参与,主要表现为提供良好的法律制度环境和必要的监管措施,以及重大突发事件中赋权政府介入慈善活动。

2. 自愿性。自愿性是指慈善出于自愿的动机行为,不是被动而为。自愿性要求慈善活动所涉及的多方参与人在自愿的基础上确定相互之间的权利和义务。所谓“自愿”包括两方面的自愿:一是慈善参与人在慈善活动中自主决定是否参与慈善活动以及参与的程度,例如慈善捐赠的捐赠人有权自主决定捐赠或者不捐赠,捐赠财产多少以及决定捐赠物、货币或其他财产形态的权利;二是慈善参与人有权自愿选择参与慈善活动的方式,无论是慈善捐款者还是志愿者,都可通过慈善捐赠、慈善信托、慈善服务等多种方式直接或间接的参与各类慈善活动,不受他人强迫。

3. 无偿性。一方面,慈善活动的参与人以不索取有偿的允诺,也即无偿的方式向受益人给付;另一方面,慈善组织所得任何资金与收益不得在成员或者控制人之间进行分配,扣除必要的设备、员工工资等合理开支之外,其资金应当全部用于组织的慈善目的,服务于社会公共利益。需要指出的是,慈善活动的无偿性并不排斥“利己性”慈善动机。评价慈善活动不仅要看主观动机,更要看客观效果。客观上达到慈善效果,即便主观上存在一定的“利己性”动机,只要有利于慈善事业发展,有利于扶危助困,增进社会总体福利,也就同样是值得肯定的慈善行为。

4. 公益性。慈善的公益性是慈善的根本特性。首先,慈善活动的目的、对象、内容均与公共利益相关。英国慈善法的传统观点认为“公益性”分为“公共性”和“有益性”两个部分[1],“公共性”是指特定目的要被认定为法律中的慈善,受益人群必须是全体公众或大部分公众;“有益性”指的是,尽管某个目的符合公共性的要求,但要被认定为法律中的慈善,该目的需要在

---

〔1〕 参见[澳]马修·哈丁:《慈善法与自由国》,吕鑫、李德健译,社会科学文献出版社2019年版,第7页。

实施后产生有益于公众的结果，且不得产生有害或者既无害又无益的结果。我国《慈善法》所遵循的宗旨亦是针对“不特定大多数人”，但对于“有益性”仍存在争论，现行法律条文“有益性”体现并不明显。其次，在慈善组织、慈善捐赠、慈善信托等具体制度中均有关于公益性的要求。可以说，公益性贯穿慈善的始终，是整个《慈善法》的核心要求。

三、慈善的功能

慈善事业作为社会成员参与社会治理的重要途径，自产生以来便发挥着重要的作用，是一种不可或缺的社会力量，对国家经济社会发展有着重要的影响。

（一）经济功能

1. 有利于促进第三次分配。我国“十四五”规划将第三次分配作为基础性制度安排，发展慈善事业是第三次分配的主要方式。通过发展慈善事业，强化社会成员对第三次分配的参与度，促进社会资源在不同群体之间均衡流动，为缓解初次分配和再分配过程中因城乡、区域、不同群体间的收入差距大，群众在就业、教育、医疗、居住、养老等方面社会保障和公共服务均等化水平不高而造成的社会不公现象进行有益的补充。因此，发展慈善事业有利于促进第三次分配，实现共同富裕。

2. 有利于促进资源均衡配置。资源均衡配置是指在合理配置、经济和社会的可持续发展的前提下，实现资源配置的平衡。慈善事业的实施秉持着扶弱济贫的基本理念，以实现分配正义来促进社会公共利益和共同富裕，通过募捐、捐赠等多种制度设计促进资源在各个社群中流动，能够很好实现资源的均衡配置。可以说，一个社会的慈善发展水平越高，社会的资源配置越平衡。

（二）社会功能

1. 有利于实现社会公平。我国目前处于向第二个百年奋斗目标迈进的阶段，为了适应我国社会主要矛盾的变化，更好满足人民日益增长的美好生活需要，必须把促进全体人民共同富裕作为为人民谋幸福的着力点。慈善事业的发展是第三次分配、调节资源分配、缩小贫富差距的重要手段。慈善是增进民生福祉，提升社会建设水平的助力，慈善事业在全面建设社会主义现代化国家新征程中肩负着光荣任务。

2. 有利于构建社会主义和谐社会。慈善事业是我国多层次社会保障体系的重要组成部分，从价值层面，慈善事业是实现第三次分配的重要途径；从功能层面，慈善事业是社会救助制度和兜底保障制度的重要补充；从文化层面，慈善事业是社会主义核心价值观和社会道德水平的重要体现。慈善事业在扶贫济困、扶倾济弱、促进社会公平、助力共同富裕中发挥的特殊作用，在脱贫攻坚战、全面建成小康社会过程中也成了有效的实际措施。其亦能够满足人民对美好生活的需要，促进社会和谐。

3. 有利于增进社会整体福利。社会整体福利的增长主要依靠于资源总量的增加和社会互助共济的观念。慈善事业的稳步发展体现在慈善组织总量的增长、志愿服务活动在社会治理中的重要作用、慈善资源总量上升等方面。慈善事业通过汇集慈善资源进行公平分配，倡导社会整体的慈善理念等方式，缩小贫富差距、促进社会和谐，从而达到社会整体福利的增加，逐步迈向共同富裕。

慈善活动的自愿性

【典型案例】

王某民合同纠纷申诉、申请民事裁定书——不能强制慈善组织开展慈善活动

· 基本案情

2018 年 10 月 15 日，王某民将镇江市区慈善资金临时性救助审批表

填写完毕，镇江市润州区宝塔路街道车站社区居民委员会和宝塔路街道办事处民政办公室均审核同意。同日下午，镇江市润州区慈善总会给付800元作为临时性救助。镇江市慈善总会拒绝给付临时性救助。

· 裁判要旨

王某民本案诉请的实质是请求法院强制镇江市慈善总会与其达成临时性救助协议，而根据《慈善法》第3条的规定，慈善活动具有“自愿”性质，故法院不能强制慈善总会开展慈善活动。

· 涉及法条

《慈善法》(2023年修正)

第三条　本法所称慈善活动，是指自然人、法人和非法人组织以捐赠财产或者提供服务等方式，自愿开展的下列公益活动：

(一)扶贫、济困；

(二)扶老、救孤、恤病、助残、优抚；

(三)救助自然灾害、事故灾难和公共卫生事件等突发事件造成的损害；

(四)促进教育、科学、文化、卫生、体育等事业的发展；

(五)防治污染和其他公害，保护和改善生态环境；

(六)符合本法规定的其他公益活动。

第四节　慈善法的概念、调整对象和基本原则

一、慈善法的概念

任何法律都有其调整对象，简要来讲，慈善法的调整对象是慈善活动。故而慈善法并非通常理解的法典化的法律，而是涉及慈善组织(例如内部结构与外部行为)与慈善活动(例如慈善募捐、慈善捐赠、慈善服务)的相关法律规范的总称。故而关于慈善法的概念应为：“调整自然人、法人和

其他组织之间以捐赠财产或者提供服务等方式自愿开展公益活动所形成的社会关系的法律规范的总称。”慈善法体系包括《慈善法》《公益事业捐赠法》《红十字会法》《基金会管理条例》《社会团体登记管理条例》《民办非企业单位登记管理暂行条例》《救灾捐赠管理办法》《慈善组织公开募捐管理办法》《公开募捐平台服务管理办法》《慈善信托管理办法》等系列法律法规。

二、慈善法的调整对象

慈善法的调整对象划定了慈善法律制度发生作用的边界范围。慈善法调整的社会关系以三方关系为特征，或者是捐赠人、慈善组织和受益人之间，或者是志愿者、志愿服务机构和受益人之间，或者是捐赠人、募捐人和受赠人之间。总的来说，慈善法的调整对象包括两类社会关系，分别是慈善活动产生的社会关系、与慈善活动密切联系的其他社会关系。

（一）慈善活动产生的社会关系

1. 慈善活动的概念在《慈善法》第3条和《公益事业捐赠法》第3条均有所体现，主要是指自然人、法人和其他组织之间以捐赠财产或者提供服务等方式，自愿开展的公益活动和公益事业。

2. 慈善活动的主体没有明确的限制，包括所有的自然人、法人和其他组织。

3. 慈善活动的方式包括捐赠财产和提供服务等。捐赠财产又称“慈善捐赠”，是以自愿、无偿为前提，由一主体基于慈善目的将其所享有的财产给予另一主体的行为；所捐赠的财产包括货币、实物、有价证券、股权、知识产权等有形和无形财产。提供服务主要体现为“慈善服务”，是指慈善组织和其他组织以及个人基于慈善目的，向社会或者他人提供的志愿无偿服务以及其他非营利服务。对于慈善组织而言，慈善服务是指慈善组织募集慈善资源后使用慈善资源服务于社会或受益人的活动；对其他组织和个人而言，慈善服务是指某个组织或个人直接利用自身的资源或时间、智力、体力、技能等,服务于社会或受益人的活动。

4. 慈善活动的内容在我国《慈善法》上采用了列举的方式,列举的内容与《公益事业捐赠法》《信托法》的规定基本一致。包括:

(1)扶贫、济困,即扶持贫穷的人、接济困难的人,扶助贫困户或贫困地区发展生产,改变穷困面貌,用金钱或物资帮助生活困难的人。扶贫、济困是慈善的根本目的,也是自慈善概念产生以来的应有之义,是慈善活动的基本内容。

(2)扶老、救孤、恤病、助残、优抚,即扶持老人、救助孤儿、体恤病弱、帮助残疾人群体、优待伤残军人及其家属。

(3)救助自然灾害、事故灾难和公共卫生事件等突发事件造成的损害。当发生自然灾害(地震、洪水等)、事故灾难(矿难、火灾等)、公共卫生事件(新冠疫情、非典等)等突发事件并造成巨大的损害时,政府自身的救助力量是有限的,需要动员全社会的力量进行救助。

(4)促进教育、科学、文化、卫生、体育等事业的发展。现代的慈善内涵已经发生改变,不再局限在扶贫、济困、救灾,而延伸至全社会的精神文明建设领域,这与国家倡导的新时代"五位一体"总体布局相呼应。

(5)防治污染和其他公害,保护和改善生态环境。良好生态环境是实现中华民族永续发展的内在要求,是增进民生福祉的优先领域,加强环境保护是经济社会可持续发展的基本要求,慈善活动也将这一理念纳入其中。

(6)符合规定的其他公益活动。

除了以上列举的慈善活动,英国2006年《慈善法》将慈善事业定义为:为公众利益服务的具备慈善目的的事业,具体包括扶贫、济困,发展教育,促进宗教,促进健康和拯救生命,推进公民意识和社区发展,促进艺术、文化、历史遗产保护和科学,发展业余体育运动,促进人权、解决冲突、提倡和解以及促进不同宗教与种族之间和谐、平等与多样性,保护与改善环境,扶持弱势群体,促进动物福利,提高皇家武装部队效率,以及其他符合慈善目的的事业,这13项慈善事业几乎涉及所有的公益领域。美国对慈善的理解经历了与英国类似的过程。美国习惯法把慈善的范围界定为济贫、发展教育、传播宗教和其他公益活动,而美国联邦税法《国内税收条令》第501(c)(3)条款将慈善组织界定为服务于宗教、慈善、科学、公共安全实验、文学或教育目的的组织。日本《特定非营利活动促进法》把"特定非营利活动"定义为"以促进多数不特定人的利益为目的的活动",具体包括促进健康、教育、文化、艺术、体育、环保、人权、社区发展、灾害救援、性别平等领域。俄罗斯《慈善活动和慈善组织法》规定慈善活动包括赈灾、教育、科学、文化、艺术、体育、社会保护、家庭保护、健康保护、环境保护、动物保护和文物保护等21个领域[1]。而我国立法则是从我国的实践出发,符合我国当前社会、经济的发展水平,对慈善活动的范围作了限定,并不是所有的公益活动都是慈善活动。

(二)与慈善活动密切联系的其他社会关系

慈善法不仅调整慈善活动产生的社会关系,而且调整与慈善活动密切联系的其他社会关系。由于慈善法调整对象的三方性特征,故除慈善活动产生的社会关系外,慈善法还需调整以下社会关系:

1.慈善行政关系。指政府部门主要是民政部门、税务部门、审计部门等行政机关在行使主要监管权过程中与慈善组织、慈善组织工作人员、慈善相对人、志愿者等相关主体之间产生的社会关系。例如,政府行政部门对慈善行业组织遵守慈善法律、法规的情况进行监督和指导,对违反规定的慈善组织,有权采取措施进行惩罚,以及对慈善组织设立登记的行政许可行为等。

2.慈善税收关系。慈善组织的税收优惠涉及多个税种以及多个环节,慈善法需调整具有免税资格的慈善组织或享受税收优惠的受益人在税收

---

[1] 参见徐道稳:《中国慈善立法若干问题研究——基于对地方慈善立法的分析》,载《南开学报(哲学社会科学版)》2016年第2期。

优惠资格取得、申办税费扣除、办理相关手续等过程中形成的权利义务关系。

3. 慈善组织关系。慈善组织关系主要分为内部关系和外部关系，内部关系是指慈善组织的内部治理关系，社会组织“三个条例”对基金会、社会团体和社会服务机构的内部治理提出了要求，慈善法也调整慈善组织的决策、执行、内部监督等关系。外部关系是指慈善组织的发起人、主要捐赠人、管理人员及其他关联人员对外发生交易行为、市场行为所形成的权利义务关系，其受慈善法调整，不得从事损害慈善组织、受益人利益和其他社会公共利益的行为。

4. 慈善市场服务关系。慈善市场服务关系指提供慈善服务的机构与捐赠者、志愿者、受益人等主体之间由于慈善服务而发生的社会关系，如慈善组织在进行慈善服务时为志愿者提供开展培训、购买保险等服务。

三、慈善法的基本原则

（一）慈善法基本原则的确立标准

慈善法的基本原则是贯穿整个慈善法律体系的基本理念和指导思想，原则的确定应符合以下标准。

1. 符合慈善的基本理念。慈善法的基本原则应该符合“慈善”的基本理念，真实、本质地反映慈善的特点，能从根本上揭示出慈善法所调整的对象，具体、全面地涵盖慈善主体在慈善活动过程中所形成的法律关系以及其他密切相关的法律关系。

2. 效力贯穿的始终性。作为慈善法的基本原则，其应对慈善法的规范体系具有普遍的指导意义，具有最高的指导效力，并以此为基点进行具体的制度设计；当具体规范和基本原则冲突时，以基本原则为准。

（二）慈善法基本原则的内容

慈善活动涉及慈善募捐、慈善捐赠、慈善信托、慈善服务等多个方面，开展慈善活动时应该遵循以下基本原则。

1. 合法原则

合法原则是指开展慈善活动应当依照慈善法的规定来进行,无论是慈善组织本身的登记、设立、开展慈善活动还是其他主体参与的慈善活动都应在慈善法规范的框架内进行,慈善参与人需在慈善活动中遵守法律规定,不得违背社会公德,不得危害国家安全、损害社会公共利益和他人合法权益原则。

2. 自愿原则

自愿原则是民事活动的基本原则。开展慈善活动涉及慈善组织、捐赠人、志愿者、受益人等多方参与人,各方参与人要在自愿的基础上确定相互之间的权利和义务。作为慈善活动重要内容的慈善捐赠,其自愿应当包括双方的自愿,慈善捐赠所体现的是慈善捐赠人和受赠人双方的意思自治。

3. 诚信原则

诚信原则,是指所有慈善参与人在从事任何慈善活动,包括行使权利、履行义务、承担责任时,都应该要秉持诚实、善意,不诈不欺,言行一致,信守诺言。诚信原则是慈善法的一项重要原则,该原则要求慈善组织尊重和维护募捐对象的合法权益,保障其隐私和知情权,不得欺骗、诱导募捐对象实施募捐;同时要重视信息公开,增强慈善公信力,提升社会对慈善活动的热情。

4. 非营利原则

"非营利"是慈善组织的最本质特征,指慈善组织开展慈善活动不得以营利为目的。"非营利"不代表"不盈利",而是不以获取利润为目的,同时要求:第一,慈善组织通过经营取得的收入和利润必须用于慈善事业,不得在发起人、成员中分配;第二,慈善组织终止后的剩余财产也应当按照慈善组织章程的规定转给宗旨相同或者相近的慈善组织,以保证其公益目的以及相关财产不会被私人所利用,进而确保慈善目的的实现。

5.公益原则

慈善法中的公益(public benefit)原则具有特殊内涵:其要求慈善目的必须积极地让公众受益,这种公益必须在质上具备有益性,在量上具备公共性。因此,慈善法中的公益原则既有别于通常在消极意义上使用的"社会公共利益"(public interest),例如《民法典》第132条,《慈善法》第4条、第14条、第15条、第104条;也有别于公益目的/事业,例如《公益事业捐赠法》第3条、第5条,《信托法》第63条、第72条[1]。

首先,慈善法上的公益原则主要是判断一个组织或一项活动是否具有慈善性和合法性的标准,符合公共利益原则是成为慈善组织或慈善活动的前提条件。若慈善项目只针对特定个体而非社会上的不特定大多数人,那么可能会因为不符合公共利益原则而被认定为违反慈善法的规定。其次,公共利益原则还是享受财税优惠的基本前提,慈善法规定国家给予慈善活动一定的税收优惠,其目的是促进慈善事业发展、实现共同富裕,是全社会共同的利益需要。如果是单纯私人赠与,抑或设立以某人为唯一股东的公司,其从目的和组织上均不符合公益原则,不能享受税收上的优惠。最后,公共利益原则是引入慈善监管的基础。对于私益的捐赠行为来说,在民法上一般符合关于赠与的相关规范即可,无须过多干预。但对于慈善活动而言,无论是慈善组织还是慈善项目均关乎公共利益,且不仅要求避免损害,还需积极的促进公共利益的实现。慈善活动涉及公共利益,其行为一旦出现不端、渎职、玩忽职守、管理不善等,将会给受助人和慈善公信力带来难以弥补的损失,即公益原则构成慈善监管的正当性基础[2]。

[1] 参见李德健:《〈慈善法〉中的公益原则及其解释进路》,载《北方法学》2021年第3期。

[2] 参见李德健:《英国慈善法研究》,山东大学2016年博士学位论文,第115页。

第五节 慈善法体系与制度框架

慈善法的体系是按照慈善活动的主体、项目、监管等项目的需要而制定的法律、法规体系,是按照慈善法律规范内容构成的具有内在逻辑的整体结构。从世界范围来看,各国慈善法多采用“基本法 + 个别法”的综合式立法和分散式立法两种模式。综合式立法以英国、新西兰、俄罗斯、新加坡为代表,分散式立法以美国、瑞典、加拿大、德国等为代表。以英国为例,其慈善立法模式是主要采取以一部《慈善法》为核心,以其他单行法为补充的统一集中的立法模式,即关于慈善的基本法律问题由其慈善基本法《慈善法》概括规定,具体法律问题如慈善组织的形式、税收优惠政策等则由专门的法律制度解决[1]。而美国没有关于慈善的专门性法律规范,有关慈善的规定都是分散在《宪法》、《公司法》、《税法》等法律法规或者判例当中。

我国2016年《慈善法》是我国第一部慈善基本法,在此之前,关于慈善活动的相关规定散落于相关的《红十字会法》《公益事业捐赠法》《基金会管理条例》《社会团体登记管理条例》《救灾捐赠管理办法》等法律法规中。《慈善法》颁布后,统一了各地零散的慈善事业规范,全面系统地确立起国家慈善事业发展所需要的现代体系。我国慈善法体系主要由慈善组织法律制度、慈善募捐法律制度、慈善捐赠法律制度、慈善信托法律制度、慈善财产法律制度、慈善服务法律制度、应急慈善法律制度、慈善监管法律制度构成。

1. 慈善组织法律制度。慈善组织是指在民政部门依法登记,以面向社会开展慈善活动为宗旨的非营利性组织。慈善法对慈善组织的设立、登记、内部治理结构、决策、执行、监督等方面的职责权限进行专章规定。

2. 慈善募捐法律制度。慈善募捐是指慈善组织基于慈善宗旨募集财产

[1] 参见刘坤:《英国慈善法律制度对我国慈善立法的启示》,载《社团管理研究》2011年第2期。

的活动,分为定向募捐和公开募捐。慈善法对有关慈善募捐的主体、客体,公开募捐活动和定向募捐活动进行专章规定。

3. 慈善捐赠法律制度。慈善捐赠是以自愿、无偿为前提,由一主体基于慈善目的将其所享有的财产给予另一主体的行为。慈善法对慈善捐赠的捐赠客体、捐赠的形式、捐赠人及受赠人的权利义务进行了专章规定。

4. 慈善信托法律制度。慈善信托属于公益信托,是指委托人基于慈善目的,依法将其财产委托给受托人,由受托人按照委托人意愿以受托人名义进行管理和处分,开展慈善活动的行为。慈善法对慈善信托的设立、受托人资格、委托人及受托人权利义务关系等进行了专章规定。

5. 慈善财产法律制度。慈善财产是指慈善组织的财产,是慈善组织正常运作和承担民事责任的物质基础,是开展慈善活动、实现慈善目的的物质保障。慈善法对慈善财产的性质、种类、使用、管理、剩余财产的处理等方面进行了专章规定。

6. 慈善服务法律制度。慈善服务,是指慈善组织和其他组织以及个人基于慈善目的,向社会或者他人提供的志愿无偿服务以及其他非营利服务。慈善法对慈善服务中受益人、志愿者的权利义务,慈善服务、志愿服务的开展及志愿者的管理等方面进行了专章规定。

7. 应急慈善法律制度。应急慈善法律制度是慈善法修改后新增内容,即对重大灾害、重大公共卫生事件等发生时的慈善应急作出了新的规范,弥补了2016年《慈善法》的缺漏,具体包括政府应当积极引导慈善组织、志愿者等社会力量开展募捐和救助活动,及时有序引导慈善组织、志愿者等社会力量开展募捐和及时分配或者使用募得款物等内容。

8. 慈善监管法律制度。慈善监管是一个系统的监管工程,慈善组织活动的各个环节都需要法律的监管,慈善组织法律监管首先要有一个完善的法律体系作为保障。慈善法中对慈善信息公开、慈善监管的职责、管理措施等都进行了规定,形成法律监管、政府监管、慈善组织内部监管、社会公众监管以及行业自律等多层次的监管体系。

【延伸探讨】

个人网络求助是否属于慈善行为

·案例

2019 年 11 月全国首例网络大病求助纠纷案一审判决全额返还筹款

·基本案情

2018 年 4 月 15 日,莫某在水滴筹发起了筹款目标为 40 万元的个人大病筹款项目救助患有威斯科特－奥尔德里奇综合征的儿子。次日 15 时 31 分审核通过,至 21 时 55 分筹款截止,共筹集款项 153,136 元,捐款次数 6086 次。筹款期间,曾有人举报莫某家有门面房出租收益,16 日下午 5 点,莫某按照水滴筹公司要求增信,他辩解门面房是孩子爷爷的收入,其夫妻二人没有工作,妻子刚刚找到工作。

筹款结束后,莫某立即向水滴筹公司提出了提现申请,资金用途表述为用于孩子抗排异、抗感染和心脏治疗。4 月 18 日,水滴筹公司将筹款 153,136 元全额汇款给莫某。2018 年 7 月 23 日,莫某的儿子因病不治身亡。在莫某儿子去世后的第 5 天,其妻子许女士向水滴筹公司举报称,水滴筹的钱基本没用……孩子父亲是拆迁户,家里有房,还有店面,并不存在借钱的情况。

·法院裁判

关于水滴筹平台能否代表众多赠与人向莫某主张返还筹集款项:法院认为在一般情形下水滴筹平台是信息平台和渠道,并不介入项目纠纷。但是赠与人与水滴筹平台之间的网络服务合同包含《水滴筹个人求助信息发布条款》,该条款明确规定在发起人有任何虚假、伪造和隐瞒行为,求助人获得资助款后放弃治疗或存在任何挪用、盗用、骗用等行为,发起人未能提供平台要求材料的行为等情形下,水滴筹平台有权要求发起人返还筹集款项。

关于求助项目真实性:求助项目真实性审查应重点区分求助项目的关键事实、一般事实和细节事实,关键事实失实会导致失信事件,严重者即为骗捐,一般事实失实表现在求助人隐瞒、虚构部分事实,其违反双方合同构成违约,细节事实有瑕疵或者失实,应不构成违约。法院认定莫某未按平台规则准确、全面、及时提供信息,其确有隐瞒的情形,但是莫某1(莫某的儿子)的病情及治疗情况基本真实,且发起筹款时确有求助意愿和客观必要,所以该案为一般事实失实。

关于是否违约:莫某与赠与人之间应形成了附义务的赠与合同,如果莫某未能履行约定义务,其应承担返还责任。莫某庭审中辩称使用筹集款项中的10万元偿还因莫某1治病欠下的债务,3万余元用于莫某1治疗,现仅剩余1万余元在莫某处。即使莫某确实在筹款之前因为治病举债,且筹集款项也确实用于偿还因莫某1之前治病而欠下的债务,但上述用途与该案中双方约定的莫某1治疗时间、用途不一致,根据《用户协议》等平台规则显示赠与人的目的在于"救病"而不是"救穷",所以法院认定莫某将筹集款项挪作他用。

在社会公众看来,个人大病求助属于慈善行为。而《慈善法》规制的慈善活动具有公益性特征,强调公共性与有益性,面向不特定人群开展的有利于公共利益、产生正向行为效果的行为才属于《慈善法》规定的慈善行为,这也是2023年《慈善法》在附则部分增设个人大病求助条款,为个人大病求助行为增强法律强制约束力的原因之一。故个人大病求助(个人网络大病求助)行为在法律上并不属于慈善行为,应适用民法领域中有关赠与的相关规范。

第二章

慈善组织

第一节　慈善组织概述

慈善组织是我国慈善事业的重要主体和中坚力量,根据民政部统计数据,截至 2021 年年底,全国社会组织总量为 90.09 万个,社会团体 37.10 万个,社会服务机构 52.10 万个,基金会 8885.00 个;截至 2021 年 7 月 28 日,全国登记认定为慈善组织的机构数量达到 9288.00 个,较 2020 年同期增长 18.70%[1],一大批的慈善组织的新兴发展为我国慈善事业的可持续发展注入了新活力。慈善组织在慈善法中居于重要地位,本章围绕慈善组织的概念、特征、登记设立、管理等方面作出全面阐释。

一、慈善组织的概念

慈善组织在世界范围立法上尽管有所差异,但也体现了关于慈善组织界定的基本规律。英国 2011 年《慈善法》将慈善组织定义为,出于慈善目的而建立,并且在司法权方面接受高等法院管辖的组织,包含法人组织和非法人组织;美国没有统一的慈善法制,因此不同类型的慈善组织会受到不同法律的规制,联邦政府主要从税法上对慈善组织进行规制;美国在税法中对慈善组织进行了界定,即"不需要缴税,通过捐赠行为获得税收优惠的组织"[2];加拿大也由税务局主管慈善组织的登记注册;日本的慈善组织认定是与其《公益法人认定法》相关联的,一般法人只有在登记成为公益法人后才有资格成为慈善组织;俄罗斯则以立法的方式明确界定了慈善组织。尽管各国对慈善组织的界定和管理存在不同,但都遵循几个方面的共同点:第

---

〔1〕 杨团、朱健刚主编:《慈善蓝皮书:中国慈善发展报告(2022)》,社会科学文献出版社 2022 年版,第 3 页。

〔2〕 [美]贝奇·布查特·阿德勒:《美国慈善法指南》,NPO 信息咨询中心主译,中国社会科学出版社 2002 年版,第 4 页。

一，慈善组织是慈善活动的重要主体，其概念的界定是必不可少的；第二，慈善组织虽然种类、形式多样，但大都采用了“概括＋列举”的方式，概括式的规定强调慈善组织的目的，列举的方式则对慈善目的进行细化[1]。

慈善法颁布以前，我国关于慈善组织的概念界定并不统一，1996年民政部颁布的《关于在社会救助工作中充分发挥慈善组织作用的通知》，将“慈善组织”规定为“帮助社会上不幸的个人和困难群体，开展多种形式的社会救助工作的社会团体”。各地的法律规范也较为零散，如2010年《江苏省慈善事业促进条例》（已失效）将慈善组织定义为“依法登记成立，以慈善为唯一宗旨的非营利性社会组织”。2011年《宁波市慈善事业促进条例》将慈善组织定义为“依法登记成立，以慈善为宗旨，依法开展募捐和慈善服务等活动的非营利性社会组织。”2012年《长沙市慈善事业促进条例》则采用列举式，认为“依法成立的红十字会、慈善会、公募基金会”有权依照法律开展慈善活动。由于缺乏统一的全国性文件指导，无论是实践还是学界，慈善组织的概念界定都存在较大差异。

2016年《慈善法》颁布以来，慈善组织成为一个法律概念，我国慈善法意义上的慈善组织是指“依法登记、符合本法规定，以面向社会开展慈善活动为宗旨的非营利性组织。”各地的地方性立法也贯彻了这一概念，如2021年《上海市慈善条例》第10条规定：“慈善组织可以采取基金会、社会团体、社会服务机构等组织形式。法律、行政法规对慈善组织的组织形式另有规定的，依照其规定。”这一界定上的统一也为我国慈善事业的未来发展和理论探索奠定了重要基础。

二、慈善组织的特征

慈善组织的根本属性是非营利性组织。《慈善法》第8条将慈善组织界

[1] 参见杨思斌、李佩瑶：《慈善组织的概念界定、制度创新与实施前瞻》，载《河北大学学报（哲学社会科学版）》2016年第5期。

定为以面向社会开展慈善活动为宗旨的非营利性组织。根据社会结构理论,现代社会的社会组织可以分为三类:政府组织、营利性组织和非营利性组织,分别为政治领域、经济领域和社会领域的主要组织形式。换言之,非营利性组织是介于政府与营利性企业之间的“第三部门”。慈善组织作为典型的非营利性组织具有以下特征。

1. 非营利性。非营利性是慈善组织的本质特征,慈善组织是非营利性组织中一种特殊的形式。非营利性组织是指在政府、市场之外的,自主从事非营利活动的社会组织。非营利性组织中的“非营利”是指组织的成立完全基于非营利的目的。“非营利”并不代表慈善组织不能从事一定的投资行为,相反慈善组织可以从事营利性活动并获得收入,如壹基金公布的《2020年度报告》中,其非限定性收入达到1294万余元。从各国的经验来看,西方国家普遍允许慈善组织进行一定的投资,最为严格的英国仅允许慈善组织进行直接以慈善组织列出的慈善目的为目的的交易,即“主要目的交易”、“附带交易”和对慈善组织不会带来重大风险,旨在为慈善组织筹款的“非主要目的交易”[1]。日本对公益法人的交易限制要求该公益法人从事的其他事业不会影响公益事业的顺利实施,且公益事业不低于50%的比例要求。美国则是采取相对宽松的政策,其对非营利性组织的经营性收入并无税收上较为明确的规定。故“非营利”主要体现在慈善组织投资取得的收益只能继续用于慈善事业,不得在成员间进行分配;慈善活动、项目开展结算后的剩余财产也应当按照慈善组织章程的规定转给宗旨相同或者相近的慈善组织,同样不得进行分配;而对日常运行、员工工资等所产生的正常开支,法律并不禁止。

2. 公益性。公益性是慈善组织的特征,但不是慈善组织的独有特征。慈善组织的公益性,又是慈善组织的活动符合公共利益的体现,即要求慈善

[1] 金锦萍:《非营利组织营利性收入税收政策比较研究》,载《社会保障评论》2019年第4期。

组织的活动以面向社会开展公益活动为宗旨,以不特定多数人的利益为出发点,不以特定的私人利益为组织宗旨,相关财产不得被私人所分配和利用,其活动必须符合特定的慈善目的。公共利益在我国慈善法中的直观体现为“面向社会开展慈善活动”,要求慈善组织开展慈善活动的受益对象需是社会的不特定多数人。公益性是慈善组织的特征,但不是慈善组织的独有特征。慈善活动与公益活动有所区别,主要体现在:慈善活动的重心是扶贫济困、扶老救孤等,是弱势群体救助,而公益活动不一定以弱势群体救助为重心,其关注政治、社会、外交等更广阔的层面的公益;慈善组织的主体特定,而公益活动的主体可能还包括政府、其他不具备慈善目的的法人和非法人组织等。

3. 独立性和公共性。慈善组织的独立性主要体现为两个方面:其一是组织上的独立性,组织上的独立性是指慈善组织是独立的组织,其应当根据组织设立的章程等进行组织、活动、运行,不受外部影响地实现自己的慈善目的。在我国,慈善事业也强调“简政放权”,体现在慈善组织的登记设立上是从需要经过业务主管部门和地方民政部门的“双重许可”到目前大部分慈善组织仅需得到民政部门的同意即可设立,即实行“直接登记制”,体现出政府对慈善事业逐渐放权,尊重其自身的独立性。其二是财产上的独立性,慈善组织的财产主要来自慈善捐赠及其孳息,捐赠人的财产捐赠到慈善组织后,便属于慈善组织独立的财产。慈善组织的独立性是慈善组织运行的重要条件,也是慈善组织获得公共信任的源泉,慈善组织在不受外界影响的基础上独立运行,遵从慈善的理念和慈善组织的章程要求,是实现慈善目的的重要保障。公共性是指慈善组织对其财产的使用受到慈善宗旨和捐赠合同的限定,必须用于慈善目的,不得在慈善组织发起人、捐赠人和慈善组织成员中分配。《慈善法》第 40 条第 1 款、第 41 条第 1 款明确规定捐赠人可以与慈善组织约定捐赠财产的用途和受益人,捐赠人应当按照捐赠协议履行捐赠义务,因此慈善组织在开展慈善活动时要遵循捐赠人的意愿,达到慈善目的。

4. 自治性。慈善组织的自治性是指,慈善组织为切实履行自身宗旨,应当建立一套与其开展活动的特点相适应的内部治理机制,包括决策、执行及监督机制。其一,慈善组织是其成员在自愿、有共同理想或愿望而且没有政治意向与经济追求的基础上建立的组织,其自治性主要体现在治理机构的自治,法律仅扮演着兜底性规范的角色。慈善组织可以自主决定其自己的名称和住所、组织章程、必要的财产、符合条件的组织机构和负责人。其二,慈善组织具有非政府性,政府不应肆意干涉慈善组织独立经营、管理的事项,慈善组织也不应受限于行政机关。但这并不意味着慈善组织可以脱离政府的管理和监督,政府应当适当、合理的监督指导慈善组织的运行过程,并适时发挥主导作用,促进慈善组织发展。

三、慈善组织的分类

我国慈善组织目前是多种类的集合,呈现出多样化的特点。根据《民法典》第 87 条第 2 款的规定,非营利法人包括事业单位、社会团体、基金会、社会服务机构等。《慈善法》第 8 条第 2 款将慈善组织的类型限定为基金会、社会团体、社会服务机构等组织形式,三者通常可统称为"社会组织"。

(一)基金会

基金会是利用自然人、法人或者其他组织捐赠的财产,以从事公益事业为目的的非营利性法人。基金会是慈善事业的中坚力量,在三类非营利性组织(基金会、社会服务机构和社会团体)中,基金会数量虽然并非最多,但其接收的捐赠总额居于首位。据估算,2020 年全国基金会捐赠收入达 740 亿元[1],在动员社会参与、开展慈善活动方面发挥了重要作用。

---

[1] 杨团、朱健刚主编:《慈善蓝皮书:中国慈善发展报告(2022)》,社会科学文献出版社 2022 年版,第 34 页。

1. 基金会的分类

基金会分为面向公众募捐的基金会(“公募基金会”)和不得面向公众募捐的基金会(“非公募基金会”)。

公募基金会,即面向公众募捐的基金会。公募基金会按照募捐的地域范围,分为全国性公募基金会和地方性公募基金会。对于公募性组织而言,资源获得来自公众的志愿性捐赠,不具有财政机制的强制性和市场机制的交易性,而是由公众的捐赠意愿来决定。

非公募基金会,即不得面向公众募捐的基金会。非公募基金会可以开展定向募捐,不得向公众募集资金,但是非公募基金会可以和公募基金会合作,以公募基金会的名义进行公开募捐。

公募基金会和非公募基金会的主要差异如下(见表2-1):

表2-1　公募基金会和非公募基金会的主要差异

比较项目	公募基金会		非公募基金会
	全国性	地方性	
募捐对象	社会公众	社会公众	特定对象
活动地域范围	全国范围内	登记所在地	登记所在地
登记管理机构	民政部	省级民政部门	•民政部:(1)拟由非内地居民担任法定代表人的基金会;(2)原始基金超过2000万元,发起人向国务院民政部门提出设立申请的非公募基金会 •省级民政部门:除上述情况外的非公募基金会
原始基金	不低于800万元人民币	不低于400万元人民币	不低于200万元人民币
内部治理要求	(1)理事会成员:来自统一组织或相互间存在关联关系的不超过1/3,具有近亲属关系的不得同时在理事会任职 (2)秘书长:秘书长为专职,秘书长、理事长不得由同一人担任 (3)监事:设有三名以上的监事组成监事会		(1)理事会成员:相互间有近亲属关系的基金会理事,总数不得超过理事总人数的1/3 (2)秘书长:秘书长为专职 (3)监事:设监事

续表

比较项目	公募基金会		非公募基金会
	全国性	地方性	
信息披露程度	(1)应当在开展公募活动的10日前将募捐方案报送登记的民政部门备案 (2)组织募捐活动,应当公布募得资金后拟开展的公益活动和资金的详细使用计划。在募捐活动持续期间内,应当及时公布募捐活动所取得的收入和用于开展公益活动的成本支出情况 (3)募捐活动结束后,应当公布募捐活动取得的总收入及其使用情况		由于不存在公开募捐活动,因此信息披露要求相对较低。组织开展定向募捐时,无须备案,但是应及时向捐赠人告知募捐情况、募得款物的管理使用情况

2. 基金会的设立条件

基金会的设立有两个步骤:第一,取得业务主管单位同意;第二,向民政部门申请登记。

(1)取得业务主管单位同意。《基金会管理条例》第9条规定,提交申请书,章程草案,验资证明和住所证明,理事名单,身份证明以及拟任理事长、副理事长、秘书长简历,业务主管单位同意设立的文件即可向登记管理机关申请设立基金会。

但实际上,申请成立基金会程序较为复杂。关于"业务主管单位"的规定相对模糊。《基金会管理条例》第7条规定,国务院有关部门或者国务院授权的组织,是国务院民政部门登记的基金会、境外基金会代表机构的业务主管单位;省级政府有关部门或者省级政府授权的组织,是省级政府民政部门登记的基金会的业务主管单位。根据民政部《关于基金会业务主管单位职能委托有关问题的通知》第2条、第4条的规定,《基金会管理条例》实施之后设立的非公募基金会的业务主管单位,可由省、自治区、直辖市人民政府有关部门委托给对口的下级地(市)、县(市)政府对口部门承担(但不得将登记管理机关的职能向下级委托)。中央人民政府下发的《基金会成立登记办事指南》中所包含的要求"基金会申请人按照其拟定的业务范围自行确定业务主管单位；基金会业务范围涉及多个部门的，可以根据主要的业务范围确定业务主管单位，并根据需要征求其他相关单位的意见”。基金会成立申请人确定“业务主管单位”无章可循，征求其他单位意见更是难上加难。直至全国人大2013年发布的《国务院机构改革和职能转变方案》第二部分第7条第2款规定：成立行业协会商会类、科技类、公益慈善类、城乡社区服务类社会组织，直接向民政部门依法申请登记，不再需要业务主管单位审查同意。我国慈善法在慈善组织登记上也采纳了这一改革成果，采用直接登记制度。

(2)向民政部门申请登记。对于须取得业务主管单位同意的基金会，基金会举办人在取得业务主管单位同意设立的文件后，可向民政部门申请基金会的登记；对于无须取得业务主管单位同意的基金会，基金会举办人直接向民政部门申请基金会的登记。作为慈善组织的基金会，需同时满足《慈善法》第9条和《基金会管理条例》第8条规定的条件。

3. 基金会的组织管理机构

(1)理事会。理事会是基金会的决策机构，依法行使规章规定的职权。①理事会的基本人员及职位：一般理事为5～25人，设理事长、副理事长和秘书长，从理事中选举产生，理事长是基金会的法定代表人。②不得担任基金会理事长的情形：无民事行为能力或者限制民事行为能力的；因故意犯罪被判处刑罚，自刑罚执行完毕之日起未逾5年的；在被吊销登记证书或者被取缔的组织担任负责人，自该组织被吊销登记证书或者被取缔之日起未逾5年的；法律、行政法规规定的其他情形。另外，基金会理事长、副理事长和秘书长不得由现职国家工作人员兼任。③理事会违法后果：基金会理事会违反《基金会管理条例》和章程规定决策不当，致使基金会遭受财产损失的，参与决策的理事应当承担相应的赔偿责任。基金会理事、监事以及专职工作人员私分、侵占、挪用基金会财产的，应当退还非法占用的财产；构成犯罪的，依法追究刑事责任。

(2)监事。监事依照章程规定的程序检查基金会财务和会计资料，监督理事会遵守法律和章程的情况。①监事的职责：监事列席理事会会议，有权向理事会提出质询和建议，并应当向登记管理机关、业务主管单位以及税务、会计主管部门反映情况。②监事的禁止：监事不得由理事、理事近亲属以及基金会财会人员担任。基金会监事及其近亲属不得与其所在的基金会有任何交易行为，且监事不得从基金会获取报酬。

4. 基金会的监督管理

(1)基金会的监督管理由基金会登记管理机关、基金会业务主管单位负责。

基金会登记管理机关主要负责对基金会、境外基金会代表机构实施年度检查；对基金会、境外基金会代表机构依照《基金会管理条例》及其章程开展活动的情况进行日常监督管理；对基金会、境外基金会代表机构违反《基金会管理条例》的行为依法进行处罚。

基金会业务主管单位主要负责指导、监督基金会、境外基金会代表机构依据法律和章程开展公益活动；基金会、境外基金会代表机构年度检查的初审；配合登记管理机关、其他执法部门查处基金会、境外基金会代表机构的违法行为。

(2)基金会报告义务：基金会应于每年3月31日前向登记管理机关报送上一年度工作报告，接受年度检查。年度工作报告在报送登记管理机关前应当经业务主管单位审查同意。年度工作报告应当包括：财务会计报告、注册会计师审计报告，开展募捐、接受捐赠、提供资助等活动的情况以及人员和机构的变动情况等。

(3)捐赠人的监督：捐赠人有权向基金会查询捐赠财产的使用、管理情况，并提出意见和建议。对于捐赠人的查询，基金会应当及时如实答复。基金会违反捐赠协议使用捐赠财产的，捐赠人有权要求基金会遵守捐赠协议或者向人民法院申请撤销捐赠行为、解除捐赠协议。

《慈善法》的颁布和生效使得慈善组织（包括基金会）的法律规则更加统

一和严谨,但现行《慈善法》和《基金会管理条例》存在一定冲突,如非公募基金会向公众募集资金,《基金会管理条例》明确禁止该行为,《慈善法》却认为公开募捐是一种资格,只要符合公开募捐资格无论是公募基金会还是非公募基金会都可以开展公开募捐活动。法律规范上也应该尽快落实法律法规之间的衔接,为实践活动提供统一的指导。

(二)社会团体

社会团体是由公民自愿组成,为实现会员共同意愿,按照其章程开展活动的非营利性社会组织。社会团体的数量较多,可将其分为党派团体、人民群众团体、文艺体育工作团体、学术性研究团体、行业性团体、联合性团体等。社会团体中有互益类与公益类,互益类社团以服务会员利益为宗旨,公益类社团以开展慈善公益活动为宗旨[1]。作为慈善组织的社会团体,其服务对象并非会员群体,而是以公共利益为宗旨的公益性团体,如慈善会、志愿者协会等。

对于社会团体的公益性,作为典型代表的是宗教团体开展慈善活动的讨论。在西方国家,慈善自产生之初就与宗教有着千丝万缕的联系,英国慈善事业最初产生于宗教慈善,宗教教义指引人们修身行善、扶危济困,奠定了宗教慈善事业的基石,后期逐步从宗教中脱胎出来形成了现今的慈善体系,但即使在英国现行《慈善法》中也将促进宗教事业作为慈善目的之一。在我国,2012 年 2 月,国家宗教事务局、中共中央统战部等六部委联合颁布《关于鼓励和规范宗教界从事公益慈善活动的意见》,这一文件首次明确了国家鼓励和支持宗教慈善事业的态度,对宗教团体和宗教活动场所接受捐赠,宗教团体为社会其他公益活动提供捐赠、开展公益项目和活动等方面进行了规定。明确了宗教团体开展慈善活动的同时需要符合《宗教事务条例》与《慈善法》的相关规定,在法律法规允许的范围内开展活动。

---

〔1〕 参见杨思斌、李佩瑶:《慈善组织的概念界定、制度创新与实施前瞻》,载《河北大学学报(哲学社会科学版)》2016 年第 5 期。

（三）社会服务机构

社会服务机构是指自然人、法人和其他社会组织为了提供社会服务，主要利用非国有资产设立的非营利性法人。

1. 社会服务机构与民办非企业单位

“社会服务机构”这一词在《慈善法》起草过程中成为“民办非企业单位”的新命名，原有“民办非企业单位”是指，企业事业单位、社会团体和其他社会力量以及公民个人利用非国有资产举办的，从事非营利性社会服务活动的社会组织。其内涵与目前的社会服务机构差异不大，但“非企业”这一否定形式的词语，从文义上讲，其内容范围较为模糊。对于非企业来说，例如基金会、社会团体等组织都不属于企业，应当都属于“非企业”的范围，但民办非企业单位却不包含这类组织，故民办非企业单位未能清晰的揭示出“非营利性社会服务活动”这一主旨。《慈善法》起草过程中对这一概念进行了修订，替换为“社会服务机构”，更加直观、明确地界定了该类组织的功能。《民法典》沿用了社会服务机构这一概念，在其第 87 条第 2 款，将社会服务机构作为非营利法人的一种类型加以规定。

2. 社会服务机构的种类

社会服务机构所涉范围很广，可涉及“科、教、文、卫、体”、劳动事业、民政事业、法律服务业等，经过法定的登记程序就可成为社会服务机构。作为慈善组织的社会服务机构，应以面向社会开展慈善活动为宗旨，并符合慈善组织相应的条件。社会服务机构向公众开展的残疾人服务、法律援助服务、罕见病服务等就属于典型的慈善性质组织，如残疾人康复训练中心、农民工法律援助与研究中心、孤独症儿童康复机构等。

第二节　慈善组织的设立与登记

慈善组织开展慈善活动，而慈善法对慈善组织进行监管，为其登记、设立提供统一的规范。除前述对于三大类慈善组织的基本组织及要求外,《慈善法》还提出了针对慈善组织设立的统一的基本条件、登记设立的程序等,以保证慈善组织的规范性。

一、慈善组织设立的基本条件

慈善组织的设立需满足以下条件。

(一)以开展慈善活动为宗旨

开展慈善活动是慈善组织安身立命的基础,更是慈善组织最基本的功能和价值所在[1]。开展募捐、捐赠和慈善服务等慈善活动是慈善组织存在的意义和价值,也只有通过慈善活动,慈善组织才能为社会公众提供金钱、实物和服务,实现其公益性。如果违背了开展慈善活动的宗旨,就不能取得在民政部门申请设立和登记的资格。

(二)不以营利为目的

慈善组织开展慈善活动不得以营利为目的是其非营利性的体现。慈善目的在我国主要体现为扶贫、济困、扶老、救孤、恤病、助残、优抚等,慈善组织开展的活动必须符合慈善目的,这是慈善组织的基本要求。不以营利为目的主要体现在两个方面:一是慈善组织设立的目的不是营利,而是面向社会大众的公益性活动。二是慈善组织的财产权受到一定程度的限制,首先要求慈善组织通过经营取得的收入和利润必须用于慈善事业,不得在发起人、成员中分配,其收入和利润不是慈善组织的最终目的,而是保证公益性慈善目的实现的手段;其次慈善组织终止后,不享有对剩余财产的所有权,只能按照章程或者在民政部门的主持下转改给具有相同或相似慈善宗旨的其他慈善组织。

(三)有自己的名称和住所

慈善组织的名称应当体现其组织的宗旨和业务范围,必须符合法律、法

---

〔1〕 参见阚珂主编:《中华人民共和国慈善法释义》,法律出版社 2016 年版,第 27 页。

规关于组织名称的规定，有自己的名称是慈善组织体现其宗旨和业务范围的重要标识，是与其他组织最为直观的区别，有利于其树立慈善品牌，不断扩大影响力。住所是慈善组织基本的物质基础，慈善组织的固定住所能够提高慈善组织日常行政事务的效率，促进实现慈善目的。慈善组织的住所应该秉持厉行节约的原则，事实上，目前大部分的慈善组织住所都是由社会组织、单位或个人提供的，无论所有权是否属于慈善组织，仅需有住所就符合法律规定。

（四）有组织章程

组织章程是慈善组织内部管理和活动的根本准则，是设立慈善组织的必备文件。慈善组织的组织章程必须包含：(1)名称和住所；(2)组织形式；(3)宗旨和活动范围；(4)财产来源及构成；(5)决策、执行机构的组成及职责；(6)内部监督机制；(7)财产管理使用制度；(8)项目管理制度；(9)终止情形及终止后的清算办法；(10)其他重要事项。这些事项是调整慈善组织内部关系的基准，通过确立章程，慈善组织得以稳定、持续地发展。

（五）有必要的财产

慈善组织的必要财产是保证慈善组织的正常运转的基本条件，慈善组织的日常运营及活动开展都需要一定的资金支持，《慈善法》没有具体要求慈善组织所需具备的财产数额。但在慈善组织的具体管理条例中提出了不同的要求，如《基金会管理条例》第 8 条第 2 项规定，全国性公募基金会的原始基金不低于 800 万元人民币、地方性公募基金会的原始基金不低于 400 万元人民币、非公募基金会的原始基金不低于 200 万元人民币；原始基金必须为到账货币资金。

（六）有符合条件的组织机构和负责人

不同形式的慈善组织，需要有与其开展慈善活动相适应的组织机构和负责人，以保证慈善组织活动的顺利开展。

（七）法律、行政法规规定的其他条件

为慈善组织管理规定的后续完善和发展留出必要的空间。

二、慈善组织的登记

将慈善组织的设立从以往的许可制改为了直接登记制是我国2016年《慈善法》的一大亮点。在2016年《慈善法》施行之前，我国基金会、社会团体、社会服务机构在登记设立时主要采取的模式是“双重许可制”，即在设立之前应当经过业务主管单位的审查同意，之后才可以向民政部门申请登记设立。但对“三大”组织而言，确定自己业务的主管部门无章可循，让设立“夭折”在起始阶段。为了应对这一问题，2013年《国务院机构改革和职能转变方案》第二部分第7条第2款规定：成立行业协会商会类、科技类、公益慈善类、城乡社区服务类社会组织，直接向民政部门依法申请登记，不再需要业务主管单位审查同意。《慈善法》出台后则进一步规制，慈善组织的许可制改为直接登记制，并强化事中、事后的监督，加强行业自律，通过政府监督、社会监督等形成多层次的监督体系，从而既尊重慈善组织的独立性，又对其进行有效的监管。总体而言，我国慈善组织的登记采用的是“登记＋认定”二元模式。

（一）慈善组织的新设登记

设立慈善组织，直接向县级以上人民政府民政部门申请登记，民政部门应当自受理申请之日起20日内作出决定。符合《慈善法》规定条件的，准予登记并向社会公告；不符合《慈善法》规定条件的，不予登记并书面说明理由。

1. 登记管理部门。慈善法明确了慈善组织设立的登记管理部门是县级以上人民政府民政部门。根据设立组织的规模大小、活动范围的不同，选择相应层级的民政部门进行登记。

（1）基金会的登记管理部门：国务院民政部门和省、自治区、直辖市人民政府民政部门是基金会的登记管理机关，其中国务院民政部门负责全国性公募基金会、拟由非内地居民担任法定代表人的基金会、原始基金超过2000万元且发起人向国务院民政部门提出设立申请的非公募基金会和境外基金会在中国内地设立的代表机构的登记管理工作;省、自治区、直辖市人民政府民政部门负责本行政区域内地方性公募基金会和不属于前述情况的非公募基金会的登记管理工作。

(2)社会团体的登记管理部门:国务院民政部门和县级以上地方各级人民政府民政部门是本级人民政府的社会团体登记管理机关。其中,全国性的社会团体,由国务院的社会团体登记管理机关负责登记管理;地方性的社会团体,由所在地人民政府的社会团体登记管理机关负责登记管理;跨行政区域的社会团体,由所跨行政区域的共同上一级人民政府的社会团体登记管理机关负责登记管理。

(3)社会服务机构的登记管理部门:国务院民政部门和县级以上地方各级人民政府民政部门是本级人民政府的民办非企业单位登记管理机关。

2. 申请程序。申请设立慈善组织,应当向民政部门提交相应的申请材料,包括申请书、章程草案、财产证明、住所证明、组织机构情况、负责人身份证明等。

3. 民政部门的审查期限。新设立的慈善机构,民政部门应当自受理申请之日起20日内作出决定。有特殊情况需要延长登记或者认定期限的,报经国务院民政部门批准,可以适当延长,但延长的期限不得超过60日。

4. 审查决定。民政部门对申请设立的慈善组织所提交的材料进行审查,符合慈善法规定条件的,准予登记并向社会公告;不符合慈善法规定条件的,不予登记并书面说明理由。

(二)已设立组织的认定

2016年《慈善法》在构建从社会组织到慈善组织的制度衔接时,以2016年《慈善法》的公布时间(2016年3月16日)为划分节点,社会组织的设立在《慈善法》公布前则可认定为慈善组织。同时为了规范慈善组织的认定程序,民政部在 2016 年 8 月 29 日通过《慈善组织认定办法》,与《慈善法》同日施行。换言之,2016 年《慈善法》公布以前,根据《红十字会法》《基金会管理条例》《社会团体管理条例》《民办非企业单位登记管理暂行条例》等法律法规,我国已经设立的具备相当规模的社会组织,包括基金会、社会团体、社会服务机构等非营利性组织,只需向其登记的民政部门申请认定即可成为慈善组织。

然而,2016 年《慈善法》第 10 条第 2 款的立法漏洞也是显而易见的。该条“本法公布前已经设立的基金会、社会团体、社会服务机构等非营利性组织,可以向其登记的民政部门申请认定为慈善组织”之规定,会导致 2016 年 3 月 16 日之后设立的基金会、社会团体、社会服务机构没有登记为慈善组织的,便不能认定为慈善组织。故,在 2023 年《慈善法》修正时,删除了“本法公布前”的限定性条件,即无论是在《慈善法》之前还是之后,已经设立的社会组织,只要符合法定条件,就均可直接申请认定为慈善组织。

1. 申请认定慈善组织的条件。已经设立的基金会、社会团体、社会服务机构申请认定为慈善组织的,应当符合五个条件:(1)申请时具备相应的社会组织法人登记条件。(2)以开展慈善活动为宗旨,业务范围符合《慈善法》第 3 条的规定;申请时的上一年度慈善活动的年度支出和管理费用符合国务院民政部门关于慈善组织的规定。(3)不以营利为目的,收益和营运结余全部用于章程规定的慈善目的;财产及其孳息不得在发起人、捐赠人或者本组织成员中分配;章程中有关于剩余财产转给目的相同或者相近的其他慈善组织的规定。基于此,社会组织认定为慈善组织,不仅需要符合慈善组织的基本条件,相比新设的慈善组织,还要求社会组织在申请前至少一年内需要按照慈善组织的年度支出情况和管理费用来进行活动,若社会组织在《慈善法》颁布以前存在营利行为或向其成员分配财产、年度慈善支出不达标、或章程不符合慈善组织要求的,不能申请认定为慈善组织。(4)有健全的财务制度和合理的薪酬制度。(5)法律、行政法规规定的其他条件。

2. 不能认定的情形。基金会、社会团体、社会服务机构存在法律法规和国家政策规定的不得担任慈善组织负责人的情形的,提出慈善组织认定申请的前2年内受到过行政处罚的,申请认定为慈善组织时原社会组织被民政部门列入社会组织异常名录的,有其他违反法律、法规、国家政策行为的,均不能认定为慈善组织。

3. 申请程序。基金会申请认定为慈善组织需要向民政部门提交申请书、符合慈善法认定条件及无不能认定情形的书面承诺、代表大会通过形成的会议纪要等材料。社会团体和社会服务机构除以上材料外还需提交申请理由、慈善宗旨、开展慈善活动等情况的说明、注册会计师出具的上一年度财务审计报告,包含慈善活动年度支出和管理费用的专项审计等材料以证明其符合慈善目的、能够合法有组织地开展慈善活动。

4. 民政部门的审查期限。对于已经设立的社会组织申请认定为慈善组织,民政部门审查期限稍短于新设慈善组织,民政部门应当自受理申请之日起20日内作出决定。

5. 审查决定。民政部门对申请认定为慈善组织的社会组织所提交的材料进行审查,符合慈善组织条件的,予以认定并向社会公告;不符合慈善组织条件的,不予认定并书面说明理由。

(三)慈善组织直接登记制度的意义

1. 直接登记制度能够降低慈善组织登记门槛,激发慈善组织活力。长期以来,由于原有的慈善组织登记设立程序,在前期筹备、审核资质等烦琐的程序中,过去我国慈善组织登记设立形成了"重登记、轻管理"的趋势,前期耗费于登记的人力、资源较多,导致慈善组织设立不积极,有部分组织甚至游离于管理体系之外,难以形成统一的管理模式。《慈善法》采用的直接登记制度,降低了登记门槛,以符合条件直接登记设立代替了僵化的资质审核,改变了以往行政权力触角过长的弊端[1],激发了慈善组织设立的信心和热情。

2. 直接登记制度打破了原有登记管理机关和业务主管单位双重负责的行政监管模式,推进从事前的准入监管向事中、事后的全过程监管转变。有限的资源从事前准入转移到事中、事后的管理,有利于进一步形成对于慈善组织有针对性的、高效的管理模式,将慈善目的落实到每一个慈善组织中,更好地实现慈善法理想状态的慈善组织监管模式。

慈善组织主体资格

【典型案例】

孙某民与九华山圆通寺建设工程施工合同纠纷——宗教教职人员可以依法兴办公益慈善事业,非这一主体无权对外开展慈善募捐活动

· 基本案情

2017 年,九华山圆通寺以包工包料的方式将其寺庙消防池工程交由孙某民承建安装。工程结束后,九华山圆通寺于 2017 年 8 月 18 日向孙某民出具了欠条一张。欠条上载明:"今欠到孙某民消防池陆万元,含自来水管壹万元,计柒万元整,70000 元(孙某民募捐善款付清此款)。此据今欠人九华山圆通寺仁友 2017 年 8 月 18 日。"欠条出具后,九华山圆通寺未支付该工程款。

· 裁判要旨

只有"宗教团体、宗教院校、宗教活动场所、宗教教职人员"可以依法兴办"公益慈善事业",其他任何组织或者个人均不得"假借慈善名义或者假冒慈善组织开展募捐活动,骗取财产"。本案中孙某民并非宗教教职人员,无权对外开展慈善募捐活动。

[1] 参见韩丽欣、张甜:《后慈善法时代我国慈善组织治理的权利视角》,载《法治社会》2016 年第 4 期。

· **涉及法条**

《慈善法》(2023 年修正)

第八条　本法所称慈善组织,是指依法成立、符合本法规定,以面向社会开展慈善活动为宗旨的非营利性组织。

慈善组织可以采取基金会、社会团体、社会服务机构等组织形式。

第十条第一款　设立慈善组织,应当向县级以上人民政府民政部门申请登记,民政部门应当自受理申请之日起三十日内作出决定。符合本法规定条件的,准予登记并向社会公告;不符合本法规定条件的,不予登记并书面说明理由。

第二十二条　慈善组织开展公开募捐,应当取得公开募捐资格。依法登记满一年的慈善组织,可以向办理其登记的民政部门申请公开募捐资格。民政部门应当自受理申请之日起二十日内作出决定。慈善组织符合内部治理结构健全、运作规范的条件的,发给公开募捐资格证书;不符合条件的,不发给公开募捐资格证书并书面说明理由。

其他法律、行政法规规定可以公开募捐的非营利性组织,由县级以上人民政府民政部门直接发给公开募捐资格证书。

第三十三条　禁止任何组织或者个人假借慈善名义或者假冒慈善组织开展募捐活动,骗取财产。

《宗教事务管理条例》

第五十六条第一款　宗教团体、宗教院校、宗教活动场所、宗教教职人员可以依法兴办公益慈善事业。

第三节　慈善组织的内部治理

一、慈善组织的内部治理结构

为切实履行自身宗旨,慈善组织应当建立一套与其开展活动的特点相适应的内部治理机制,包括决策、执行及监督机制。慈善组织的内部治理是指慈善组织根据其章程进行治理,是慈善组织内部权力的分配结构,慈善组织完备的内部治理结构是其实现独立性的重要基础。英国慈善组织目前采用慈善托管人来进行内部治理,是英国慈善法的核心之一。英国慈善法坚持独立性和非政府性的基本原则,其慈善托管人一般享有较为广泛的权利,同时负担诸如注册义务、账目义务、提交报告等义务。慈善托管人并不是慈善组织的所有者,事实上,慈善组织非任何人所有,内部治理中的托管人一般也是“志愿者”的角色,慈善组织不向其成员支付任何报酬。美国的慈善组织则由其内部的董事和执行官等完成组织内部治理的使命。日本的公益法人由理事、监事(或评议员)和专职审计人员等完成内部治理。我国相关法规对不同组织形态的社会组织内部治理结构有一些规定:《基金会管理条例》第三章对基金会的组织机构作专门的规定;《民办非企业单位登记管理暂行条例》要求民办非企业单位有必要的组织机构、法定代表人或负责人等。慈善组织的内部治理结构的优化对其开展慈善活动、实现行业自律、促进其发展有重要的作用,为此《慈善法》也针对慈善组织的内部治理结构提出了较为具体的内部治理要求,慈善组织建立内部治理结构的核心在于决策、执行、监督三个方面。

(一)决策机构

慈善组织的章程中应该包含决策执行机构的组成及职责的内容,慈善组织的决策机构依法行使章程规定的职权,通过定期召开会议等形式行使决策权,选举任免或罢免决策机构的组成人员,决定重大业务活动,包括章程规定的重大募捐、重大支出及重大投资，制定内部管理制度，决定慈善组织的重大支出，听取秘书长的年度工作报告，检查秘书长的工作，决定慈善组织的合并、分立和终止等职权。对各类慈善机构的决策机构规定在不同的法律法规中，如《基金会管理条例》第21条第1款、第2款规定理事会作为基金会的决策机构，需要按期召开会议行使职权；《民法典》第91条第2款对社会团体的权力机构作出规定，其决策机构是会员大会或会员代表大会。

（二）执行机构

慈善组织的执行机构主要负责主持开展慈善组织的日常运行工作，通常通过理事会执行各项决策。具体而言，执行机构主要负责维持慈善组织的日常运转，组织实施慈善组织具体工作，推广慈善活动，根据决策机构下达的年度工作目标组织制定、修改、实施年度工作计划，定期协助决策机构组织召开会议，代表组织参加重要活动、外事或其他重要活动，组织招募志愿者开展慈善活动等。

（三）监督机构

慈善组织的内部监督机构一般是监事会，是指根据章程的规定设立的，对慈善组织进行内部监督的机构。监督机构与慈善组织的决策及执行机构是一种监督与被监督的关系，监督机构具有独立性。监督机构定期对慈善财产、物资进行核对，通过核对是否账实相符，检查内部制约的执行情况；向决策机构提出质询和建议，并向登记管理机关、业务主管单位以及税务、会计主管部门反映情况等。内部监督有利于提高内部组织和成员的自律性，形成有序、公开的工作机制。

二、慈善组织负责人

慈善组织的负责人是指对慈善组织的运行进行全局性控制和管理的人或团体，其基本内涵近似于英国“慈善托管人”，英国2011年《慈善法》中对慈善托管人的资格获得、选任方式及程序、取消资格等进行了较为详尽的规定,“托管人”的设立强化了对慈善组织的慈善目的、慈善活动、公共利益的保障。但我国现行慈善法对慈善组织的负责人仅进行了“最低限度”的规定,通过反向列举的方式规定了不得出任负责人的情形,没有对慈善组织的负责人的范围和选任作出明确规定,且一般规定在各类组织相关的法律法规中。

(一)慈善组织负责人的选任

1. 基金会的负责人。基金会的负责人为其理事长、副理事长和秘书长,负责人必须依照章程规定的程序,从理事中选举产生。

2. 社会团体、社会服务机构的负责人。社会团体、社会服务机构的负责人遵循同一原理,负责人从其理事长(会长)、副理事长(副会长)、秘书长中产生,社会团体的负责人还要按照“一届一备、变更必备”的原则到登记管理机关履行备案手续。

(二)慈善组织负责人的禁止

1. 无民事行为能力或者限制民事行为能力的人不得担任慈善组织负责人。无民事行为能力是指不具有以自己的行为取得民事权利和负担民事义务的资格,不能产生民事法律关系发生、变更、消灭的效果。限制民事行为能力是民事行为能力的一种情况,在此情况下的民事主体因智力发育不成熟或者精神存在一定程度的障碍,不能认清自己的行为后果。如果让其实施行为,则可能既不利于行为人自身利益的保护,也会损害他人的利益。因此,这种情况下的民事主体实施行为的范围受到限制,只能亲自实施与自己智力、精神状况相适应的行为,并承担相应的行为后果。超出自己智力、精神状况的行为,应由其法定代理人代理实施。只有具有民事行为能力的人,才能独立实施民事法律行为,并产生预期的法律效果,因此担任慈善组织负责人的人必须具备民事行为能力。

2. 因故意犯罪而被判处刑罚,自刑罚实施完毕之日起未逾5年者不得担任慈善组织负责人。同时符合以下三个条件的人,不得担任慈善组织负责人:其一,故意犯罪;其二,被判处刑罚;其三,自刑罚实施完毕之日起未逾5年。一是故意犯罪,行为人在故意的心理状态下实施的犯罪,是犯罪构成要件中主观方面的一种心理状态。根据刑法规定,故意犯罪必须同时具备以下两个特征:(1)行为人对自己的行为会发生危害社会的结果,必须是明知的。这种明知既包括明知必然会发生危害社会的结果,也包括明知可能会发生危害社会的结果。(2)行为人必须是希望或者放任这种危害结果的发生。二是由于故意犯罪,行为人被判处刑罚,包括判处刑罚后被免除刑罚的行为人。三是自刑罚实施完毕之日起未逾5年。对于曾有犯罪史的人是否有权担任慈善组织负责人,慈善法给出了肯定的答案,且限缩为"故意犯罪",这样的立法引导、扩大了慈善的参与度,也有利于通过慈善的方式促进曾被判处刑罚的行为人融入社会,鼓励慈善。

3. 在被吊销登记证书或者被取缔的组织担任负责人,自该组织被吊销登记证书或者被取缔之日起未逾5年者不得担任慈善组织负责人。慈善组织相比于其他一般社会组织有更神圣的组织目标和宗旨,由于涉及贫穷、困难人员及社会大众的公共利益,其监管也应当更加严格。对于慈善组织的负责人,若其曾在其他违法社会组织担任负责人,即使对该违法行为不负有个人责任,但作为负责人也应对其组织的计划实施不严格、人员配置不合理、监管不力等负有相应的责任,因此慈善法出于对慈善法特殊目的和所涉利益的重要性的考量,严格禁止其短期内再担任慈善组织负责人。只有在该组织被吊销登记证书或者被取缔之日起5年后才可重新考察成为慈善组织负责人。

4. 法律、行政法规规定不得担任慈善组织负责人的其他情形。慈善组织负责人的禁止性要求,会随着慈善组织的实践及社会经济情况的变化有所调整,故不可能一一穷尽列举。如《基金会管理条例》中基金会的理事长、副理事长和秘书长不得由现职国家工作人员担任等规定,不同组织形式的慈善组织有着更为具体化的要求。

(三)慈善组织负责人的职责

1. 慈善组织负责人的职权

慈善组织负责人产生于理事长、副理事长、秘书长中,肩负着全局性控制和管理的责任。故其享有作为理事长、副理事长和秘书长的基本职权,如召集和主持理事会会议、检查理事会决议的落实情况、代表基金会签署重要文件、代表慈善组织参加重大活动、进行发言等,慈善组织章程也可以赋予负责人其他职权。

2. 慈善组织负责人的义务

作为慈善组织的内部治理体系之一的负责人,其管理和决策应该在法律法规允许的范围内,严格履行忠实、谨慎、勤勉义务。除此之外,在慈善组织从事相关活动时对负责人有更为具体的要求:(1)慈善组织的负责人不得在慈善组织投资的企业兼职或者领取报酬。其目的是建立投资利益回避机制。这里所说的兼职,是指慈善组织的负责人在未卸任慈善组织职务的情况下,到慈善组织投资的企业担任生产经营管理工作的有关职务。但如果慈善组织的负责人受慈善组织委托,作为股东代表、董事或者监事仅仅参与被投资企业的股东会、董事会会议,不承担生产经营管理工作,则不属于“兼职”。此外,不得领取报酬的规定是为了防止慈善组织的财产以投资的名义被变相分配和侵占。(2)慈善组织在开展投资活动时有违法违规行为,致使慈善组织财产损失的,负责人等相关人员应当承担相应责任。慈善组织负责人在开展投资活动时应做好人员安排、对投资预案进行审查、并尽到相关的督促职责。(3)慈善组织负责人不得利用慈善组织从事营利活动。(4)慈善组织负责人不得侵占或者变相侵占慈善组织的财产,不得损害受益人的利益和社会公共利益。负责人的职权来源于慈善组织章程,慈善组织的负责人应当认真贯彻慈善组织章程规定的宗旨和原则。负责人的自律是慈善组织公信力的来源之一。同时,民政部门作为登记管理机关也依法建立开展慈善活动的社会组织及其负责人的信用记录制度,并向社会公布。

三、慈善组织的会计规范

慈善组织的会计规范是指慈善组织开展慈善活动对慈善财产进行管理和使用时,在其所涉及的会计活动中所应遵循的约束性或指导性的行为准则。慈善组织兼具独立性和公益性的特征,慈善法需要对慈善组织的会计管理制度有更细致、严格的要求。慈善组织的会计规范主要依据财政部出台的《民间非营利组织会计制度》,主要包括三个方面。

(一)依法进行会计核算

1. 慈善组织会计核算的基础是权责发生制。权责发生制又称应收应付制原则,是指收入和费用的确认应当以实际的发生为标准。也就是说,一切要素的时间确认,特别是收入和费用的时间确认,均以权利已经形成或义务(责任)已经发生为标准。

2. 慈善组织的会计核算的内容。慈善组织在权责发生制基础上进行会计核算应落实以下内容:(1)会计核算应当以实际发生的交易或者事项为依据,如实反映民间非营利组织的财务状况、业务活动情况和现金流量等信息;(2)会计核算所提供的信息应当能够满足会计信息使用者(如出资人、设立人、捐赠人、会员、监管者等)的需要;(3)会计核算应当按照交易或者事项的实质进行,而不应当仅仅以它们的法律形式作为其依据;(4)会计政策前后各期应当保持一致,不得随意变更。如有必要变更,应当在会计报表附注中披露变更的内容和理由、变更的累积影响数,以及累积影响数不能合理确定的理由等;(5)会计核算应当按照规定的会计处理方法进行,会计信息应当口径一致、相互可比;(6)会计核算应当及时进行,不得提前或延后;(7)会计核算和编制的财务会计报告应当清晰明了,便于理解和使用;(8)在会计核算中,所发生的费用应当与其相关的收入相配比,同一会计期间内的各项收入和与其相关的费用，应当在该会计期间内确认；(9)会计核算应当遵循谨慎性原则；(10)会计核算应当合理划分应当计入当期费用的支出和应当予以资本化的支出；(11)会计核算应当遵循重要性原则，对资产、负债、净资产、收入、费用等有较大影响，并进而影响财务会计报告使用者据以做出合理判断的重要会计事项，必须按照规定的会计方法和程序进行处理，并在财务会计报告中予以充分披露；对于非重要的会计事项，在不影响会计信息真实性和不至于误导会计信息使用者做出正确判断的前提下，可适当简化处理。

我国慈善法目前没有对慈善组织的会计监督进行统一的规定，慈善组织主要参照《政府会计制度(2024 年版)》、财政部《民间非营利组织会计制度》及中国红十字会总会《关于加强红十字会财务工作的指导意见》建立起一套会计核算制度。有学者认为，慈善组织产生了会计交易或事项需从其他会计制度中寻求解决方案，不具有统一的指导意义，且慈善组织缺乏必要的原始记录和初始计量依据、关于慈善捐赠的特殊业务领域缺乏制度规范等，所以目前慈善组织的会计核算制度是存在缺陷的，这也是未来慈善组织透明度提升的改革方向之一，建立统一、完善的会计核算制度，从制度根源上规制贪污腐败的可能性，促进慈善事业的可持续发展。

(二)建立健全的会计监督制度

健全的会计监督制度包括内部牵制、财产清查和内部审计三个方面。(1)内部牵制是慈善组织内部的各机构、各环节相互牵制、相互监督。慈善组织应落实内部监管工作，把监督管理工作全覆盖落实到捐赠业务活动的事前、事中和事后各方面，以保证慈善机构内部控制机制的规范性和全面性。(2)财产清查是定期对慈善财产、物资进行核对，通过核对是否账实相符，检查内部制约的执行情况。(3)内部审计是对慈善组织内部牵制制度落实情况、开展慈善活动情况进行的审计，可以保证慈善财产的规范、有效使用。各地实践也在逐渐探索内部审计的有效方式，2019 年江苏省政府建立慈善工作联席会议制度、2020年珠海市人民政府办公室正式印发《关于建立珠海市慈善工作联席会议制度的通知》，建立了广东省慈善领域首个联席会议制度。慈善联席会由审计、纪检、财务、采购、仓库等部门共同组成；通过联席会实施制定审计计划、组织实施审计、对审计报告进行审核，全面客观辩证审慎地看待发现的问题，及时揭示和反映截留、挤占、挪用资金物资等问题和内部机制障碍以保证内部审计质量，给慈善机构运行决策制定提供保障。

（三）接受政府有关部门的监督管理

除接受民政部门监督管理外，财政、审计、纪检监察等有关部门在各自职责范围内有权对慈善组织执行会计制度的情况进行监督管理。

四、慈善组织年度报告制度

目前民政部门对社会组织的管理采取的是年度检查制度，根据“简政放权、放管结合、优化服务”的要求，慈善法规定对慈善组织实行年度报告制度，未规定年度检查制度。[1]

（一）年度报告的内容

慈善组织应报送年度工作报告和财务会计报告，年度工作报告主要是指慈善组织年度内运营及工作开展情况；财务会计报告是反映慈善组织年度内财务状况和经营成果的书面文件。慈善组织执行的是《民间非营利组织会计制度》，财务会计报告由会计报表、会计报表附注和财务情况说明书组成，分为年度财务会计报告和中期财务会计报告，年度财务会计报告是以整个会计年度为基础编制的财务会计报告。根据2016年《慈善法》第13条的规定，慈善组织需提交的年度报告内容主要包括：

1. 年度开展募捐和接受捐赠情况。慈善组织的年度报告中包含组织募

〔1〕 参见阚珂主编：《中华人民共和国慈善法释义》，法律出版社2016年版，第41页。

捐的时间、地点、形式,接受捐赠的账户专户,捐赠的种类、数量、质量,接受捐赠的食品、药品、生物化学制品是否符合国家食品药品监督管理和卫生行政等政府部门的规定等情况。

2. 慈善财产的管理使用情况。慈善组织的年度报告中应包括接受捐赠财产出具的捐赠票据;募捐及捐赠财产的登记造册;捐赠人捐赠的实物不易储存、运输或者难以直接用于慈善目的的,慈善组织依法拍卖或者变卖的情况;对募捐方案、捐赠协议约定了捐赠具体使用目的和限定条件的,依约执行的情况;剩余财产的处理等情况。

3. 慈善项目实施情况。慈善组织的年度报告中应包括慈善项目的实施流程、受益人、项目支出、项目负责人、对项目实施进行跟踪监督等情况。

4. 慈善组织工作人员的工资福利情况。慈善组织在年度报告中应写明工作人员的工资、奖金、津贴、补贴等情况。

2023 年《慈善法》在旧法规定的基础上,还要求慈善组织在年度报告中增加募捐成本的相关情况以及与境外组织或者个人开展合作等情况。除此之外,基金会、社会团体和社会服务机构还需满足所适用的管理条例的具体要求,反映慈善组织各自的特点,如基金会的年度工作报告应当包括开展募捐、接受捐赠、提供资助等活动的情况以及人员和机构的变动情况等。社会团体和社会服务机构的工作报告内容包括遵守法律法规和国家政策的情况、依法履行登记手续的情况、按照章程开展活动的情况、人员和机构变动的情况以及财务管理的情况。

(二)年度报告的报送时间及部门

1. 报送时间:慈善组织必须每年都向民政部门报送年度工作报告和财务会计报告,不能两年或者两年以上进行合并。基金会应当于每年 3 月 31 日前向登记管理机构报送上一年度的工作报告;社会团体和社会服务机构应当于每年 5 月 31 日前向登记管理机关报送上一年度的工作报告。

2. 接收报告的部门:慈善组织年度报告接收的主体是慈善组织登记的

民政部门。

(三)未报送年度报告的法律后果

慈善组织出现未依法报送年度工作报告、财务会计报告或者报备募捐方案的,由民政部门对违法慈善组织予以警告、责令限期改正;逾期不改正的,慈善组织将被责令限期停止活动并进行整改。

(四)年度报告制度的功能

1. 有助于增强慈善组织的自律意识,落实慈善组织的主体责任。慈善组织自律是指慈善组织内部对国家法律、法规政策的遵守和贯彻及慈善组织内部的规定、约定制约组织的行为。目前我国慈善组织自律基础不稳固、细节规范较少、自律意识不强,通过年度报告制度由慈善组织从内部厘清本组织年度内所开展的慈善活动、财产管理及财务会计管理,通过主体责任承担的方式强化慈善组织的自律意识。

2. 有利于激发慈善组织开展慈善活动的活力,年度报告取代"年检",慈善组织能够发挥积极性,主动报告开展活动。过去的社会组织"年度检查"制度是指登记管理机关依法按年度对社会组织遵守法律、法规、规章和章程开展活动的情况实施监督管理的制度,这种方式强调的是外部监督,且一般检查效果仅有"合格"与"不合格",不明确反映组织的运行情况;相比来说,年度报告制度不仅公开度、透明度更高,而且更强调从组织的内部规范与监督,降低了慈善组织的办事成本,减轻了组织负担,能激发慈善组织的积极性。

3. 有利于优化慈善环境,通过年度报告制度对慈善组织更全方位地开展政府监督、社会监督,建立慈善组织的信用体系,优化全国慈善环境。年度报告制度的公开透明有利于社会形成多层次的慈善组织监督体系,通过部门合力、信用信息管理、信用代码等制度促进慈善组织信用体系建设,增强慈善公信力。社会大众对慈善组织的准确信息的边界获取是真正意义上的问责,也是公众信任与信心的关键所在[1]。由此,应为未来慈善组织开展活动营造良好的慈善环境。

五、慈善组织关联交易

关联交易,一般是指公司与其关联人之间发生的一切转移资源或者义务的法律行为,又称为关联方交易。慈善组织的关联交易指慈善组织与本组织直接或间接占有权益、存在利害关系的关联方之间所进行的交易。慈善组织会有一些重要的关联方,主要包括发起人、主要捐赠人以及管理人员等。在慈善组织为了财产实现保值、增值而进行投资等营利性活动中,可能会与关联方产生交易。需要明确的是,慈善法并不禁止关联交易,但由于关联交易通常受到慈善组织的发起人、主要捐赠人、管理人员的影响、控制或支配,会出现损害慈善组织、受益人利益和社会公共利益的情况,应对慈善组织的关联交易应当进行严格的限制。

(一)慈善组织关联交易的内容

慈善组织的关联交易一般包括:(1)慈善组织出资购买或向慈善组织销售商品或者服务;(2)向慈善组织提供或者需要向慈善组织支付酬劳的劳务;(3)有偿代理、租赁;(4)慈善组织向关联人提供资金;(5)由关联人向慈善组织提供保值增值业务;(6)管理方面的合同;(7)授权许可协议;(8)关联双方共同投资;(9)慈善组织发放给慈善组织负责人、理事、监事等人员的薪酬;(10)代表慈善组织或由慈善组织代表另一方进行债务结算等。其中,购买或销售商品、提供或接受劳务是实践中问题最为频发的情形,也是慈善法应该对慈善组织关联交易重点关注的情形。

(二)慈善组织关联交易的限制

1. 慈善组织的发起人、主要捐赠人以及管理人员,不得利用其关联关系

---

[1] 参见李德健:《英国慈善法研究》,山东大学2016年博士学位论文,第86~89页。

损害慈善组织、受益人的利益和社会公共利益。如前所述，慈善法并未完全禁止慈善组织关联交易，关联交易对慈善组织而言有其裨益。出于其慈善目的之效率考量，交易双方因存在关联关系，可以节约大量商业谈判等方面的交易成本，并可保证交易的优先执行，从而提高交易效率。如宁夏燕宝慈善基金会2019年与其发起人公司进行关联交易以确保充足的资金保障慈善项目的顺利运行，并作出了对流通股股东因关联方捐赠导致每股收益减少的金额通过差额现金分红方式作出全额补偿的承诺[1]，达到了为基金会输送资源和节省开支的目的，有利于慈善组织管理、运营和建设成本降低。因此，慈善组织在进行关联交易时需遵循公开、公平、公正原则，不得利用其关联关系损害慈善组织、受益人的利益和社会公共利益。

2. 慈善组织的发起人、主要捐赠人以及管理人员与慈善组织发生交易行为的，不得参与慈善组织有关该交易行为的决策。为了避免关联方利用其关联关系损害慈善组织、受益人的利益和社会公共利益，发生关联交易的关联方不得参与该行为的决策。除此之外，根据交易的重大程度，涉及关联方诚信责任的关联交易应通过决策机构表决并对关联交易的数额进行限制，以此保证交易的诚信公正，维护慈善组织、受益人的利益和社会公共利益。

3. 慈善组织的发起人、主要捐赠人以及管理人员与慈善组织发生交易行为的，有关交易情况应当向社会公开。根据《慈善组织信息公开办法》第13条的规定，下列关联交易等行为发生后30日内，慈善组织应在统一信息平台向社会公开具体内容和金额：(1)接受重要关联方捐赠；(2)对重要关联方进行资助；(3)与重要关联方共同投资；(4)委托重要关联方开展投资活动；(5)与重要关联方发生交易；(6)与重要关联方发生资金往来。完备的信

---

[1] 参见《宝丰能源关于向宁夏燕宝慈善基金会捐赠的关联交易公告》，载新浪财经网2020年3月16日，https://money.finance.sina.com.cn/corp/view/vCB_AllBulletinDetail.php?stockid=600989&id=5939926。

息公开制度，可以有效防止慈善组织的财产被侵吞、挪用、滥用，有利于慈善事业健康发展。

(三)法律后果

慈善组织违反法律法规关于关联交易的限制的，需承担以下法律后果：

1. 首次违反关联交易的限制造成慈善组织财产损失的，由民政部门予以警告、责令限期改正；逾期不改正的，责令限期停止活动并进行整改。

2. 经依法处理后1年内再出现违反关联交易限制的情形，或者有其他情节严重情形的，由民政部门吊销登记证书并予以公告。

六、慈善组织活动的禁止

《慈善法》第15条规定：慈善组织不得从事、资助危害国家安全和社会公共利益的活动，不得接受附加违反法律法规和违背社会公德条件的捐赠，不得对受益人附加违反法律法规和违背社会公德的条件。

(一)不得从事、资助危害国家安全和社会公共利益的活动

国家安全是指国家政权、主权、统一和领土完整、人民福祉、经济社会可持续发展和国家其他重大利益相对处于没有危险和不受内外威胁的状态，以及保障持续安全状态的能力。社会公共利益具有涉及大多数人利益的广泛性，维护社会公共利益是社会公众生活的基本要求。慈善组织作为兼具公益性和民间性的组织，其开展的活动应当以不特定多数人的利益实现为目标，这也是慈善组织宗旨的体现；同时，《国家安全法》第11条明确规定，中华人民共和国公民、一切国家机关和武装力量、各政党和各人民团体、企业事业组织和其他社会组织，都有维护国家安全的责任和义务。慈善组织作为中华人民共和国范围内的组织，肩负着维护国家安全的责任，故既不得开展危害国家安全和社会公共利益的活动，也不得使用慈善财产资助危害国家安全和社会公共利益的活动。

(二)不得接受附加违反法律法规和违背社会公德条件的捐赠

《慈善法》第39条第1款规定,慈善组织接受捐赠,捐赠人要求签订书面捐赠协议的,慈善组织应当与捐赠人签订书面捐赠协议。《慈善法》允许慈善组织接受捐赠时接受捐赠人所设置的捐赠目的及条件,但若是捐赠人提出的附加条件违反法律法规,则慈善组织不得接受。如约定慈善财产的用途和受益人时,不得指定与捐赠人有利害关系的人为受益人;捐赠人提出有利害关系的人作为受益人的,属于违反法律法规的条件,慈善组织不得接受捐赠。

社会公德是指人们在社会交往和公共生活中应该遵守的行为准则,是维护社会成员之间最基本的社会关系秩序、保证社会和谐稳定的道德要求。捐赠人提出的附加条件违反社会公德的,慈善组织可以拒绝接受捐赠。

(三)不得对受益人附加违反法律法规和违背社会公德的条件

慈善法要求,开展慈善活动应当遵循合法、自愿、诚信、非营利的原则,不得违背社会公德,不得危害国家安全、损害社会公共利益和他人合法权益。慈善组织作为慈善活动的重要主体,开展慈善活动应当严格在法律法规允许的范围内、在遵循慈善组织宗旨和章程的要求下开展活动。因此,慈善组织对待受益人时,应当尊重受益人的隐私和人格尊严,不得提出违反法律法规或违背社会公德的条件。

(四)法律后果

若慈善组织违反禁止性规定,应当承担相应的法律责任。

1. 慈善组织从事、资助危害国家安全和社会公共利益的活动的,由有关机关依法查处,由民政部门依法吊销登记证书并予以公告。

2. 慈善组织接受附加违反法律法规或者违背社会公德条件的捐赠,或者对受益人附加违反法律法规和违背社会公德的条件的,由民政部门责令限期改正;逾期不改正的,吊销登记证书并予以公告。

第四节 慈善组织的终止

慈善组织的终止,是指慈善组织根据法定程序彻底结束慈善活动并使慈善组织的法人资格归于消灭的事实状态和法律结果[1]。

一、慈善组织终止的事由

1. 出现章程规定的终止情形。慈善组织的章程要写明终止情形及终止后的清算办法等事项。章程是慈善组织活动的基本准则,若出现章程所规定的终止情形,如慈善组织期限届满、慈善组织终止条件成就等情形,慈善组织应当终止。

2. 因分立、合并需要终止。(1)慈善组织的分立。原有的慈善组织分立成为两个或者两个以上的独立的慈善组织的法律行为,包括存续分立和解散分立。存续分立是指一个慈善组织分离成两个以上慈善组织,原慈善组织继续存在并设立一个以上的新的慈善组织;解散分立是指一个慈善组织分散为两个以上的慈善组织,本慈善组织解散并设立两个以上的新的慈善组织。(2)慈善组织合并。两个或两个以上的慈善组织依照《民法典》和《慈善法》规定的条件和程序,通过订立合并协议,共同组成一个慈善组织的法律行为。统观《慈善法》条文可以发现,有关慈善组织合并的规定仅出现于《慈善法》第17条第2项,又依据法律适用条款,慈善组织合并时也应遵守《民法典》中的一般规定。慈善组织的合并可分为吸收合并和新设合并两种形式。吸收合并又称存续合并,它是指通过将一个或一个以上的慈善组织并入另一个慈善组织的方式而进行慈善组织合并的一种法律行为。并入的慈善组织解散,其法人资格消失。接受合并的慈善组织继续存在,并办理变

---

〔1〕参见全国人大内务司法委员会内务室编著:《中华人民共和国慈善法释义》,中国法制出版社2016年版,第64页。

更登记手续。新设合并是指两个或两个以上的慈善组织以消灭各自的法人资格为前提合并组成一个慈善组织的法律行为。其合并结果是原有慈善组织的法人资格均告消灭。

若慈善组织发生了合并或者分立,由于其独立的运行机制和采取的分立、合并的形式不同,可能需要原有慈善组织终止。

3. 连续二年未从事慈善活动。《慈善法》第 61 条第 1 款规定,慈善组织应当积极开展慈善活动,充分、高效运用慈善财产,并遵循管理费用最必要原则,厉行节约,减少不必要的开支。慈善组织中具有公开募捐资格的基金会开展慈善活动的年度支出,不得低于上一年总收入的 70% 或者前 3 年收入平均数额的 70%;年度管理费用不得超过当年总支出的 10%;特殊情况下,年度管理费用难以符合前述规定的,应当报告办理其登记的民政部门并向社会公开说明情况。该条规定了慈善组织的年度支出比例,如慈善组织年度内支出比例不达标,由民政部门作出相应的行政处罚。慈善组织只有积极地开展慈善活动才能实现其慈善目的,将捐赠人所捐赠的财产合理地使用,达到捐赠人期望的慈善目的;若是慈善组织怠于开展慈善活动,则慈善目的无法实现。因此,若是慈善组织连续两年没有按照章程规定的宗旨开展慈善活动,应当终止。

4. 依法被撤销登记或者吊销登记证书。慈善组织依法被撤销登记,如提供虚假材料骗取登记或者被认定为慈善组织,原登记、认定的部门将对其撤销登记或者认定并向社会公告;慈善组织被吊销登记证书,如慈善组织弄虚作假骗取税收优惠,由税务机关依法查处;情节严重的,由民政部门吊销登记证书并予以公告。依法被撤销或吊销登记是对慈善组织严重的惩罚行为,一旦慈善组织实施了违反法律、法规的行为,被依法撤销登记或者吊销登记证书,慈善组织就应当终止。

5. 法律、行政法规规定应当终止的其他情形。

二、慈善组织终止的程序

根据2023年《慈善法》第19条第1款的规定,“慈善组织终止,应当进行清算”。慈善组织的清算是指慈善组织面临终止的情况下,为终结慈善组织作为当事人的各种法律关系,使慈善组织归于消灭,而对慈善组织未了结的项目、财产等进行清理、处分的行为和程序。与公司法人的清算不同的是,慈善组织仅规定了终止程序,而未规定破产程序,因此慈善组织非企业,不适用《企业破产法》的相关规定。

(一)清算的启动时间

慈善组织出现终止情形时,应当自终止情形出现之日起30日内成立清算组进行清算。

(二)清算的主体

慈善组织的清算事务主要由清算组承担,清算组由慈善组织的决策机构成立。慈善组织的决策机构不成立清算组或者清算组不履行职责,或成立清算组但故意拖延清算、违法清算,可能严重损害慈善组织及受益人利益的,办理其登记的民政部门可以申请人民法院指定有关人员组成清算组进行清算。

(三)清算组的职责

决策机构或人民法院指定成立清算组后,清算组就取代决策机构,清算过程中慈善组织不能开展其他任何活动。清算组需承担以下职责:清理慈善组织财产,编制财产清单;处理与清算有关的慈善组织未了结的业务、项目;清缴慈善组织所欠税款以及清算过程中产生的税款;处理慈善组织的剩余财产;代表慈善组织参与民事诉讼活动等。

(四)慈善组织清算后的剩余财产

对于慈善组织剩余捐赠财产的处理,国际上通行的做法是遵循“近似原则”,即应当将剩余财产用于与原慈善项目相同或者近似的其他慈善项目。

我国《慈善法》第 18 条第 3 款规定，慈善组织清算后的剩余财产，应当按照慈善组织章程的规定转给宗旨相同或者相近的慈善组织；章程未规定的，由办理其登记的民政部门主持转给宗旨相同或者相近的慈善组织，并向社会公告。"近似原则"充分体现了对捐赠人真实意愿的尊重，同时赋予慈善组织对剩余捐赠财产的处置权，有利于充分发挥慈善组织的作用，使捐赠财产充分发挥其应有的效果。遵循"近似原则"是由慈善组织本身的性质和特点决定的。慈善组织的财产主要来源于自然人、法人或其他组织的捐赠，应当按照章程规定的宗旨和慈善活动业务范围将捐赠财产全部用于慈善目的，而不能用作私益目的。

(五)慈善组织的注销登记

慈善组织应当自清算结束之日起 15 日内向登记管理机关办理注销登记。登记管理机关准予注销登记的，发给注销证明文件，收缴登记证书、印章和财务凭证。

第三章

慈善募捐

第一节　慈善募捐概述

一、慈善募捐的概念

（一）"募捐"词源释解

"募捐"一词，古而有之，"募捐"由"募"与"捐"组成，在《说文解字》中，二者均有释解。其一，"募，广求也"，即广泛征求，"募，从力莫声"，表示在太阳即将下山，人们结束农活，聚集在打谷场上闲聊的时候，招收人员。其二，"捐"字"从手从肙"，"肙"意为"小口小身"，引申为"细小、小巧的东西"，"捐"可解释为随手丢弃细小的东西，故解为"弃"。"募"字方向为"来"，即有需求者或为有需求者从各方募集财物，"捐"字方向为"去"，即将所有之财物向各方有需求者散去。因此，"募捐"一词从广义上来看包含"募"与"捐"两个行为，是一个从社会"聚财"又向社会"散财"的过程，是慈善事业中的重要环节。而狭义理解的"募捐"一词可以解释为筹集、招募，是一个从社会各方"聚财"的单向行为。《慈善法》中的募捐作狭义理解，本书亦取狭义使用。

（二）慈善募捐的法律界定

随着慈善事业的不断推进，"募捐"一词逐渐被纳入立法，2016 年《慈善法》出台前，便有一些地方性法规对"募捐"进行了明确的定义。《宁波市慈善事业促进条例》第 17 条第 1 款将募捐定义为"基于慈善目的面向社会开展的募集捐赠活动"。《上海市募捐条例》（现已失效）第 3 条第 1 款规定："本条例所称募捐，是指基于公益目的，向社会公开募集财产的劝募行为。"不难看出，以上两个定义具有相似之处，一方面均未规定可以进行慈善募捐的主体，另一方面均采用"募捐"而非"慈善募捐"一词，且从其定义内容看，定义的募捐类型均指向公开募捐，而世界各国立法一般将募捐分为公开募捐和定向募捐两种，以上界定对于募捐的定义并不完整。

2016 年颁布实施的《慈善法》第 21 条第 1 款对"慈善募捐"进行了较为

全面的立法解释,指出“慈善募捐,是指慈善组织基于慈善宗旨募集财产的活动”,第2款对慈善募捐进行分类,指出“慈善募捐,包括面向社会公众的公开募捐和面向特定对象的定向募捐”。该定义首先指出慈善募捐是慈善组织从事的活动,规定了慈善募捐的主体;其次明确了慈善募捐的客体,即财产;最后通过该条第2款对慈善募捐进行分类,有效弥补了此前各地方性法规对慈善募捐定义不完整的缺憾。

(三)慈善募捐的特征

1. 慈善募捐的主体是慈善组织

《慈善法》所规定的慈善组织是依法成立并向县级以上人民政府民政部门进行登记的非营利性组织,民政部门可以通过年度工作报告,财务会计报告,对慈善组织的检查、调查、评估等方式进行监督管理。《慈善法》将慈善募捐主体限定在慈善组织的范围内,使得慈善募捐的各项活动能够在合理监督的情况下进行,有效维护募捐秩序的同时,保护捐赠人的合法权益。而慈善组织以外的自然人、法人和其他组织虽然不能开展慈善募捐,但仍然可以在法律规定的范围内从事慈善活动。

慈善募捐主体排除政府募捐。广东省东莞市大朗镇的一份“摊派教育募捐参考标准”中的规定令人瞠目结舌,引发热议。[1] 在“行政逼捐”现象中,政府主导募捐且通常采用“动员”“鼓励”等方式,实质是一种变相逼捐,政府内部工作人员可能会迫于行政级别、职称、升职等压力,被迫慈善,使慈善成为负担,违背慈善活动所遵循的自愿原则。除此之外,政府主导下的募捐会产生募捐监管者与募捐参与者身份混同问题。面对政府及政府有关部门主导的募捐活动,民政部门的监管权会因为上下级等身份关系大打折扣,募捐活动的开展、募捐财产的管理使用等环节会形成监管盲区,易滋生腐败。故,政府应当被排除在募捐主体之外。在某些特殊情况下,如发生重大

[1] 张紫赟、刘宏宇:《透视广东“行政逼捐”乱象:正科捐6000 普通公务员捐2000》,载中国经济网,http://district.ce.cn/newarea/roll/201408/22/t20140822_3409580.shtml。

自然灾害、事故灾难和公共卫生事件等突发事件，有关政府则可以开展慈善协调机制，及时有序的引导开展慈善募捐活动。

2. 慈善募捐的客体是财产

慈善募捐是一种募集财产的活动，其所指向的客体是财产。慈善募捐与慈善捐赠是慈善活动的一体两面，所以慈善募捐中募集的财产应当与慈善捐赠中捐赠的财产相对应，应当包括货币、实物、房屋、有价证券、股权、知识产权等有形和无形财产。需要注意的是：第一，慈善募捐所募集到的财产应当是可以进行转让的有形或者无形财产，而劳务、服务等行为依附人体，不可转让且具有不可控、不可强制性，无法实现慈善募捐的目的，所以不属于慈善募捐的客体；第二，募集到的实物应当具有使用价值，符合安全、卫生、环保等标准，如果因为食物过期或者存在安全隐患导致使用募捐财产的人员遭受身体或者财产的损失，则应当按照《产品质量法》的相关规定进行追责，《慈善法》对此也明确指出，捐赠人捐赠本企业产品的，应当依法承担产品质量责任和义务。

3. 慈善募捐应基于慈善宗旨

“宗旨”是指主要的思想或者意图，慈善宗旨是指开展慈善活动所具有的主要思想、意图。《慈善法》对慈善宗旨并未进行详细的规定，但是根据《慈善法》第 3 条所列举的慈善活动可知，为了扶贫、济困、救孤、防治污染等具有公益性的事项而开展公益活动，是慈善组织的慈善宗旨。

慈善组织的唯一宗旨是开展慈善活动，慈善募捐行为也应当是为该慈善宗旨服务。由此可见，通过慈善募捐募集而来的财产，应当用于开展慈善活动，不能移作他用，更不能为了一己私利，以慈善募捐之名，行非法集资之实。例如，河南省宋庆龄基金会曾在 2005 年和 2008 年被爆出通过“有偿捐赠”和“公益医保”等方式变相集资，并用于放贷、投资等活动。这是典型的以慈善之名行商业之实的违法行为，忽视了慈善募捐的根本宗旨，消费了社会公众的爱心，损害了慈善组织的公信力。

二、慈善募捐的分类

1. 按照慈善组织形式的不同,可以将慈善募捐分为基金会的慈善募捐(如中国青少年发展基金会、中国乡村发展基金会)、社会团体的慈善募捐(如中国红十字会总会、中华全国妇女联合会、中华慈善总会等)和社会服务机构的慈善募捐(如福建省绿家园环境友好中心等)。

2. 按照慈善募捐所采用的方式不同,可以分为线上慈善募捐和线下慈善募捐。根据《慈善法》第23条第1款的规定,线上慈善募捐主要有通过电视、广播、互联网等方式,线下慈善募捐主要有在公开场所设置募捐箱,开展线下义卖、义拍、慈善晚会等方式。线下募捐是传统的募捐方式,也被称为"实地募捐",这种募捐方式能够做到与捐赠人一对一深入交流,更多了解捐赠人的想法和意愿,较为直接。但是从目前看,随着互联网技术的普及,线上募捐所具有的高效率、低成本、广覆盖的优点正使得这种募捐方式逐渐占据主导地位,同时给慈善募捐的传统监管方式带来了极大的挑战。

3. 按照慈善募捐对象范围的不同,可以分为公开募捐和定向募捐。《慈善法》第21条第2款明确规定:"慈善募捐,包括面向社会公众的公开募捐和面向特定对象的定向募捐。"显而易见,公开募捐与定向募捐所面向的募捐对象的范围存在很大的差异。公开募捐范围广,影响大,也因此在监管上存在困难,募捐的各个环节中很容易因为募捐行为不端,损害募捐对象的合法权益,所以《慈善法》等相关法律规定对公开募捐的要求更加严格。而定向募捐的范围小,募捐对象较为确定,相对于公开募捐更方便监管,在募捐过程中对募捐对象的合法权益能够提供较好的保护,故相关的法律规定较为缓和。

4. 按照募捐主体数量的不同,可以分为单独募捐和联合募捐。单独募捐是指慈善组织以自己的名义,单独面向社会公众开展募捐活动。单独募捐模式下,慈善组织对慈善募捐各项事宜具有自主决定权,捐赠人也能根据自己对慈善组织的信赖程度选择捐赠。联合募捐是指慈善组织建立募捐联盟,委托某个慈善组织代表整个联盟向社会公众开展募捐活动。联合募捐模式下,能够节省投入募捐活动的人力与物力,节约募捐成本,最大限度地将募集款物用于慈善活动,同时可以防止相类似的募捐活动反复打扰居民的生活。就单独募捐来看,新成立、规模小、宣传力度小的慈善组织往往徘徊在社会公众的视野之外,有时无法募集到其所需要的款物。而联合募捐中,一方面,为了对募集款物的管理、分配、使用进行有效的监督,需要对联合募捐的慈善组织所申请的内容的各个方面进行更加严格的审查,在一定程度上会因为烦琐的程度降低慈善效率;另一方面,捐赠人也丧失了对某个具体的慈善组织进行识别并捐赠的自主性。

第二节 公开募捐

一、公开募捐的概念

《慈善法》中将慈善募捐分为公开募捐和定向募捐,其中公开募捐是该法规制的重点。根据《基金会管理条例》第 3 条的规定,公募基金会即面向公众募捐的基金会。可见,公开募捐是指慈善组织基于慈善宗旨,面向不特定的社会公众募集财产的一种募捐活动。

自《慈善法》施行以来,公开募捐一直是社会公众关注的焦点问题。《慈善法》重点对公开募捐做了规范(第 22 ~ 28 条),值得注意的是,新法优化了公开募捐的资格管理,强化了募捐的法律责任。从内容上看,《慈善法》主要围绕着公开募捐资格、合作募捐、公开募捐的形式等方面进行了详细规定。

二、公开募捐资格

从世界各国来看,政府基于公共利益对公共慈善募捐实施不同程度的干预是一种常态。公共管理部门通常持"募捐管制"的主张,而慈善组织往往希望拥有"募捐自由",认为政府即使介入,也只能实施指导性管理,而非许可性管理。拥有漫长慈善历史的英国,最终选择了"双重准入"的行政许可的管理模式,即公开募捐的主体首先应当持有英国慈善委员会发放的公开募捐资格证书,此外还应获得慈善活动举办地政府的公开募捐许可。

我国《慈善法》规定与英国类似,对公开募捐主体资格进行严格的规定,要求"慈善组织开展公开募捐,应当取得公开募捐资格"。鉴于公开募捐涉及公共利益,影响范围大,不具有公开募捐资格的组织或者个人进行公开募捐属于非法募捐,应当承担法律责任。根据《慈善法》第 113 条第 1 款的规定,不具有公开募捐资格的组织或者个人擅自开展公开募捐的,由县级以上人民政府民政部门予以警告,责令停止募捐活动;责令退还违法募集的财产,无法退还的,由民政部门予以收缴,转给慈善组织用于慈善目的;情节严重的,对有关组织或者个人处 2 万元以上 20 万元以下罚款。[1]

特别需要指出的是,我国法律对公开募捐的管理已经从最初的"身份管理"转型为"资格管理"。例如,按照《基金会管理条例》的规定,公募基金会和非公募基金会在登记设立时就明确了开展活动的具体形式,非公募基金会不能转变为公募基金会,两类基金会在原始基金、治理结构、财产管理使用上有不同的要求,这是一种基于组织类别的不同人进行的身份管理。《慈

〔1〕 较为典型的案例是,"小马云"范某勤因为一张脸在网络走红,张某良通过网络得知范某勤的情况后,在个人微信公众号中发布了一篇文章为范某勤募捐善款,并公布了自己的支付宝账号,收到善款 866 元。随后,张某良被民政部门约谈,民政部门对其进行了警告,责令其停止募捐活动,退还已经募集的善款 866 元。参见王晨辉:《通过个人账户为"小马云"募捐,杭州公益名人被责令退还善款》,载澎湃网 2016 年 12 月 21 日,https://www.thepaper.cn/newsDetail_forward_1584270。

善法》出台后的一大制度亮点，便是放开了慈善组织公开募捐的身份限制，打破了原有的公募型慈善组织和非公募型慈善组织的固有界限，将公募权向所有慈善组织放开，即慈善组织具备一定的条件，就可以向其登记的民政部门申请公开募捐资格。例如，已经设立的非公募基金会，只要达到了申请慈善组织的条件，仍然可以"非转公"，获得公开募捐的资格。换言之，获得公募权不再是一种身份管理，而是一种资格管理。相较于以往，《慈善法》的规定更有利于慈善组织之间开展公平竞争，最终推动慈善组织发展壮大和慈善事业的繁荣进步。公开募捐资格的获取方式包括直接取得和申请取得两类。

（一）公开募捐资格的直接取得

《慈善法》第 22 条第 2 款明确规定，其他法律、行政法规规定可以公开募捐的非营利性组织，由县级以上人民政府民政部门直接发给公开募捐资格证书。《慈善组织公开募捐管理办法》第 9 条亦规定，《慈善法》施行前登记设立的公募基金会，凭其标明慈善组织属性的登记证书向登记的民政部门申领公开募捐资格证书。

换言之，公募基金会、中国红十字会、中华慈善总会等非营利性组织可以直接获得公开募捐资格，前提是有明确的法律依据。例如，《红十字会法》第 19 条已经明确指出"红十字会可以依法进行募捐活动"；依据《基金会管理条例》第 3 条的规定，公募基金会在其设立时便具有了公开募捐的资格，可以据此开展公开募捐活动。尽管这类组织已经有相关法律法规的赋权，但为了维护良好的公共募捐秩序，《慈善法》对所有慈善组织一视同人，要求这类慈善组织也必须由民政部门发给公开募捐资格证书，才可以合法进行公开募捐。所谓直接发给资格证书，即这类慈善组织可以凭借其标明慈善组织属性的登记证书向登记的民政部门直接申领公开募捐资格证书。

需要注意的是，2023 年《慈善法》和 2016 年《慈善法》对能够直接取得公开募捐资格的主体范围规定有一定差异。2016 年《慈善法》将主体资格限于基金会和社会团体这两类,但2023年《慈善法》扩大了适用范围,将其界定为"非营利性组织"。根据该规定,能够直接取得公开募捐资格的主体不仅包括基金会和社会团体,也包括社会服务机构等其他非营利性组织。这样的表述更加全面,也与《慈善法》第8条对慈善组织的规定更加契合。

(二)公开募捐资格的申请取得

1. 慈善组织申请取得公开募捐资格的条件

并非所有登记的慈善组织都能够直接取得公开募捐资格。根据《慈善法》第22条第1款的规定,依法登记成立的慈善组织,必须满足一定的条件,才能申请取得公开募捐资格。

(1)依法登记满一年

为了规范慈善募捐秩序,防止良莠不齐的慈善组织"劣良驱逐良币",避免慈善组织的运营能力和公信力参差不齐导致募捐活动无序、失序状态出现,慈善法对公开募捐资格的取得设置了登记满一年的法律规则。对新成立的慈善组织而言,运行尚未成熟稳定,设置一年过渡期可以让慈善组织积累经验、规范运作、建立慈善公信力并具备一定的抗风险能力。对于监管部门而言,这一年的期限也可视为对慈善组织的考验期,根据慈善组织在这期间的业务行为,确定其是否按照慈善宗旨开展活动,宣传及运营是否符合法律要求。需要指出的是,2016年《慈善法》最初设置的过渡期是两年,2023年修法降低了申请公开募捐资格的年限要求,第22条将"依法登记满二年的慈善组织"改为"依法登记满一年的慈善组织"。作出这样的调整也是基于慈善组织数量增速放缓,且在社会组织总量中占比一直相对较低的现实情况。将公开募捐的年限从两年改为一年,降低公开募捐的申请门槛,无疑将有利于鼓励更多社会组织积极申请认定为慈善组织。

(2)向其登记的民政部门提出申请

公开募捐资格并不是自动取得的,而是需要符合条件的慈善组织主动提出申请。一方面,全国各地有许多的慈善组织,各地方民政部门不可能实时掌握所有慈善组织的信息资料，更不可能及时知道哪些慈善组织符合取得公开募捐资格的条件，进而主动赋予其公开募捐资格；另一方面，并不是所有的慈善组织都需要公开募捐资格，有的慈善组织通过定向募捐已经可以满足其日常运营，有的慈善组织的意愿只在于定向募捐。所以，慈善组织如果需要取得公开募捐资格，应当主动向办理其登记的民政部门提出申请。

(3)慈善组织内部治理结构健全、运作规范

民政部门在受理申请后应当对慈善组织内部治理结构是否健全、运作是否规范进行审查，并应当自受理申请之日起20日内作出决定。慈善组织符合内部治理结构健全、运作规范的条件的，发给公开募捐资格证书；不符合条件的，不发给公开募捐资格证书并书面说明理由。

《慈善法》和《慈善组织公开募捐管理办法》第5条规定了取得公开募捐资格的慈善组织应当具备健全的内部治理结构，并运作规范。

①内部治理结构健全应当具备以下条件：

其一，根据法律法规和本组织章程建立规范的内部治理结构，理事会能够有效决策，负责人任职符合有关规定，理事会成员和负责人勤勉尽职，诚实守信。

其二，理事会成员来自同一组织以及相互间存在关联关系组织的不超过三分之一，相互间具有近亲属关系的没有同时在理事会任职。

其三，理事会成员中非内地居民不超过1/3，法定代表人由内地居民担任。

其四，秘书长为专职，理事长(会长)、秘书长不得由同一人兼任，有与本慈善组织开展活动相适应的专职工作人员。

其五，在省级以上人民政府民政部门登记的慈善组织有三名以上监事组成的监事会。

②运作规范应当具备以下条件：

其一，依法办理税务登记，履行纳税义务。

其二，按照规定参加社会组织评估，评估结果为3A及以上。

其三，申请时未纳入异常名录。

其四，申请公开募捐资格前1年，未因违反社会组织相关法律法规受到行政处罚，没有其他违反法律、法规、国家政策行为的。

2. 公开募捐资格的审核程序

公开募捐资格是一项申请取得的权利，所以，慈善组织想要获得公开募捐资格应当向办理其登记的民政部门提出申请，并根据要求提供相应的材料。

(1)申请书，包括该慈善组织符合《慈善组织公开募捐管理办法》第5条规定的各项条件的具体说明和书面承诺。

(2)注册会计师出具的申请前1年的财务会计报告，包括年度慈善活动支出和年度管理费用的专项审计。

(3)理事会关于申请公开募捐资格的会议纪要。

对于评估等级在4A及以上的慈善组织可以不提交前述规定的证明材料。另外，除上述资料外，有业务主管单位的慈善组织，还应当提交经业务主管单位同意的证明材料。

慈善组织提交的申请材料，不符合法定形式或者不完整的，民政部门应当一次性告知其应当补正的材料，并告知补正期限；如果该慈善组织不补正或者超期补正，则不予受理。符合受理条件的，应当自受理之日起20日内作出决定；情况复杂的，可以征求有关部门意见或者通过论证会、听证会等形式听取意见，也可以根据需要对该慈善组织进行实地考察。审核结束后，对于符合条件的慈善组织，发给公开募捐资格证书；对于不符合条件的，不发给公开募捐资格证书并书面说明理由；慈善组织不服该决定的，可以依据行政许可法的相关规定申请行政复议或者提起行政诉讼。

三、合作募捐

(一)合作募捐制度概述

《慈善法》明确规定不具有公开募捐资格的组织和个人不能单独开展公开募捐活动,否则为非法募捐。但慈善法并未完全堵死不具有公开募捐资格的组织和个人开展公开募捐活动的渠道,而是另辟蹊径,通过灵活的制度设计为这类组织和个人提供了一个既能实现有效监管,又能保障其慈善积极性不会被挫伤的"两全之策",即规定合作募捐制度。

2016年《慈善法》第26条规定,不具有公开募捐资格的组织或者个人基于慈善目的,可以与具有公开募捐资格的慈善组织合作,由该慈善组织开展公开募捐并管理募得款物。根据该项规定,实践中涌现出了一大批合作募捐的实例,极大促进了慈善事业的传播和发展。例如,2021年1月,四川大学教育基金会与中国教育发展基金会签署公开募捐协议,共同开展公开募捐活动,用以支持四川大学在学生奖助、人才培养、师资队伍建设、学科建设等业务范围内的各项工作;2021年1月9日,中华慈善总会与水滴筹集团联合签署合作协议,共同为"平民英雄守护项目"助力[1];2019年年末,新冠病毒肆虐,中国人口福利基金会与北京长亭未来科技有限公司、上海美国商会达成合作,为"世卫组织COVID-19团结应对基金·中国行动"开展公开募捐活动,助力世界卫生组织及其合作伙伴开展相关全球抗击病毒工作。[2]

(二)合作募捐制度完善

2016年《慈善法》第26条对于合作募捐的规定较为简单,对公募机构在

---

[1] 《慈善向新 科技向善——中华慈善总会与水滴集团合作启动"平民英雄守护项目"》,载中华慈善总会官网2021年1月20日,http://www.chinacharityfederation.org/nv.html?nid=fa8874cd-5d66-45b0-9bcf-24493e501eb1。

[2] 《COVID-19团结应对基金 帮助世卫组织抗击COVID-19》,载世界卫生组织官网2021年7月15日,https://www.who.int/zh/emergencies/diseases/novel-coronavirus-2019/donate。

合作募捐的责任规定仅限于“组织开展公开募捐并管理募得款物”。随着近几年合作募捐领域产生的慈善乱象不断增多,有必要加深公募机构对合作方的管理程度,细化、明确公募机构对合作方管理的责任边界,加强法律对合作募捐的监管力度。2023 年《慈善法》对此明确作出了回应,加强了合作募捐的管理规则设置,并新增了法律责任条款,具体体现为以下几个方面。

1. 合作方不得以任何形式自行开展公开募捐,即合作方应当在挂靠的具有公开募捐资格的慈善组织的整体规划下开展公开募捐活动。如果合作方以自己的名义擅自开展公开募捐活动,架空公募组织,直接接受捐赠,就是非法募捐,应该承担相应的法律责任。

2. 公募组织对合作方进行评估。公募组织应当通过材料审核或者组织专家评估等方式,明确合作方是一个合格的法律主体,是依法登记的法人或非法人组织,不能是非法社会组织(如未经登记的联盟)、境外非政府组织[1],确保合作时合作方未被纳入严重违法失信名单、未被列入失信被执行人、近二年内没有严重的负面舆情、近二年内未遭受主管机关的行政处罚等情况,而自然人应当具有民事行为能力。

3. 双方依法签署书面协议。通过签署书面协议,能体现双方的真实意愿,也能明确责任主体,明晰双方权利义务,追究责任时可以避免责任不明的问题。

4. 募捐方案载明合作方有关信息。开展合作募捐,双方应当制作募捐方案,作为对外的公开资料,在募捐方案中应当依法载明合作方的有关信息,包括组织名称、统一信用代码、负责人、联系方式(地址、电话、邮箱)、该组织是否已经评估等。

5. 公募机构对合作方相关行为进行指导和监督。在合作募捐的开展过程中,已经获得公开募捐资格的慈善组织应当根据其运营经验,对合作方的

---

〔1〕《境外非政府组织境内活动管理法》第 21 条第 3 款规定境外非政府组织及其代表机构不得在中国境内进行募捐。

募捐行为(包括准备行为、筹款行为、募捐款项使用等)进行指导,指导内容包括募捐的流程和程序,行为规范和禁止内容。此外,公募机构还应当对合作方的募捐活动进行监管和审计,存在不规范情形的,可要求其及时改正和调整。

6. 公募机构负责管理募得的款物和会计核算。为了防止合作方利用公募项目的名义,私自将募捐款项纳入自己的账户,躲避慈善监管,行诈骗之实,出现违法犯罪的情况,公募机构应当严厉禁止合作方私自收款,而是由自己统一管理所有募集的资金、物资,并进行会计的核算。

7. 新增法律责任条款。2023 年《慈善法》第 111 条对于慈善组织违法开展慈善募捐的情形新增加了"与不具有公开募捐资格的组织或者个人合作,违反本法第二十六条规定"这一情形,法律责任具体体现为"由县级以上人民政府民政部门予以警告,责令停止募捐活动;责令退还违法募集的财产,无法退还的,由民政部门予以收缴,转给其他慈善组织用于慈善目的;情节严重的,吊销公开募捐资格证书或者登记证书并予以公告,公开募捐资格证书被吊销的,五年内不得再次申请"。此外 2023 年《慈善法》第 112 条规定,对公募机构直接负责的主管人员和其他直接责任人员处 2 万元以上 20 万元以下罚款,并没收违法所得;情节严重的,禁止其 1 年至 5 年内担任慈善组织的管理人员。

四、公开募捐的方式及要求

(一)公开募捐方式

1. 在公共场所设置募捐箱

以在公共场所设置募捐箱的方式公开募捐是一种较为传统的募捐方式,《中国红十字会募捐和接受捐赠工作条例》第 4 条第 2 款指出,募捐箱可以设置在机场、车站、码头、宾馆饭店、旅游景点等公共场所,这些地方具有人流量大、往来人口非特定等特点。在设置募捐箱的时候,应当注意所设置的募捐箱不得妨碍公共秩序、企业的生产经营以及附近居民的日常生活。

募捐箱散发着浓厚的募捐氛围,往往能够激发路过人员的捐赠意愿,吸引更多的人进行捐赠,但是由于募捐箱本身的流动性较差,往往只能固定于某一场所或者辗转几个相近的地点,所以其募捐范围存在局限。

2. 举办面向社会公众的义演、义赛、义卖、义展、义拍、慈善晚会等

一般情况下,这类公开募捐方式是由著名影视明星、知名艺术家、企业家、著名体育明星等具有公众影响力的人举办或者参与。有公众影响力的人能够利用其明星效应对公众产生影响,通过自身影响力进行宣传,促进慈善事业整体的向好发展。例如,自 2003 年以来的芭莎明星慈善夜,是第一个由杂志创办的慈善盛会,主要是通过与明星等公众人物进行合作的方式筹集善款。明星将曾经的服饰、用品拿来拍卖,拍卖所得全部用于慈善事业,利用媒体的力量为社会弱势群体提供资助。

3. 通过广播、电视、报刊、互联网等媒体发布募捐信息

通过广播、电视、报刊、互联网等媒体发布公开募捐信息的方式开展公开募捐活动的,相较于传统的公开募捐方式具有更加重大的社会影响力,但其传播速度快、范围广的特点也带来了监管上的难题。《慈善法》和《公开募捐平台服务管理办法》均规定了广播、电视、报刊、网络服务提供者、电信运营商的验证义务,即上述主体应当对在其平台上开展公开募捐的慈善组织的登记证书和公开募捐资格证书进行验证;未履行验证义务的,则应当承担警告、责令限期改正等法律责任。另外,广播、电视、报刊、网络服务提供者、电信运营商不得代为接受募捐财产;对于违法进行公开募捐活动的慈善组织,广播、电视、报刊、网络服务提供者、电信运营商应当及时向该慈善组织登记的民政部门报告,由其登记的民政部门进行查处。而当民政部门自主发现相关慈善组织存在违法违规的情况时,广播、电视、报刊、网络服务提供者、电信运营商有义务配合民政部门进行调查。

尤其需要指出的是,随着互联网技术的快速发展,凭借互联网提供的各

种服务已经深深扎根于人们的生活,网络募捐也成为慈善募捐活动中最为重要的一种方式。其打破了慈善募捐的地域限制,以方便、快捷等优势降低人力、物力成本,提高效率。然而,在互联网的虚拟世界里,信息的极大不对称极易导致鱼龙混杂和欺诈行为,而事实也证明,隐瞒信息虚假捐赠、未按照约定用途使用善款、余款流向成谜等问题的确一次又一次地考验着慈善公信力。为了有效消除网络募捐的各种乱象,有必要对互联网募捐进行规制。2018 年 6 月 15 日,深圳市爱佑未来慈善基金会因其"同一天生日"慈善募捐活动信息未在民政部指定的互联网募捐信息平台发布,没有对发布的募捐信息进行审核,发布的信息不准确不完整,被予以警告,并责令限期改正[1]。为了保证互联网慈善募捐活动的有序进行,2016 年《慈善法》第 23 条第 3 款和《慈善组织公开募捐管理办法》第 17 条第 1 款规定,慈善组织通过互联网开展公开募捐活动的,应当在国务院统一或者指定的慈善信息平台发布募捐信息。迄今为止,民政部公告的能够为慈善组织提供募捐信息发布服务的互联网募捐平台共有 29 家,包括腾讯公益、美团公益、淘宝公益、京东公益、平安公益、联劝网等。

2023 年《慈善法》在互联网募捐的法律调整主要体现在区分了慈善信息平台[2]和互联网公开募捐服务平台,重新明确对互联网公开募捐平台的定位,即 2023 年修法新增一条,将民政部指定的平台名称从"慈善信息平台"改为"互联网公开募捐服务平台",确定募捐平台的法定义务包括提供公开募捐信息展示、捐赠支付、捐赠财产使用情况查询等服务。

4. 其他公开募捐方式

其他公开募捐方式包括街头募捐、上门募捐、邮寄劝募信函、短信募捐

---

〔1〕 刘言、王亦君:《警告!"同一天生日"网络募捐发起方被处罚》,载中青在线,http://news.cyol.com/yuanchuang/2018-06/15/content_17297330.htm。

〔2〕 2017 年 9 月 4 日正式开通全国慈善信息公开平台(简称"慈善中国",网址 https://cszg.mca.gov.cn/),是依据《慈善法》信息公开要求而建设的统一信息平台,可用于慈善组织、慈善信托等面向社会公开的慈善信息查询。

和邮件募捐等。除此之外，还存在一些特殊的募捐活动，如在香港，每周六都有许多志愿者在街头“卖旗”募捐，其本质为街头募捐，但因为早期的志愿者在收到慈善捐款后，会回赠一面小旗表达感谢，所以称为“卖旗”，目前出于环保原因，赠与小旗改成了赠与贴纸，但这类募捐活动仍然保持了这一名称。

（二）公开募捐地域管理规定

公开募捐地域限制主要是针对《慈善法》第23条第1款第1项和第2项所规定的实地募捐。近年来，慈善组织不断增加，慈善募捐活动也随之增长，从对公共秩序和公众生活的影响以及各方面监管的角度考虑，《慈善法》第23条第2款规定慈善组织采取现场募捐方式开展公开募捐的，应当在其登记的民政部门管辖区域内进行。但是，严格的地域限制会产生严重的弊端，对慈善事业的发展造成阻碍，较为典型的后果之一便是慈善资源会向经济发达地区聚集，会严重影响到慈善事业的均衡发展。基于此，很多专家学者建议应当逐渐放宽地域限制，甚至取消地域限制。《慈善法》对此作出回应，即规定“确有必要在其登记的民政部门管辖区域外进行的，应当报其开展募捐活动所在地的县级以上人民政府民政部门进行备案”。

（三）公开募捐方案

慈善组织公开募捐活动涉及对社会公众资金的管理和使用，需要更加细致完备的筹划，即制定公开募捐方案。在《慈善法》公布实施之前，《基金会管理条例》第25条第2款规定：“公募基金会组织募捐，应当向社会公布募得资金后拟开展的公益活动和资金的详细使用计划。”除此之外，《上海市募捐条例》（现已失效）、《广州市募捐条例》（现已失效）、《湖南省募捐条例》等地方性法规，也对公开募捐方案的内容和备案进行了规定。公开募捐方案不仅有着指引公开募捐活动开展的作用，也是社会公众和有关部门对整个募捐活动进行监督管理的关键所在。虽然有些地区对公开募捐方案进行了详尽的规定，但是仍然存在缺乏相关规定的地区，各地区的规定也会因为地方差异性而存在不同,《慈善法》《慈善组织公开募捐管理办法》的出台,对公开募捐方案相关制度进行了统一规定,更加便于各地区慈善组织开展公开募捐活动。

1. 公开募捐方案的内容

《慈善法》第 24 条第 1 款及《慈善组织公开募捐管理办法》第 10 条对慈善组织公开募捐方案的内容进行了规定,即募捐方案包括募捐目的、起止时间和地域、活动负责人姓名和办公地址、接受捐赠方式、银行账户、受益人、募得款物用途、募捐成本、剩余财产的处理等。

(1)募捐目的

慈善募捐目的应当符合《慈善法》第 3 条的规定,是开展慈善募捐活动需要明确的核心内容。一方面,募捐目的的确定是吸引捐赠人进行捐赠的关键,越是具体的募捐目的,越是能够贴合捐赠人的捐赠意愿,捐赠人在捐赠过程中越是能够明确自己的心之所向;另一方面,募捐目的的明确能够更好地衔接剩余财产的处理制度,防止因为募捐目的不明确而带来的剩余财产处理困难。

(2)募捐活动的起止时间和地域

募捐活动分为长期募捐活动和短期募捐活动,对于公开募捐周期超过 6 个月的募捐活动,《慈善法》第 79 条第 2 款对此作了每 3 个月公开一次募捐情况的规定,由此可见,募捐活动的起止时间对信息公开的要求密切相关。

募捐活动的地域涉及募捐活动地域限制制度和募捐活动备案制度。一方面,慈善组织以在公共场所设置募捐箱,举办面向社会公众的义演、义赛、义卖、义展、义拍、慈善晚会等方式开展公开募捐的,应当在其登记的民政部门管辖的区域内进行;另一方面,公开开展慈善募捐活动,应当报其开展募捐活动所在地的县级以上人民政府民政部门备案,在募捐方案中写明募捐活动的地域,方便有关部门对募捐活动进行管理和监督,使其能够及时到场处理募捐活动中出现的各种突发情况。

(3)募捐活动负责人姓名和办公地址

在募捐方案中应当明确标明活动负责人的姓名和办公地址,方便募捐活动的顺利开展,捐赠人可以通过联系负责人的方式了解募捐活动的相关信息,民政部门也可以通过和相关人员的联系,及时了解募捐活动的开展情况,便于监督。对于募捐活动发生状况导致责任承担等问题,可以准确确定责任人员,防止责任的相互推诿,有效解决相关问题。

(4)接受捐赠的方式、银行账户

接受捐赠的主要方式有现场捐赠、网络捐赠、通过银行汇款等,一般来说,实物捐赠需要明确接收实物的地点、方式,款项捐赠需要明确接收款项的银行账户。随着互联网的兴起和发展,越来越多样化的捐赠方式出现在社会公众的视野之中,慈善组织可以根据实际情况,选择最有利于募捐活动的捐赠方式。

(5)募捐活动的受益人

募捐活动所募集到的款物最终会流向目标受益人群体,以实现募捐目的。通常来说,受益人是一个具有相似性的群体,而非某个特定的个人,大多数学者亦认为,《慈善法》中的慈善是一种"大慈善",涉及公共利益,为某个特定的人开展募捐活动不符合慈善宗旨。

(6)募得款物用途

在募捐方案中明确募得款物的具体用途,可以对募得款物的去向进行监督,防止募得款物被挪作他用、募捐目的无法实现。

(7)募捐成本

部分地方性法规对成本列支进行了严格的规定,要求慈善组织厉行节约,减少非必要成本,严格遵守国家相关规定,国家没有规定的,应当控制在已经公布的募捐方案所确定的工作成本列支项目和标准之内。募捐成本遵循最必要原则,最大限度将募得款物用于慈善活动,保障慈善活动的顺利进行,维护慈善事业的持续发展。

（8）剩余财产的处理

募集而来的款物来源于捐赠人，对款物的使用理应依照捐赠人的意愿，募捐方案中载明剩余财产的处理方式，充分体现了对捐赠人真实意愿的尊重。《慈善法》第58条还规定了当募捐方案、捐赠协议没有对剩余财产的处理进行规定或约定的时候，慈善组织应当依照近似原则处理剩余财产。近似原则是在没有规定或者约定的情况下，对捐赠人真实意愿的一种推测，在最大限度范围内保护捐赠人的真实意愿。所以，对剩余财产的处理存在两种方式，一种是按照规定或者约定的方式尊重捐赠人的意愿，另一种是推定捐赠人的意愿适用近似原则，任何组织或者个人不得将剩余财产进行自用或者挪作他用。

2. 公开募捐方案备案制度

募捐方案应当在开展募捐活动前报慈善组织登记的民政部门备案。对慈善组织而言，公开募捐方案的备案是其开展公开募捐活动的一项规范程序，从某种意义上来说，募捐方案的备案也间接维护了慈善组织的慈善公信力，从而保障公开募捐活动的顺利开展；对捐赠人而言，公开募捐方案的备案保障了其对公开募捐活动相关信息的知情权，通过对募捐活动信息的了解和掌握，增强了捐赠人对慈善组织的信任；对相关民政部门而言，通过备案制度，可以及时准确的了解公开募捐活动的信息，便于对其进行监督。

根据《慈善法》《慈善组织公开募捐管理办法》的相关规定，公开募捐方案的备案方式可以分为以下几种。

其一，募捐方案的一般备案，即慈善组织应当在开展公开募捐活动的10日前将募捐方案报送登记的民政部门备案。材料齐备的，民政部门应当及时受理，将予以备案的募捐方案向社会进行公开。

其二，募捐方案的补正备案，分为以下两种情况：一种情况是，当慈善组织报送的募捐方案的内容不齐备时，民政部门应当及时予以告知，慈善组织应当在5日内向其登记的民政部门予以补正；另一种情况是，在公开募捐活动的进行过程中，募捐方案涉及的相关事项发生变化的，慈善组织应当在事项发生变化之日起10日内向其登记的民政部门补正并说明理由。

募捐方案的合并备案，即为同一募捐目的开展的公开募捐活动可以合并备案。

募捐方案的异地备案，如果慈善组织在其登记的民政部门管辖区域外，以《慈善法》第23条第1款第1项或者第2项的方式开展公开募捐活动的，除向其登记的民政部门备案外，还应当在开展公开募捐活动10日前，向其开展募捐活动所在地的县级以上人民政府民政部门备案，并提交相关材料。

公开募捐方案的备案制度并非一项行政许可制度，相关民政部门不得以募捐方案内容不齐全以外的理由拒绝受理备案或者不予许可慈善组织开展公开募捐活动。公开募捐方案备案制度只是为了方便民政部门了解公开募捐活动的情况，能够灵活应对募捐活动中出现的各种问题。

3. 募捐方案未经备案的法律责任

《慈善法》第110条第1款、第112条指出，未依法报备募捐方案的慈善组织，由县级以上人民政府民政部门责令限期改正，予以警告，并没收违法所得；逾期不改正的，责令限期停止活动并进行整改。县级以上人民政府民政部门对直接负责的主管人员和其他直接责任人员处2万元以上20万元以下罚款，并没收违法所得；情节严重的，禁止其1年至5年内担任慈善组织的管理人员。

个人开展公开募捐行为（个人求助）

【典型案例】

宁德市蕉城区民政局、李某民政行政管理（民政）二审行政纠纷案——不具有公开募捐资格的个人不能开展公开募捐行为

· 基本案情

2018年年初，李某通过朋友的微信得知崔某娜组建"每月10元救助流浪动物基金"微信群，并加入该群。截至2018年8月，李某先后通过微

信扫码方式多次捐款共计1070元。同月，李某被崔某娜移出微信群，之后，李某向宁德市蕉城区民政局提交《关于要求依法查处蕉城区群众崔某娜违法公开募捐的举报信》，要求查处崔某娜非法公开募捐行为，并返还捐赠资金。宁德市蕉城区民政局于2018年10月23日作出答复，对举报事项未予立案处理。

· 裁判要旨

本案第三人组建的"每月10元救助流浪动物基金"微信群，涉及对象不特定，是一种新型的公开募捐方式，其未经依法登记，不具有公开募捐的资格，故第三人以该名义开展涉案筹捐行为，应属不具有公开募捐资格的个人开展公开募捐行为。

· 涉及法条

《慈善法》(2023年修正)

第二十六条　不具有公开募捐资格的组织或者个人基于慈善目的，可以与具有公开募捐资格的慈善组织合作，由该慈善组织开展公开募捐，合作方不得以任何形式自行开展公开募捐。具有公开募捐资格的慈善组织应当对合作方进行评估，依法签订书面协议，在募捐方案中载明合作方的相关信息，并对合作方的相关行为进行指导和监督。

具有公开募捐资格的慈善组织负责对合作募得的款物进行管理和会计核算，将全部收支纳入其账户。

第三节　定向募捐

一、定向募捐概述

定向募捐是指慈善组织在发起人、理事会成员和会员等特定对象的范围内开展募捐活动。定向募捐是一种与公开募捐并列存在的募捐方式，同样具有重要意义。《2019年民政事业发展统计公报》显示，不具有公开募捐资格的基金会大约是具有公开募捐资格的基金会的两到三倍。如,2019 年不具有公开募捐资格的基金会有 5670 个,具有公开募捐资格的基金会有 1915 个。

总的来看,慈善法对公开募捐与定向募捐的要求不同。公开募捐涉及的程序较为复杂、严格,对募捐活动的要求较高,而定向募捐则比较灵活,要求比较低。法律之所以对公开募捐与定向募捐有着不同的要求,是因为慈善活动中的监管问题。公开募捐面向社会不特定公众,募集的财物来源广泛,各捐赠人对慈善组织监管难度大,因而需要严格的程序弥补这种缺失。而定向募捐多是面向熟人进行募捐,捐赠人能够对慈善信息有较强的掌握。故,熟人社会本身就是一个良好运行的监管体系,能够较好地对慈善活动进行监管,法律上的要求较为缓和。

二、定向募捐的具体要求

(一)募捐限于特定对象范围

募捐对象是否特定是定向募捐与公开募捐最重要的区别,对象特定是定向募捐最显著特征。特定对象是指已经确定的某个个体或者群体,其范围数量是可以确定的。《慈善法》第 29 条第 2 款规定,慈善组织开展定向募捐,应当在发起人、理事会成员、会员等特定对象的范围内进行。发起人,即慈善组织的创办人,是依照有关法律规定订立发起人协议,提出设立慈善组织申请,并对慈善组织的设立承担责任的人员;理事会成员是慈善组织理事会的组成人员;会员是指参加慈善组织的成员。但是这并不意味着定向募捐的慈善组织只能向上述人员开展募捐活动,慈善组织也可以向发起人、理事会成员、会员以外的人开展小范围的定向募捐。

(二)募捐时间为自登记之日

《慈善法》第 22 条第 1 款明确规定,能够进行公开募捐的慈善组织应当取得相应的资格,而《慈善法》第 29 条第 1 款规定了慈善组织自登记之日起可以开展定向募捐。申言之,并非所有的慈善组织都能够开展公开募捐活动,但是所有的慈善组织都能够在登记之后进行定向募捐。这表明,与公开募捐不同,《慈善法》对定向募捐采取宽松管理原则,慈善组织自登记之日起便可以开展定向募捐,慈善组织不需要额外申请取得定向募捐资格,无须经过资格认定。例如在单位内部开展的小范围募捐活动就属于定向募集,由于募捐对象身份明确,权利义务也较为明晰,募捐秩序维护难度小,因而不需要资格限制来进行规制,也不需要设置专门的资格认定程序。

(三)向募捐对象说明募捐目的、募得款物用途等事项

无论是公开募捐还是定向募捐,募捐对象都有了解相关募捐信息的知情权,慈善组织应当对募捐信息进行公开。《慈善法》第29条第2款明确规定慈善组织开展定向募捐应当向募捐对象说明募捐目的、募得款物用途等事项。募捐目的是一个较为宏观的概念,而募得款物的用途则更加具体,是对募捐目的的具体细化。根据《慈善法》的相关规定,定向募捐的募捐目的也应当符合慈善宗旨,而募得款物应当按照约定进行使用,不得挪作他用;如果慈善组织违反约定的用途使用募得款物,应当承担不利的法律后果。

(四)禁止以公开募捐方式或者变相公开募捐方式开展定向募捐

开展定向募捐的慈善组织不具有公开募捐资格,所以其不得以公开募捐方式或者变相公开募捐方式开展定向募捐活动。公开募捐的方式主要规定在《慈善法》第23条第1款,包括在公共场所设置募捐箱,举办面向社会公众的义演、义赛、义卖、义展、义拍、慈善晚会等活动以及通过广播、电视、报刊、互联网等媒体发布募捐信息。《慈善法》第30条是一项禁止性规定,如果慈善组织开展定向募捐采用或者变相采用公开募捐方式,一方面会扰乱募捐秩序,损害可以进行公开募捐的慈善组织的合法权益,要求慈善组织取得公开募捐资格的相关规定便没有任何意义;另一方面,允许定向募捐采用或者变相采用公开募捐的方式,也会因为慈善组织运营能力参差不齐,大大增加慈善监管的难度,如果造成了恶劣的社会影响,会浇灭社会公众投身公益的热情,不利于慈善事业的健康发展。

【热点链接】

“配捐”骗局使儿慈会再陷漩涡

9958儿童紧急救助项目系中华少年儿童慈善救助基金会在2011年3月成立，致力于保障受疾病、意外伤害灾害等影响的贫困儿童的生存权，及时解决医疗经费紧缺和医疗资源管道不畅的问题。

2023年9月，中华少年儿童慈善救助基金会下属9958儿童紧急救助项目一柯姓负责人以“配捐”之名诈骗患儿家属，卷走千万善款。多名患儿家属称，他们所谓的“配捐”，就是亟须筹措医疗费用的患者家属自筹部分资金，公益组织再在此金额上按照一定比例“配捐”，打款返还给患者。“比如48,000元配2000元，就是患者拿出48,000元，基金会再打回50,000元。”

9958儿童紧急救助项目工作人员表示，此事件是柯某孝冒充中华少年儿童慈善救助基金会的名义行骗，属于柯某孝的个人行为。但有人注意到微信公众号“9958儿童紧急救助”曾于2023年2月发布一则推送，其中一张照片显示，一个“中华儿慈会2022年度最佳领导力奖”奖杯上印有的名字，与涉事者柯某孝同名。中华少年儿童慈善救助基金会作为公募机构，在多个环节难辞其咎。此次事件使中华少年儿童慈善救助基金会面临信任危机的同时，更反映出中国公益慈善在监管规范与平台责任上的模糊，社会组织管理透明度有待加强。

第四章

慈善捐赠

第一节 慈善捐赠概论

一、慈善捐赠的概念

慈善捐赠是慈善活动的重要环节之一，是慈善事业发展的基础，也是体现一国慈善事业公众参与度的重要指标。一般认为，慈善捐赠是以自愿、无偿为前提，由一主体基于慈善目的将其所享有的财产给予另一主体的行为。《慈善法》第34条规定，所谓慈善捐赠是指“自然人、法人和非法人组织基于慈善目的，自愿、无偿赠与财产的活动”。从该表述来看，《慈善法》语境中的慈善捐赠具有自愿性、无偿性、捐赠意图的利他性以及捐赠目的的慈善性。因此，有学者将慈善捐赠评价为“社会公众参与慈善事业、为慈善事业做出贡献的重要途径，也是慈善组织得以生存、慈善事业得以发展的基础”[1]。

传统意义上的慈善捐赠在中国往往被认为是狭义上的慈善捐赠，即施与人对受助人的施舍、救助，与民法中的赠与类似。但随着社会的不断发展，“慈善捐赠”一词在英国、美国、日本等国家已经囊括了更广泛的内容，被更多赋予“公益”色彩，对慈善捐赠通常作广义理解。由于我国在立法上采纳了广义慈善的概念——《慈善法》第3条所界定的“慈善”不仅包括扶贫、济困、灾害救助这一类狭义的慈善，而且包含促进教育、科学、文化、卫生、体育等事业发展，属于“大慈善”概念。故，对于我国《慈善法》中慈善捐赠的含义，亦作广义的理解。综合各国立法，“慈善捐赠”一词在法律条文中的共同特征主要包括利他性、慈善性、自愿性、无偿性以及公共性等。可见，即使因为经济基础以及社会存在的差别导致各国关于慈善捐赠的立法存在大大小小的差异，但慈善捐赠本质上在各国立法中具有共通性。

---

〔1〕 郑功成主编：《〈中华人民共和国慈善法〉解读与应用》，人民出版社2016年版，第118页。

二、慈善捐赠的特征

(一)自愿性

在管理学中,自愿有两层含义:一是行为人的决策是否自由,二是行为人的决策是否符合自身的决策导向。存在决策自由时不一定同时存在不同决策导向下的理性或功利自由决策。慈善捐赠的自愿性也包括两层含义:一是慈善捐赠中的捐赠人有自主、自愿决定捐赠或者不捐赠,捐赠财产多少以及决定捐赠物、货币以及其他财产形态的权利。《公益事业捐赠法》第4条明确规定,捐赠应当是自愿和无偿的,禁止强行摊派或者变相摊派,不得以捐赠为名从事营利活动。[1] 二是受赠人一方的自愿性。慈善捐赠是双方自愿行为,不能强迫受赠,慈善捐赠所体现的是慈善捐赠人和受赠人双方的意思自治。慈善组织应当尊重捐赠人的意愿,也应当充分考虑受赠人的意愿,不得强迫任何一方捐赠或受赠,不得强迫任意一方签订捐赠协议。

(二)无偿性

慈善捐赠的无偿性,也可理解为捐赠价值上的无对价性。对价,由英文“consideration”翻译而来,原为英美合同法中的效力原则,在法律上理解为一种等价有偿的允诺关系。捐赠财产通常是由慈善组织以不索取有偿的允诺,也即无偿的方式向受益人转让所有权。美国联邦法院将慈善捐赠定义为“出于超脱或无私的慷慨解囊而进行的转移”。从我国目前的慈善立法来看,《慈善法》第34条将慈善捐赠定义为一种自愿、无偿赠与财产的活动。需要注意的是,慈善的无偿性强调客观上的无偿,即使某企业带有一定的功利心进行慈善捐赠,如想通过慈善捐赠提升企业形象、扩大影响,只要客观

[1] 在以往的实践中,某些事业单位向所属员工个人下达“义捐”任务,甚至某些行政机关以行政命令或其他手段变相向社会组织、企事业单位摊派任务,强制要求向某些社会团体捐赠一定数额的财物,这些做法因违背慈善捐赠的自愿性原则,进而违反了《慈善法》《公益事业捐赠法》的规定。

效果符合慈善目的的要求,也就是慈善法意义上的慈善。

(三)慈善性

所谓慈善性,即慈善捐赠必须以慈善为目的,在目的上具有慈善性。捐赠目的上的慈善性主要有三个构成要件。第一,慈善捐赠须在《慈善法》所允许的慈善目的范围之内。因我国《慈善法》采纳广义的慈善概念,慈善目的不仅包括传统的扶贫、济困、恤病、助残等,还包括一切出于人道主义救助,为了帮助经济上或生活上困难的个体或者为了促进科学、教育、文化、卫生、体育等事业发展的社会公共事业都属于《慈善法》所允许的慈善目的范围。尽管《慈善法》在第34条并未对"何为慈善目的"这一问题进行回答,但运用体系解释的方法可知,基于《慈善法》第3条所列举的"慈善活动"的需要,捐赠人所实施的赠与应该被推定为基于慈善目的的慈善捐赠行为。第二,如果赠与的意图存在敌意、非法或者违背社会公共政策,则不能被视为慈善目的,但如果属于慈善目的但该项捐赠缺乏直接的利益、用于非慈善目标或者可能被这样使用,则该捐赠也是非慈善性的。[1] 第三,一项慈善捐赠的慈善目的在表达上必须清晰明确,这是在英国和美国的法律中对捐赠目的在表述方式上的要求,一般来说,使用"慈善""值得做的事业"等不确定的语言描述慈善目的,在英国和美国都将被拒绝赋予慈善地位。[2] 此外,捐赠行为是否具有目的上的慈善性还可以区分行为适用何种法律规定。举例说明,父亲对子女、爷爷对孙子女的赠与,都不属于基于慈善目的的慈善捐赠,因此并不能适用《慈善法》的规定,而是应当适用《民法典》第十一章赠与合同的法律规定及相关司法解释。

(四)捐赠对象的不特定性

捐赠对象的不特定性,主要是指慈善捐赠的受益人具有不特定性。正因慈善捐赠在目的上具有慈善性,那么从法理上讲,受益人不能为特定的民

〔1〕 参见杨道波、綦保国:《慈善捐赠人权利研究》,法律出版社2019年版,第16页。
〔2〕 参见杨道波、綦保国:《慈善捐赠人权利研究》,法律出版社2019年版,第17页。

事主体。若捐赠对象为特定主体,则无法满足慈善捐赠须基于慈善目的这一构成要件,因此,基于慈善捐赠的慈善性,慈善捐赠的对象必须是不特定的公众。然而从《慈善法》第 35 条[1]的规定看,我国《慈善法》似乎也没有否定捐赠人直接向受益人实施的赠与属于慈善捐赠行为。严格来讲,慈善捐赠与民法赠与的法律基础存在一致性,但《慈善法》将慈善捐赠从《民法典》的一般赠与关系中识别出来,旨在通过其浓厚的慈善公益色彩为其构建特殊法律规则,进而保障慈善捐赠人获得包括税收优惠等在内的特殊"法律礼遇",大力推进整个社会慈善事业的繁荣与发展。而这已制定规则的外部表征便是以慈善组织为中介,遵循捐赠财产从不特定受益人向特定受益人逐级给付的逻辑。如若按《慈善法》第 35 条之规定,允许捐赠人绕过慈善组织,向特定受益人直接交付捐赠的财物,那么就会出现下列逻辑问题:第一,依《慈善法》第 35 条之字面理解,慈善捐赠包含两种类型,即通过慈善组织的慈善捐赠和直接赠与的慈善捐赠,前者适用公益原则,后者适用一般赠与原则。那么《慈善法》第 35 条和第 3 条在基本原则上就会产生严重的内部冲突,甚至会动摇对"慈善"及"慈善活动"的根本理解。第二,假设《慈善法》第 35 条之"也可以直接向受益人捐赠"不属于慈善捐赠,也不受慈善法调整,而只是出于表述的完整性,抑或仅是出于更多鼓励社会从善的角度,那是否有必要在此作出规定?对此也有诸多学者提出了质疑。[2] 结合《民法典》及其相关司法解释关于民事赠与的规定来看,面向特定受益人的直接捐赠完全能够在《民法典》的框架下得到解决,在此规定是否有画蛇添足之嫌?甚至会扰乱慈善捐赠与一般赠与的区分逻辑,影响社会大众对慈善捐赠的正确理解。

---

〔1〕《慈善法》第 35 条规定,捐赠人可以通过慈善组织捐赠,也可以直接向受益人捐赠。

〔2〕金锦萍在其《从赠与合同到慈善捐赠》一文中,就指出"好的立法从来都不是包罗万象,而是有所为有所不为……《慈善法》第三十五条的规定有其背后的逻辑思考,也体现了立法者的包容心态,但是其适用需遵循合乎逻辑的解释"。参见金锦萍:《从赠与合同到慈善捐赠》,载《中国民政》2020 年第 24 期。

三、慈善捐赠和民事赠与辨析

慈善捐赠和民事赠与在本质上均属于赠与行为，慈善捐赠是基于慈善目的而实施的赠与，是赠与的一种特殊形式。《民法典》第661条规定，赠与可以附义务。赠与附义务的，受赠人应当按照约定履行义务。所谓负义务的赠与，指的是受赠人接受赠与后负担一定义务的赠与。慈善捐赠就是一种负义务的赠与行为，即慈善组织作为受赠人在接受捐赠后，应当按照捐赠人的意愿将捐赠财产用于指定的慈善目的，让受益人获得相应的慈善利益。具体而言，慈善捐赠和民事赠与可以从以下六个方面进行区分。

（一）行为目的不同

慈善捐赠是基于慈善目的的慈善活动，是为不特定多数人的慈善利益服务，服务目的具有公益性，受赠财产应当用于公益慈善事业。民事赠与则不受慈善目的限制，大多数情况下是为特定受赠人的私人利益服务，受赠人获得受赠财产后，可以对其自由处分。

（二）受赠与受益的关系不同

慈善捐赠的受赠人一般是慈善组织，受赠人和受益人为不同主体。民事赠与的受赠人可以是任何自然人、法人或者非法人组织，民事赠与的受益人和受赠人一般为同一主体。

（三）是否允许撤销不同

慈善捐赠具有公益性，根据《民法典》和《慈善法》的相关规定，具有公益性的慈善捐赠行为一般不可撤销。而民事赠与中在赠与财产权利转移前赠与人通常可以行使任意撤销权，撤销赠与。

（四）税收优惠不同

慈善捐赠基于其公益属性，捐赠人、受赠人和受益人可以享受税收优惠。民事赠与一般为私利行为，赠与人和受赠人不享受税收优惠。

(五)受监督程度不同

慈善捐赠由于社会性因素较强,受赠人不仅需要接受来自捐赠人的监督,还要接受监管部门、社会大众等第三方的监督。民事赠与仅涉及赠与人与受赠人双方,无须接受第三方的监督。

(六)适用法律不同

慈善捐赠应当优先适用《慈善法》《公益事业捐赠法》《基金会管理条例》等相关法律法规的规定。民事赠与主要适用《民法典》第十一章赠与合同的规定。

四、慈善捐赠的类型体系

(一)现实捐赠

现实捐赠是指慈善捐赠人在短时间内能够将捐赠标的物所有权转移给受益人或使得受益人直接受益。我国目前的《慈善法》《公益事业捐赠法》中界定的慈善捐赠也仅限于现实捐赠,对于延迟捐赠以及利益分割捐赠并未有规定。[1] 并且,我国《企业所得税法》及《个人所得税法》也未对延迟捐赠以及利益分割捐赠这两种类型的税收优惠作出相应的规定。

(二)延迟捐赠

延迟捐赠相较于现实捐赠而言,是指慈善捐赠人单方设立遗嘱,根据遗嘱而实施遗嘱捐赠计划,或是与受赠方以协议的形式作出慈善捐赠的约定,在慈善捐赠人生存或存续期间以慈善信托等方式作出的捐赠计划。[2] 因此,延迟捐赠也称为计划性慈善捐赠,是源于美国的一种新的慈善捐赠类型。延迟捐赠的标的分为收入利益和剩余利益。收入利益,即捐赠财产产生的收入。剩余利益,即捐赠财产投资所产生的财产预期价值。其中,收入利益捐赠不会产生纳税扣除,而剩余利益捐赠只需满足一定条件就可以进

---

〔1〕 参见杨道波、綦保国:《慈善捐赠人权利研究》,法律出版社 2019 年版,第 25 页。

〔2〕 See Bruce R. Hopkins, *Fundraising Law Made Easy*, Wiley, 2009, p. 170.

行纳税扣除。[1]

直接向受益人捐赠

【典型案例】

玉溪市第三人民医院、云南省慈善总会等公益事业捐赠合同纠纷——允许特定受益人

·基本案情

2019年3月14日，第三人汇建公司（甲方）与被告（乙方）签订《关于慈善定向捐赠资金助滇医疗扶贫项目协议书》，约定乙方将甲方捐赠资金500万元全部定向资助玉溪市第三人民医院购置医疗器材设备，甲方将捐赠资金500万元分三次汇入到乙方提供的账户。云南省慈善总会仅支付了第一笔捐赠资金100万元。

·裁判要旨

本案第三人在与被告签订协议时指定原告使用捐赠资金，第三人系捐赠人，原告系特定受益人。原被告在签订的协议中也明确了捐赠资金的来源和用途，被告作为慈善组织，只是将接受的捐赠资金转交给特定受益人使用，其在本案中的行为应认定为受托代理。

·涉及法条

《慈善法》（2023年修正）

第三十五条　捐赠人可以通过慈善组织捐赠，也可以直接向受益人捐赠。

·思考

是否违背公益原则？

---

〔1〕 See Bruce R. Hopkins, *Fundraising Law Made Easy*, Wiley, 2009, p. 170.

第二节 慈善捐赠协议

一、慈善捐赠协议的签订主体

慈善捐赠的捐赠人和受赠人可以就慈善捐赠事宜订立捐赠协议,签订捐赠协议的双方主体为捐赠人和受赠人。

(一)捐赠人

《慈善法》第34条的慈善捐赠定义条款可以明确,慈善捐赠的捐赠人包括自然人、法人和非法人组织。

1. 自然人

自然人是基于自然出生而依法享有民事权利,承担民事义务的个人。包括我国境内公民,也包括港澳台同胞及外国公民。一般而言,慈善捐赠人为能够独立从事民事活动的完全民事行为能力人,但慈善立法实际上并未以立法的形式将无、限制民事行为能力人排除于慈善捐赠人的范围外。对于限制民事行为能力人实施的捐赠行为只有在与他的年龄、智力相适应的情况下,才由其本人承担法律后果。例如,作为限制民事行为能力人的小学生、初中生将自己的生活用品、学习用品用于捐赠,应视为与其年龄、智力相适应的行为,属于有效的民事行为;而大额现金捐款,则需要由其法定代理人代理或得到其法定代理人的同意、追认,捐赠才能被认定为有效的民事法律行为。

2. 法人

法人是指依法成立,有必要的财产和经费,有自己的名称、组织机构和场所,具有民事权利能力和民事行为能力,依法独立享有民事权利和承担民事义务的组织。根据《民法典》的分类,我国法人类型涵盖营利法人、非营利法人和特别法人。营利法人包括有限责任公司、股份有限公司和其他企业法人等;非营利法人可细分为事业单位、社会团体、基金会、社会服务机构等类型;特别法人则由机关法人、农村集体经济组织法人、城镇农村的合作经济组织法人、基层群众性自治组织法人组成。无论哪一种法人,都具有相对独立的财产和经费,能独立承担民事责任,也具有慈善捐赠的能力和资格。但需要注意的是,事业单位法人、机关法人以及"参公管理"的社会团体在使用非国家财政拨款的财产进行捐赠时,纳入慈善捐赠主体范围;如果使用国家财政拨款进行慈善捐赠,此时社会团体、机关、事业单位法人则不属于合格慈善捐赠人。因为财政拨款属于国家统一的社会保障,不应当由某一国家机关或单位自由捐赠。[1]

3. 非法人组织

需要注意的是,2023 年《慈善法》将 2016 年《慈善法》"其他组织"的表述调整为"非法人组织"。上述两个概念经历了一个制度演变的过程。最初,《民法通则》(已失效)没有规定自然人、法人以外的其他民事主体。其后,《民事诉讼法》在当事人一节中提出了"其他组织"这一法律概念,具体表述为"公民、法人和其他组织可以作为民事诉讼的当事人。法人由其法定代表人进行诉讼。其他组织由其主要负责人进行诉讼"。最高人民法院《关于适用〈中华人民共和国民事诉讼法〉的解释》将"其他组织"界定为"合法成立、有一定的组织机构和财产,但又不具备法人资格的组织",并罗列了具体类型。[2] 2017 年《民法总则》在自然人和法人之外,在第四章设专章规定了"非法人组织"。[3] 2020 年《民法典》则延续《民法总则》的做法,在第一编

---

〔1〕 参见李喜燕:《慈善捐赠人权利研究》,法律出版社 2013 年版,第 23 页。

〔2〕 根据最高人民法院《关于适用〈中华人民共和国民事诉讼法〉的解释》第 52 条的规定,"其他组织"包括:(1)依法登记领取营业执照的个人独资企业;(2)依法登记领取营业执照的合伙企业;(3)依法登记领取我国营业执照的中外合作经营企业、外资企业;(4)依法成立的社会团体的分支机构、代表机构;(5)依法设立并领取营业执照的法人的分支机构;(6)依法设立并领取营业执照的商业银行、政策性银行和非银行金融机构的分支机构;(7)经依法登记领取营业执照的乡镇企业、街道企业;(8)其他符合本条规定条件的组织。

〔3〕 《民法总则》第 102 条规定:非法人组织是不具有法人资格,但是能够依法以自己的名义从事民事活动的组织。非法人组织包括个人独资企业、合伙企业、不具有法人资格的专业服务机构等。

总则的第四章规定“非法人组织”。2016 年《慈善法》出台,参考了当时《民事诉讼法》“其他组织”的概念,2023 年修正则采用了《民法典》的现有提法。

(二)受赠人

对于慈善捐赠的受赠人,《慈善法》第 34 条没有明确规定,但《公益事业捐赠法》第一章“总则”的第 1 条、第 2 条以及第二章“捐赠和受赠”,围绕捐赠与受赠、捐赠人与受赠人有较为详细的规定。在该法第 2 条对《公益事业捐赠法》适用范围的表述中指出,公益事业捐赠的捐赠人为“自然人、法人或者其他组织”,受赠人则为“依法成立的公益性社会团体和公益性非营利的事业单位”;该法第 10 条进一步对上述公益性社会团体和公益性非营利的事业单位进行了法律解释。[1] 此外,《慈善法》在第 38 条、第 39 条[2]等相关条款中,采用了“慈善组织接受捐赠”之表述,此亦表明,慈善组织是慈善捐赠的受赠人。

二、慈善捐赠协议的签订情形

签订捐赠协议,一方面,有利于督促各方认真对待合同内容、严格按照协议内容全面履行合同义务;另一方面,便于在发生纠纷时明确双方权利义务关系,尽快解决纠纷。实践中,对于捐赠财产数额较大,或较为复杂的捐

---

〔1〕《公益事业捐赠法》第 10 条规定:“公益性社会团体和公益性非营利的事业单位可以依照本法接受捐赠。本法所称公益性社会团体是指依法成立的,以发展公益事业为宗旨的基金会、慈善组织等社会团体。本法所称公益性非营利的事业单位是指依法成立的,从事公益事业的不以营利为目的的教育机构、科学研究机构、医疗卫生机构、社会公共文化机构、社会公共体育机构和社会福利机构等。”需要指出的是,该法颁布于 20 世纪 90 年代末期,慈善法尚未出台,我国对基金会、慈善组织、社会团体、民办非企业单位、非营利性组织等概念亦未完全厘清,故从现在来看,其规定的逻辑性存在一定的混乱,大致相当于:基金会、社会团体、公益性的事业单位、民办非企业单位。

〔2〕《慈善法》第 38 条规定:慈善组织接受捐赠,应当向捐赠人开具由财政部门统一监(印)制的捐赠票据。捐赠票据应当载明捐赠人、捐赠财产的种类及数量、慈善组织名称和经办人姓名、票据日期等。捐赠人匿名或者放弃接受捐赠票据的,慈善组织应当做好相关记录。第 39 条规定:慈善组织接受捐赠,捐赠人要求签订书面捐赠协议的,慈善组织应当与捐赠人签订书面捐赠协议。书面捐赠协议包括捐赠人和慈善组织名称,捐赠财产的种类、数量、质量、用途、交付时间等内容。

赠,如对捐赠财产用途进行严格限定、附加其他条件或约定分期捐赠,则签订协议能更好保证慈善捐赠的顺利进行。

捐赠人和慈善组织均可以提出签订捐赠协议。从现行《慈善法》的规定看,签订书面捐赠协议以捐赠人为核心,当捐赠人提出签订书面捐赠协议时,慈善组织必须与其签订书面捐赠协议,这是慈善组织必须履行的一项义务。捐赠人享有是否签订书面捐赠协议的决定权,换言之,即使微量捐赠,捐赠协议和捐赠票据的成本花费超过捐赠数额,但捐赠人要求签订书面捐赠协议的,慈善组织也应当签订协议。而在大额捐赠时,如果捐赠人不要求签订或者拒绝签订书面协议,慈善组织就可以不签订书面协议。无论是否签订书面捐赠协议,慈善组织接受捐赠后,均应向捐赠人开具由财政部门统一监(印)制的捐赠票据。对于捐赠人而言,捐赠人有权查询、复制其捐赠财产管理使用的有关资料,慈善组织应当及时主动向捐赠人反馈有关情况。

需要提及的是,《公益事业捐赠法》规定了公益事业捐赠人必须签订书面捐赠协议的法定情形。根据《公益事业捐赠法》第 13 条第 1 款的规定,捐赠人捐赠财产兴建公益事业工程项目,应当与受赠人订立捐赠协议,对工程项目的资金、建设、管理和使用作出约定。

此外,开展经营性活动承诺捐赠的,捐赠人应当签订捐赠协议。根据《慈善法》第 37 条的规定,自然人、法人和非法人组织开展演出、比赛、销售、拍卖等经营性活动,承诺将全部或者部分所得用于慈善目的的,应当在举办活动前与慈善组织或者其他接受捐赠的人签订捐赠协议,活动结束后按照捐赠协议履行捐赠义务,并将捐赠情况向社会公开。为了防止慈善事业发展过程中,借慈善名义沽名钓誉、商业牟利,进而影响慈善事业健康发展,慈善法对开展经营性活动承诺捐赠进行了较为严格的规制,明确要求承诺捐赠的捐赠人与受赠方签订书面捐赠协议。通过这种限制,可以督促经营性活动开展者切实履行捐赠义务,防范诺而不捐的现象,且通过书面捐赠协议明确双方权利义务,避免产生不必要的争议。

三、慈善捐赠协议的内容和形式

对于书面捐赠协议,《慈善法》第39条第2款指出应当涵盖捐赠人和慈善组织名称,捐赠财产的种类、数量、质量、用途、交付时间等内容。协议的各项要素内容,双方可参照法律规定,在捐赠协议中由双方协商确定。但必须注意的是,在约定捐赠财产的用途和受益人时,不得指定或者变相指定捐赠人的利害关系人作为受益人。任何组织和个人不得利用慈善捐赠违反法律规定宣传烟草制品,不得利用慈善捐赠以任何方式宣传法律禁止宣传的产品和事项。

在书面捐赠协议的形式上,可采用传统纸质捐赠协议的方式,也可以在网络化和电子化快速发展的背景下,签订电子化的捐赠协议。应当说,电子化的书面捐赠协议,一方面极大降低了慈善组织的管理成本,另一方面也有利于大量材料的保存和查阅,更加方便、高效,是慈善捐赠协议的发展趋势。

捐款的用途约定不明时怎么确定

【典型案例】

安吉环保公益协会(以下简称环保协会)、浙江安吉农村商业银行股份有限公司(以下简称农商行)公益事业捐赠合同纠纷——强调尊重捐赠人的捐赠意愿以及对捐赠款项用途的决定权

·基本案情

2017年5月31日,在"积分公益·绿色安吉"启动仪式暨第一批"绿色环保书屋"授牌仪式上,农商行向环保协会捐赠了"两山绿色公益基金"用于环保协会、安吉县生态公益协会开展相关公益活动。嗣后,农商行与环保协会因"两山绿色公益基金"中首期2万元捐赠承诺是否已履行纠纷成讼。

· **裁判要旨**

捐赠人农商行已作出首期捐赠2万元作为由受赠人环保协会管理的“两山绿色公益基金”前期投入的承诺，但不能确定双方就该2万元款项用途达成合意。根据《公益事业捐赠法》第5条、第12条第1款等规定可以看出，我国在公益事业捐赠立法上，为鼓励捐赠更多强调的是尊重捐赠人意愿，并不过多苛求捐赠人。在鼓励诚信捐赠的价值导向前提下，司法裁判时应遵循立法本意，在捐赠款项用途不确定的情况下，应强调尊重捐赠人的捐赠意愿以及对捐赠款项用途的决定权，抛却作出不利于鼓励捐赠的裁判认定。

《公益事业捐赠法》和《慈善法》均倡导在公益捐赠活动开展前签订书面的捐赠协议。

· **涉及法条**

《慈善法》(2023年修正)

第三十九条　慈善组织接受捐赠，捐赠人要求签订书面捐赠协议的，慈善组织应当与捐赠人签订书面捐赠协议。

书面捐赠协议包括捐赠人和慈善组织名称，捐赠财产的种类、数量、质量、用途、交付时间等内容。

《公益事业捐赠法》

第五条　捐赠财产的使用应当尊重捐赠人的意愿，符合公益目的，不得将捐赠财产挪作他用。

第十二条第一款　捐赠人可以与受赠人就捐赠财产的种类、质量、数量和用途等内容订立捐赠协议。捐赠人有权决定捐赠的数量、用途和方式。

第三节　慈善捐赠义务的强制履行

在《慈善法》出台之前，慈善捐赠到位率并不高，“诺而不捐”“诺而少捐”的现象不在少数。针对慈善捐赠中出现的不诚信行为，《慈善法》《民法典》的相关规定明确了捐赠人的义务、捐赠人相关权利的限制以及强制履行慈善捐赠义务的特殊规则。

一、慈善捐赠义务强制履行的情形

1.《民法典》关于限制公益性赠与任意撤销权的规定

根据《民法典》第 658 条第 1 款的规定，基于赠与合同的无偿性，赠与人在赠与财产的权利转移之前可以撤销赠与，即赠与人享有任意撤销权。这是赠与合同与其他有偿合同的显著区别所在。但与此同时，《民法典》第 658 条第 2 款也规定了两类不能适用任意撤销规权的赠与合同：一类是经过公证的赠与合同，另一类是具有救灾、扶贫、助残等公益、道德义务性质的赠与合同。后一类赠与合同具有强烈的社会公益色彩，是出于扶贫、济困、助残、助学、助老、优抚、救灾等目的或为了促进科学、教育、文化、医疗、环保等公共事业发展而进行赠与，这类公益性赠与合同因其对社会发展的重要意义而被法律特别加以关注，规定其捐赠人不享有任意撤销权。如前所述，慈善捐赠也以慈善目的和公益原则为基础，慈善捐赠从本质上看，是一种特殊的赠与，故《民法典》关于限制任意撤销权的规定触及慈善捐赠。

2.《慈善法》关于强制履行情形的规定

《慈善法》第 41 条第 1 款赋予慈善捐赠受赠人在法定情形下的支付请求权，并规定受赠人可以采用支付令及诉讼方式保障慈善捐赠义务的强制履行。捐赠人应当按照捐赠协议履行捐赠义务，在以下两种情形下，捐赠人违反捐赠协议逾期未交付捐赠财产的，受捐赠方可以要求交付。

第一，捐赠人通过广播、电视、报刊、互联网等媒体公开承诺捐赠的。

捐赠人通过媒体公开承诺捐赠，会产生较大社会影响。对于捐赠人而言，通过广播、电视、报刊、互联网等媒体公开承诺捐赠，会大幅提升捐赠人的社会形象，若捐赠人为企业或者其他经营性组织，则更是会提升其口碑，可借此扩大影响。当社会公众知晓此事，并对该正向行为充满期待和赞许时，捐赠人出尔反尔，随便撤销承诺或者不全面履行承诺，则会形成较大的社会负面影响，不利于慈善活动正常进行以及慈善文化的健康发展。需要注意的是，这里的公开承诺并未要求以签订书面捐赠协议为前提，即包括签订协议和未签订协议两种情况。但即使未签订慈善捐赠书面协议，由于捐赠人已经通过媒体进行公开报道，故也可视为口头捐赠协议成立。

第二，捐赠财产用于《慈善法》第 3 条第 1 项至第 3 项规定的慈善活动，并签订书面捐赠协议的。

《慈善法》第 3 条是对慈善活动进行定义的条款，规定慈善活动是自然人、法人和非法人组织以捐赠财产或者提供服务等方式，自愿开展的公益活动，同时通过 6 项列举明确了典型的公益活动类型。这里所指的第 1～3 项包括：扶贫、济困；扶老、救孤、恤病、助残、优抚；救助自然灾害、事故灾难和公共卫生事件等突发事件造成的损害。《民法典》第 660 条第 1 款也明确规定，具有救灾、扶贫、助残等公益、道德义务性质的赠与合同，赠与人不交付赠与财产的，受赠人可以请求交付。受捐赠方行使交付请求权除上述特定慈善活动的条件需要满足外，“签订书面捐赠协议”这一要件也必不可少。之所以将《慈善法》第 3 条第 1 项至第 3 项规定的慈善活动纳入支付请求权的范畴，根本原因在于扶贫、济困、扶老、救孤、恤病、助残、优抚，救助自然灾害、事故灾难和公共卫生事件等突发事件造成的损害，具有基础性和紧迫性的特点，针对这些事项的捐赠是人道主义精神的集中体现，是社会自发对社会脆弱群体的关爱，彰显了全社会以人为本的核心价值理念，是必须大力弘扬和鼓励的。如果签订了此类书面捐赠协议，就应当认真全面履行。

二、慈善捐赠义务强制履行的方式

《慈善法》第 41 条第 1 款规定,对于捐赠人违反捐赠协议逾期未交付捐赠财产,可采取两种司法途径予以强制履行。

第一种方式是支付令。支付令也称为支付命令、督促决定。支付令是指人民法院根据债权人的给付金钱和有价证券的申请,以支付令的形式,催促债务人限期履行义务的一种特殊法律程序,即督促程序。按照《民事诉讼法》和有关司法解释的规定,债权人请求债务人给付金钱、有价证券,当债权人与债务人没有其他债务纠纷,且支付令能够送达债务人的,可以向有管辖权的基层人民法院申请支付令。债务人在规定期间内不履行支付令又不提出异议的,债权人可以直接向人民法院申请强制执行,此时支付令具有和法院判决同等的法律效力。显然,将支付令引入《慈善法》,慈善捐赠受赠方将其作为要求捐赠人履行捐赠义务的救济措施,是一种更加快捷、高速、低廉的维权手段,意义重大。

第二种方式是诉讼。除支付令这种督促程序之外,捐赠人无正当理由拒不履行捐赠协议的,慈善组织还可以通过一般司法诉讼程序,获得救济。也即通过民事诉讼的方式,将捐赠人诉至法院,由法院作出具有国家强制力的司法判决,确保慈善捐赠得到履行。

三、慈善捐赠义务强制履行的例外规则

慈善捐赠义务强制履行并非绝对,在法定情形下,捐赠人可以行使穷困抗辩权。如果在捐赠人公开承诺捐赠或者签订书面捐赠协议后出现经济状况显著恶化的情况,例如,自然人签订书面捐赠协议后遭遇火灾或其他重大变故,本人及其家庭生活陷入严重困难,自身尚需要社会救助,此时要求其履行捐赠义务,既有违人道,亦不现实;又如,企业通过媒体公开承诺捐赠,但随后因资金链断裂陷入经营困境以致资不抵债进入破产程序,此时如果再要求其履行

原来的捐赠义务,对企业而言过于苛责,也无从实现。故,《慈善法》第41条第2款规定,捐赠人公开承诺捐赠或者签订书面捐赠协议后经济状况显著恶化,严重影响其生产经营或者家庭生活的,可以不再履行捐赠义务。由于该义务的免除基于法律明确规定的法定情形的出现,故也被称为慈善捐赠的法定撤销。

需要注意的是,为了防范实践中一些未满足法定条件的个人和企业利用该条规定故意不履行捐赠义务,《慈善法》规定撤销捐赠需要履行一定程序,即捐赠人需要向公开承诺捐赠地或者书面捐赠协议签订地的县级以上人民政府民政部门报告,并向社会公开说明情况,接受政府监管部门和社会的监督,避免慈善捐赠的法定撤销权被滥用,产生负面社会影响。

捐赠人不交付财产,受赠人要求交付

【典型案例一】

北京乐予捐助服务中心与李某宏合同纠纷——请求交付依据:《民法典》第660条

·基本案情

2018年1月26日,李某宏(甲方)与北京乐予捐助服务中心(乙方)签订《捐赠协议书》,约定乙方于2018年1月16日举办公益慈善义拍会,甲方自愿将拍卖款无偿捐赠给乙方用于西部温暖计划项目的实施。合同签订后,李某宏未按协议约定的时间支付捐赠款项。

·裁判要旨

原告与被告签订的《捐赠协议书》系双方真实意思表示,不违反法律、行政法规的强制性规定,为有效合同。该协议书约定被告捐赠的款项用于西部温暖计划项目,故协议系具有社会公益性质的赠与合同。现被告未按协议约定支付捐赠款,原告要求被告支付捐赠款,于法有据,法院予以支持。

【典型案例二】

新疆维吾尔自治区野骆驼保护协会与湟茅酒业公司、怀庄酒业公司合同纠纷——请求交付依据:《慈善法》第41条

·基本案情

2016年8月16日,怀庄酒业公司、湟茅酒业公司(甲方)与野骆驼保护协会(乙方)签订一份《合作协议书》,约定每销售一瓶贵州怀庄53就为野骆驼保护协会捐赠5元人民币用于保护与救助野骆驼,共计30万元,甲方仅支付10万元。

·裁判要旨

该协议明确约定被告湟茅酒业公司向原告野骆驼保护协会捐赠共计30万元用于保护与救助野骆驼,并约定了明确的捐赠时间及金额,原告与被告湟茅酒业公司亦通过网络媒体等对捐赠行为进行了公开承诺,并进行了相应的宣传。被告未按照协议约定履行捐赠义务,违反协议约定及法律规定,本院对原告要求被告湟茅酒业公司支付20万元的诉讼请求,予以支持。

·涉及法条

《慈善法》(2023年修正)

第四十一条　捐赠人应当按照捐赠协议履行捐赠义务。捐赠人违反捐赠协议逾期未交付捐赠财产,有下列情形之一的,慈善组织或者其他接受捐赠的人可以要求交付;捐赠人拒不交付的,慈善组织和其他接受捐赠的人可以依法向人民法院申请支付令或者提起诉讼:

(一)捐赠人通过广播、电视、报刊、互联网等媒体公开承诺捐赠的;

(二)捐赠财产用于本法第三条第一项至第三项规定的慈善活动,并签订书面捐赠协议的。

捐赠人公开承诺捐赠或者签订书面捐赠协议后经济状况显著恶化,

严重影响其生产经营或者家庭生活的，经向公开承诺捐赠地或者书面捐赠协议签订地的县级以上人民政府民政部门报告并向社会公开说明情况后，可以不再履行捐赠义务。

《民法典》

第六百六十条第一款　经过公证的赠与合同或者依法不得撤销的具有救灾、扶贫、助残等公益、道德义务性质的赠与合同，赠与人不交付赠与财产的，受赠人可以请求交付。

捐赠人撤销捐赠

【典型案例】

严某祥与中国艺术节基金会公益事业捐赠合同纠纷——基金会未按捐赠协议约定履行义务的，捐赠人有权申请撤销捐赠行为

·基本案情

2017年12月12日，严某祥与中国艺术节基金会签订《中国艺术节基金会"古代艺术品专项基金"捐赠协议书》，约定原告向被告捐资100万元作为"古代艺术品专项基金"的专用资金。2018年5月25日，中国艺术节基金会在其官网发出《关于撤销"古代艺术品专项基金管理委员会"的通告》，该决定撤销"古代艺术品专项基金管理委员会"，停止"古代艺术品专项基金"的活动，该决定从通告发布之日起执行。

·裁判要旨

在法院庭审中，经询，严某祥明确表示基于此其与中国艺术节基金会已失去了互信的基础，不同意所捐赠的款项再交由该基金会处理使用。而中国艺术节基金会一方关于此前所约定的专项基金的撤销亦已施行，故双方至此已不具备捐赠协议最初签订之时所欲达成的捐赠事项

的合意基础以及变更履行之可能。

一审法院以双方之间的捐赠协议合法有效、应予遵守且严某祥以中国艺术节基金会未依约履行而提出的诉讼主张缺乏依据为由判决驳回严某祥的诉讼请求确有不当，严某祥有权要求中国艺术节基金会对该诉争款项予以返还。

· 涉及法条

《慈善法》(2023 年修正)

第五十六条　慈善组织开展慈善活动，应当依照法律法规和章程的规定，按照募捐方案或者捐赠协议使用捐赠财产。慈善组织确需变更募捐方案规定的捐赠财产用途的，应当报原备案的民政部门备案；确需变更捐赠协议约定的捐赠财产用途的，应当征得捐赠人同意。

第五十七条　慈善组织应当合理设计慈善项目，优化实施流程，降低运行成本，提高慈善财产使用效益。

慈善组织应当建立项目管理制度，对项目实施情况进行跟踪监督。

《基金会管理条例》

第三十九条　捐赠人有权向基金会查询捐赠财产的使用、管理情况，并提出意见和建议。对于捐赠人的查询，基金会应当及时如实答复。

基金会违反捐赠协议使用捐赠财产的，捐赠人有权要求基金会遵守捐赠协议或者向人民法院申请撤销捐赠行为、解除捐赠协议。

捐赠能否撤销

【典型案例】

程某涵、众志公学合同纠纷——以公开承诺的形式作出的捐赠，依法不得撤销

·基本案情

2017 年 8 月 7 日，众志公学在其微信公众号上发布《适合你的高中全部在这里》文章，载明“你有望叩响世界排名前 10 的顶级大学之门；并获得众志 15 万元的荣誉奖学金”。2019 年 9 月 16 日，众志公学在其微信公众号上发布《凝心聚力，梦想启航——众志公学初高中部 2019～2020 学期第一学期开学典礼》文章载明，“特别是把颁奖典礼推向高潮的最高荣誉奖学金 15 万元，由总校校长闫某祯为两位颁奖，他们分别考入……世界排名第九的帝国理工学院的程某涵同学”。而后众志公学拒绝向程某涵支付奖学金，程某涵诉至法院。

·裁判要旨

1. 具有道德义务性质的赠与合同，不得撤销。

“救灾、扶贫、助残”后“等”的表述则表明，《民法典》第 658 条第 2 款对其外延所作的是非穷尽式的列举，除“救灾、扶贫、助残”外还留有解释空间。法院认为，学校不但负向学生传授知识的合同义务，还负有立德树人、教书育人的道德义务。虽然众志公学是营利机构，但其还是行政机关批准成立的学校，同样对学生具有道德义务，建立在这种关系上的赠与，是具有道德义务性质的合同，根据《民法典》第 658 条的规定，众志公学不得任意撤销赠与。

2. 以公开承诺的形式作出，依法不得撤销。

本案中，众志公学通过发布微信公众号文章的方式公开承诺给予程某涵奖学金，符合上述规定，依法不得撤销。众志公学经营情况恶化等抗辩，无证据证实，法院不予采信。因此，程某涵支付奖励款的诉请应予支持。

·涉及法条

《慈善法》(2023 年修正)

第三条　本法所称慈善活动，是指自然人、法人和非法人组织以捐

赠财产或者提供服务等方式,自愿开展的下列公益活动:

(一)扶贫、济困;

(二)扶老、救孤、恤病、助残、优抚;

(三)救助自然灾害、事故灾难和公共卫生事件等突发事件造成的损害;

(四)促进教育、科学、文化、卫生、体育等事业的发展;

(五)防治污染和其他公害,保护和改善生态环境;

(六)符合本法规定的其他公益活动。

《民法典》

第六百五十八条　赠与人在赠与财产的权利转移之前可以撤销赠与。

经过公证的赠与合同或者依法不得撤销的具有救灾、扶贫、助残等公益、道德义务性质的赠与合同,不适用前款规定。

第四节　慈善捐赠的监督

为提升慈善捐赠的透明度和公信力,应当加强慈善捐赠监管,促进各类慈善组织全面、真实、准确地公开信息。对于慈善捐赠的监督主要体现为捐赠人享有的知情权和捐赠财产滥用禁止权。

一、捐赠人知情权

知情权又称为了解权、信息获得权。慈善捐赠人的知情权,是指慈善捐赠人有权知悉真实的募捐信息及其所捐赠款物的管理使用情况,包括捐前知情权和捐后知情权。《慈善法》第31条和第42条第1款、第80条分别对这两种知情权进行了规定。根据《慈善法》第31条的规定,开展募捐活动,应当尊重和维护募捐对象的合法权益,保障募捐对象的知情权,不得通过虚构事实等方式欺骗、诱导募捐对象实施捐赠。捐赠财产来源于捐赠人,赋予其捐前知情权,让其了解募捐相关情况,体现了对捐赠人真实意愿的尊重和负责,也是对慈善组织进行监督的一种途径。捐后知情权的内容则包括“捐赠人有权查询、复制其捐赠财产管理使用的有关资料,慈善组织应当及时主动向捐赠人反馈有关情况”“慈善组织开展定向募捐的,应当及时向捐赠人告知募捐情况、募得款物的管理使用情况”,捐后知情权是平衡慈善信息不对称的必然法律要求,也是捐赠人救济权等其他权利得以实现的保障。除此之外,根据《公益事业捐赠法》第22条[1]以及《基金会管理条例》第25条第2款、第38条、第39条第1款[2]的规定,慈善捐赠人在其慈善捐赠完成后也无疑是享有知情权的。捐前知情权和捐后知情权虽同名为知情权,但二者存在较大区别。

(1)内容不同。捐前知情权指向的是募捐信息的真实性,是为保障慈善捐赠人获得真实募捐信息,作出真实的捐赠意思表示;捐后知情权所指向的信息则是捐赠人所转移的捐赠款物管理使用情况。

(2)产生时间不同。捐前知情权属于条件性权利,其早在慈善捐赠法律关系成立或生效前就为慈善捐赠人所享有;而捐后知情权则属于救济性权利,产生于捐赠人将捐赠款物所有权转移之后。

(3)作用不同。《慈善法》规定捐前知情权,是为了防止慈善捐赠人在参

[1] 《公益事业捐赠法》第22条规定,受赠人应当公开接受捐赠的情况和受赠财产的使用、管理情况,接受社会监督。

[2] 《基金会管理条例》第25条第2款规定,公募基金会组织募捐,应当向社会公布募得资金后拟开展的公益活动和资金的详细使用计划。第38条规定,基金会、境外基金会代表机构应当在通过登记管理机关的年度检查后,将年度工作报告在登记管理机关指定的媒体上公布,接受社会公众的查询、监督。第39条第1款规定,捐赠人有权向基金会查询捐赠财产的使用、管理情况,并提出意见和建议。对于捐赠人的查询,基金会应当及时如实答复。

与慈善活动时因欺诈、胁迫而存在意思表示不真实,从而导致慈善法律关系归于无效的情形;而捐后知情权是为了保障慈善捐赠人的捐赠意图实现权、信赖权等主权利。

二、捐赠财产滥用禁止权

慈善组织开展慈善活动,应当依照法律法规和章程的规定,按照募捐方案或者捐赠协议使用捐赠财产。如果确需改变捐赠财产用途,则必须满足法定条件,根据《慈善法》第 56 条的规定,可分为两种情况:第一种情况,慈善组织确需变更募捐方案规定的捐赠财产用途的,应当报原备案的民政部门备案;第二种情况,确需变更捐赠协议约定的捐赠财产用途的,应当征得捐赠人同意。如果未履行法定程序就变更捐赠财产的用途,则构成滥用捐赠财产。

捐赠人对滥用捐赠财产享有救济权利。《慈善法》第 42 条第 2 款以及第 110 条、第 112 条规定,慈善组织违反捐赠协议约定的用途,滥用捐赠财产的,捐赠人有权要求其改正;拒不改正的,捐赠人可以向县级以上人民政府民政部门投诉、举报,民政部门应当责令其限期改正,予以警告,并没收违法所得,逾期不改正的,责令限期停止活动并进行整改。慈善组织经依法处理后 1 年内再出现前述规定的情形,或者有其他情节严重情形的,由县级以上人民政府民政部门吊销登记证书并予以公告。对于直接负责的主管人员和其他直接责任人员而言,县级以上人民政府民政部门可以对其处以 2 万元以上 20 万元以下罚款,并没收违法所得;情节严重的,禁止其 5 年内担任慈善组织的管理人员。此外,捐赠人也可以选择将慈善组织诉至法院,即通过司法途径进行处理。

【热点链接】

吴某燕事件

2019年10月,吴某燕的故事经过媒体报道引发社会关注,她在公众心目中的形象令人担忧——身高只有135厘米,体重43公斤,父母双亡,只能和大伯一家住在一起。她和弟弟相依为命,每个月靠300元低保生活。为了省钱给弟弟治病,她从不吃早饭,每天仅花两块钱买馒头或一块钱买白米饭拌着辣椒吃,因为身体严重营养不良和病痛,3年前她的眉毛掉光了,头发也掉了一大半。

经媒体报道,政府、学校、公益组织等纷纷为其提供救助。2020年1月13日,体重仅有43斤的吴某燕,在贵州医科大学附属医院抢救无效死亡。吴某燕去世后,该项目引发关注。涉及募捐疑似超额、100万元捐款去向不清、受助人超龄等问题。

有媒体指出,慈善机构中华少年儿童慈善救助基金会下属项目9958儿童紧急救助中心,以吴某燕的名义筹得100万元善款,而她本人仅收到2万元用于治疗。吴某燕家属吴某龙对媒体表示,家人对"9958"平台以"吴某燕"的名义组织捐助不知情。

问题1:"极端宣传"影响捐款人的知情权与受益人的人格尊严。

吴某燕家庭在2014年已被列为扶贫对象,享受教育资助、医疗救助、最低生活保障以及易地扶贫搬迁政策。吴某燕同时享受贵州省"健康扶贫政策",贵阳市第二人民医院表示,吴某燕入院时办理"绿色通道",享受先治疗、后付费的政策。贵阳市某三甲医院心血管内科医生表示,吴某燕所需"心脏瓣膜手术",根据吴某燕自身的贫困户身份,享受三重医保政策,治疗费用的报销比最低可达到70%。但这些情况都未向公众披露。

问题2:超额募捐,捐款去向不清。

9958儿童紧急救助中心西南团队确定的100万元的治疗预算据报道是与吴某燕的主治医生沟通确定。但根据公益基金会对于项目资金需求的评估流程,治疗预算资金应当扣除医保报销比例。9958儿童紧急救助中心为吴某燕的100万元筹款目标未扣除医保报销比例。根据吴某燕自身的贫困户身份,享受三重医保政策,治疗费用的报销比最低可达到70%。但各平台募捐金额均未扣除报销比例。微博用户"陈岚"发文爆料称,9958儿童紧急救助中心百万筹款仅有2万元被拨款救助吴某燕。

问题3:公益慈善组织针对个人展开捐款活动,无视捐赠人意愿。

该项目在民政部门的备案信息:吴某燕捐赠项目的捐赠用途为家境困难的重病患者提供资金援助,用于他们的医疗费用支出。但捐赠者大多以为捐款用于吴某燕的治疗,而不是其他家庭贫困的病患。

问题4:超龄募捐。

在9958儿童紧急救助中心提供的救助申请书上,则明确显示申请救助需满足这一条件,即0~18岁的疾病儿童或孤残儿童。但在实际操作过程中,9958儿童紧急救助中心不止一次超范围募捐。9958儿童紧急救助中心自2011年成立以来救助30,000多个病患,其中超龄的117个,占整个救助群体的0.8%。

第五章

慈善信托

第一节 慈善信托概述

一、信托的起源、概念与特征

(一)信托制度的起源

关于信托制度的起源,主要存在两种观点:一是起源于罗马法的遗产信托[1],二是起源于英国的用益制。

古罗马的遗产信托是为了规避针对继承和遗赠的限制而产生的。某些人无继承、受遗赠资格,如异邦人、“不确定的人”(如未出生之人)等,或者有的人仅被允许获得所给予数额一半的遗产,如未婚成年人和已婚未育者,于是被继承人通过遗嘱要求被有效指定的继承人或受遗赠人将其继受的财产全部或部分交给他人。此种要求不具备法律上的效力,完全取决于继承人和受遗赠人的忠诚。此后,罗马帝国元首屋大维通过立法,将道德义务上升为强制的法律义务,并设置了负责审理该类案件的裁判官,从而解决了信托的可诉问题。《盖尤斯法学阶梯》较为完整地介绍了罗马法遗产信托。其记载显示,为了避免遗嘱中的继承人因被要求将全部遗产转给他人而得不到好处,从而拒绝接受遗产继承使遗产信托消失,元老法院规定被要求退还全部遗产的人可从中扣除1/4,同时规定只要继承人接受了继承,就应承担遗产继承的全部费用。[2]《优士丁尼法典》也规定“凡为受益人,除应保留继承人的应留份——遗产的1/4外,可以掌管全部遗产”。遗产信托与遗产执行较为相似,从实现程序和效果上来看,遗产信托与间接遗赠(legatum per damnationem)[3]较为相似。[4]

---

[1] 有的文献也译作“遗嘱信托”。

[2] 参见[古罗马]盖尤斯:《盖尤斯法学阶梯》,黄风译,中国政法大学出版社2008年版,第274页。

[3] 间接遗赠或称转托遗赠,即遗赠人嘱托继承人将遗赠物交给受遗赠人,遗赠人或受遗赠人通过继承人间接发生关系。继承人为债务人,受遗赠人为债权人,后者有请求交付遗赠物的权利。

[4] 参见江平、米健:《罗马法基础》(修订本第3版),中国政法大学出版社2004年版,第524页。

英国中世纪的用益制产生的原因有多种:一是“十字军”东征时,其土地需要有人管理,而女子和儿童不被允许,并且,若“十字军”将土地转给未成年继承人,则大领主将获得对其土地的控制权和对其未成年继承人的监护权,进而获得所有税费和买卖该未成年继承人的婚姻所获利益。因此,“十字军”出于信任将其土地转移给“可信的”朋友,要求其为了“十字军”及其妻儿的“用益”而持有土地。二是由于中世纪禁止以遗嘱的方式处分土地,大领主能够控制由谁来接受该土地,并且采用长子继承制。故小领主生前将土地转让给他人经营,通过用益设计转让了土地,使得土地不列入遗产范围,在本人死后,利益由所有子女享有,从而规避了长子继承制度。三是1279年,英王爱德华一世颁布《土地死手律》,规定除非国王作出许可,否则任何人不得将不动产赠与乃至出售给教会,若违反将有没收之嫌。为了向宗教团体捐赠而使自己死后获得救赎,人们通过设立用益的方式使宗教团体成为受益人,这也是最早的慈善信托。

江平教授、米健教授认为信托制度最早源于罗马法,但同时认为严格意义上说近现代的信托制度缘起于英国。[1] 英国法学家梅特兰把信托称为“英国人在法学领域取得的最伟大、最独特的成就”。主流观点倾向于认为现代信托制度源于英国中世纪的用益制,但对于英国的用益制是否源于罗马法的遗产信托尚存在争议。

(二)信托的概念和特征

我国《信托法》第2条规定:“本法所称信托,是指委托人基于对受托人的信任,将其财产权委托给受托人,由受托人按委托人的意愿以自己的名义,为受益人的利益或者特定目的,进行管理或者处分的行为。”

信托的特征主要包括:第一,信托义务的强制性和受益权利的可诉性。信托义务人须遵照信托文件或法律的规定,忠诚、善意地管理信托财产,与

[1] 参见江平、米健:《罗马法基础》(修订本第3版),中国政法大学出版社2004年版,第524页。

此相适应,受益人为其受益权利可起诉受托人并获得法律的支持和强制执行。第二,信托财产的确定性和独立性。信托财产的独立性是信托最为重要的特征之一。独立性是指其独立于委托人和受托人的财产。就委托人而言,信托财产作为其遗产或者清算财产受到一定限制;就受托人而言,信托财产不得归入受托人的固有财产或者成为固有财产的一部分。第三,信托设立人对受托人存在信任。设立信托须将信托财产置于受托人的控制之下,由受托人管理和运作该财产,因此,信托的设立前提是设立人对受托人存在较高程度的信任。

二、慈善信托的概念与特征

(一)慈善信托的概念

依前述,人们为了死后获得救赎而设立用益使宗教团体获得“用益”,这是较早的慈善性质的信托。英国 1601 年《慈善用益法》奠定了现代慈善信托的雏形。英国 2000 年《受托人法》第 39 条规定,慈善信托是出于慈善目的而持有财产的信托。美国《信托法重述》第 348 条认为慈善信托是关于财产的信义关系,产生于一种设立信托的意图,使个人持有财产并承担衡平法上的义务,出于慈善目的而处分财产。[1] 我国《信托法》设专章规定公益信托,该法第 60 条采用列举加兜底的方式对公益信托进行了规定,即出于公共利益目的而设立的信托属于公益信托,包括:①救济贫困;②救助灾民;③扶助残疾人;④发展教育、科技、文化、艺术、体育事业;⑤发展医疗卫生事业;⑥发展环境保护事业,维护生态环境;⑦发展其他社会公益事业。《慈善法》第 44 条则对慈善信托进行了明确的法律界定:“本法所称慈善信托属于公益信托,是指委托人基于慈善目的,依法将其财产委托给受托人,由受托人按照委托人意愿以受托人名义进行管理和处分,开展慈善活动的行为。”

---

〔1〕 参见于建伟主编:《中华人民共和国慈善法释义》,中国法制出版社 2016 年版,第 389 页。

(二)慈善信托的特征

从慈善信托的概念可知,基于慈善目的而设是慈善信托的核心要素。世界各国对慈善目的的界定相当广泛,早已超过扶贫济困、扶老恤孤的范围,拓展到包括发展“科教文卫体”事业、防治污染和改善生态等公益目的,甚至英国2006年《慈善法》第2条规定的慈善目的范围还包括动物福利等。

慈善信托具有明显的慈善目的,因此也衍生了一些与私益信托不同的特点。

第一,受益人不确定。设立慈善信托的目的是进行慈善事业,应当始终贯彻公益原则,即受益人应当是不特定的社会公众,信托文件仅须确定受益人的范围及选定的程序和方法即可,若是指定特定人为受益人,则不属于慈善信托。换言之,在慈善信托中,当事人的基本结构和私益信托“委托人—受托人—受益人”的三方结构不同,明确的受益人处于缺位状态,与之进行替代的是不特定的社会公众,这也是慈善信托和私益信托最大的区别所在。我国《慈善信托管理办法》第10条明确规定慈善信托的委托人不得指定或者变相指定与委托人或受托人具有利害关系的人作为受益人。

第二,设置监管机制。鉴于慈善信托的受益人不确定以及涉及公共利益,为了确保慈善信托获得良好的执行,往往需要设置慈善信托的监管机制。监管机制包括外部监管和内部监管。就外部监管而言,英国设有慈善委员会作为专门的监督机关,在美国则由州总检察长来履行监督职责,在我国则由民政部门和金融监督管理机构依各自法定职责来实施监督管理;就内部监管而言,一般是通过建立监察人制度来有效履行。

第三,慈善信托的受托人资格受到更为严格的限制。受托人处于慈善信托的核心位置,其能否按照委托人的要求,秉持诚信、谨慎原则,合理管理和处分信托财产,是慈善信托目的能否顺利实现的关键所在。世界各国会对慈善信托的受托人资格进行规定,如英国1993年《慈善法》对受托人资格作了禁止性规定,包括禁止曾经有任何涉及不诚实或欺骗的违法行为等;我国《慈善法》第 47 条规定慈善信托的受托人仅包括委托人信赖的慈善组织或信托公司。

第四,税收优惠。税收优惠是促进慈善事业发展的重要措施,慈善信托作为一种慈善活动,其委托人、受托人及受益人等相关主体应当享受各种税收减免优惠待遇。2023 年修改的《慈善法》就慈善信托税收优惠增加一条规定,即第 88 条规定:“自然人、法人和非法人组织设立慈善信托开展慈善活动的,依法享受税收优惠。”同时明确备案是慈善信托享受税收优惠的前提条件,即未按照法律规定将相关文件报民政部门备案的,不享受税收优惠。

第二节　慈善信托的设立

一、设立慈善信托的实质要件和形式要件

(一)实质要件——慈善目的

《慈善法》第 44 条明确了慈善信托必须是基于慈善目的而设立,慈善目的是慈善信托的基本特征,也是设立慈善信托的实质要件。《慈善法》第 55 条第 1 款亦规定“投资取得的收益应当全部用于慈善目的”。根据《慈善法》第 51 条关于法律适用的规定,《信托法》第 63 条关于绝对公益性的规定同样适用于慈善信托,即慈善信托财产及其收益,不得用于非慈善目的,《慈善信托管理办法》第 23 条重申了该规定。

慈善的概念和范围,一直存在狭义和广义之分。狭义的慈善,又称“小慈善”,是指主要建立在社会捐赠基础上的扶贫、济困、救灾活动,即传统的慈善,这是我们国家慈善事业的基础部分和重点部分。广义的慈善,又称“大慈善”,是指除传统慈善之外,还包括促进“科教文卫体”事业发展,以及保护生态环境等有利于社会公共利益的活动。我国《慈善法》第 3 条和《信托法》第 60 条均用列举加兜底的方式规定了慈善目的(公共利益目的)的种类和范围,采用了“大慈善”的概念,体现了开放性和与时俱进的立法思路。

基于该慈善目的的慈善信托须具有绝对的公益性，即慈善信托财产及其收益，不得用于非慈善目的。根据《2023年度中国慈善信托发展报告》，慈善信托关注的慈善领域进一步拓展，除以扶贫济困、教育和生态环保为目的的慈善信托数量增多以外，还覆盖了关注现代社区建设和发展、单亲妈妈群体、骑手群体等特定的细分领域和群众性团体组织。

(二)形式要件——备案制及书面形式

我国《信托法》第8条规定了应当采取书面形式设立信托，信托合同签订时信托成立或受托人承诺信托时信托成立，即私益信托的设立采用诺成主义加书面形式。《信托法》第10条规定，信托财产属于应当办理登记手续的，应当依法办理信托登记。

因慈善信托涉及公共利益以及国家税收等重要问题，法律对其成立的形式要件要求更为严格。《信托法》在公益信托的设立方面，规定须经有关公益事业管理机构批准，即公益信托的设立采用许可制。《信托法》并未明确“公益事业管理机构”具体是哪一个政府部门，也没有确定管理机构的职责和审批程序标准，导致实践中出现各部门相互推诿的现象，严重阻碍了我国公益信托的发展。有鉴于此，2016年出台的《慈善法》将许可制改为备案制。《慈善法》第45条第1款规定，设立慈善信托、确定受托人和监察人，应当采取书面形式。受托人应当在慈善信托文件签订之日起7日内，将相关文件向受托人所在地县级以上人民政府民政部门备案。

《信托法》第8条第2款规定书面形式包括信托合同、遗嘱或者法律、行政法规规定的其他书面文件等。民政部、原中国银行业监督管理委员会《关于做好慈善信托备案有关工作的通知》对备案管辖机关作了规定，信托公司作为受托人，应向其登记注册地设区市的民政部门备案；慈善组织作为受托人，应向其登记的民政部门备案。该通知还对设立备案和重新备案需要的书面材料作了具体的规定。2017年出台的《慈善信托管理办法》吸收了上述通知的内容，规定慈善信托的受托人向民政部门申请备案时，应当提交以下书面材料:备案申请书;委托人身份证明(复印件)和关于信托财产合法性的声明;担任受托人的信托公司的金融许可证或慈善组织准予登记或予以认定的证明材料(复印件);信托文件;开立慈善信托专用资金账户证明、商业银行资金保管协议,非资金信托除外;信托财产交付的证明材料(复印件);其他材料。

二、慈善信托当事人

(一)委托人资格和权利

对于委托人的资格,各国的法律均未作出特殊的限制条件。根据我国《信托法》第19条和《慈善信托管理办法》第8条的规定,具有完全民事行为能力的自然人、法人或者依法成立的非法人组织均可成为慈善信托的委托人。目前,备案的慈善信托委托人多是爱心企业,其次是慈善组织(如基金会)、信托公司、自然人,也有工会组织、团委组织等。

委托人最重要的权利是选任权。根据《慈善法》第47条的规定,委托人可以自由选任其信赖的慈善组织或信托公司作为慈善信托受托人;根据第50条第1款的规定,根据需要,委托人可以确定信托监察人。其次是知情权。根据《慈善法》第49条第2款的规定,委托人可以通过信托文件或直接提出要求,要求受托人及时向其报告信托事务处理情况和信托财产管理使用情况。委托人知情权是保障委托人行使监督权的前提性和基础性的权利,也是保障慈善信托事业能吸引更多的社会力量参与其中的基础。

除此之外,为了最大限度尊重委托人的意愿,《慈善法》第48条赋予了委托人变更受托人的权利,即当受托人违反信托义务或者难以履行职责(如依法解散、被依法撤销、被宣告破产、丧失法定资格等),委托人可以变更受托人,保证"慈善信托不会因没有受托人而流产"。若是通过遗嘱设立慈善信托,委托人为了充分实现其意思自治,也可以在信托文件中明确何种情况下其将要求变更受托人以及受托人候选人或受托人选任方式。

(二)受托人资格、权利和义务

关于慈善信托受托人的资格,根据《慈善法》第 47 条的规定,仅能由慈善组织或信托公司担任。慈善组织和信托公司在慈善信托中各有优势。慈善组织在资金募集、慈善项目选择以及受益人范围选定方面具有一定的专业优势,在慈善资金运用税收筹划方面具有一定的制度优势。信托公司在慈善信托财产分账管理、投资管理,实现财产保值增值以及信息披露等方面具有一定的制度和专业优势。

目前受托人有信托公司、慈善组织单受托和双受托人三种形式,绝大部分慈善信托受托人是信托公司,少数是双受托人,极少数是慈善组织,部分原因在于慈善组织难以开立慈善信托资金托管专户,而信托公司有更完善的财产管理、信息披露等制度。实践中,信托公司作为受托人时,为了弥补在慈善项目实施方面的能力和经验不足的缺点,作为受托人的信托公司往往会聘任慈善组织作为项目执行人,负责慈善项目的运营,包括向受托人推荐慈善项目、筛选受益人、慈善项目运行效果跟踪等。

在慈善信托关系中,受托人负有按照慈善信托目的,诚信、谨慎、有效管理的义务,慈善信托财产的管理权属于受托人,受托人运用慈善信托财产须遵循合法、安全、有效的原则。因此,《慈善法》《信托法》《慈善信托管理办法》等,针对受托人的条款更多的是义务性、禁止性条款。慈善信托财产的管理和处分是慈善信托运行的核心,该部分内容将在本章第三节详细展开,在此不予赘述。

(三)受益人资格、权利和权利救济

受益人是慈善信托利益的最终享有者,法律并未对受益人的范围作出明确的限定,根据《慈善法》第 3 条对慈善目的的范围的规定以及《信托法》第 43 条的规定,受益人的范围并不囿于自然人(根据《民法典》的相关规定,可以推定胎儿亦有可能成为受益人),法人和非法人组织亦可成为慈善信托的受益人。

与私益信托要求信托设立时受益人须确定不同，慈善信托设立时受益人是不确定的，这是慈善信托公益性的要求，并且《慈善信托管理办法》第10条明确禁止指定或者变相指定与委托人或受托人存在利害关系的人作为受益人。2023年《慈善法》新增第46条，对此进行明确规定：“慈善信托的委托人不得指定或者变相指定其利害关系人作为受益人。慈善信托的受托人确定受益人，应当坚持公开、公平、公正的原则，不得指定或者变相指定受托人及其工作人员的利害关系人作为受益人。”只有当受托人依据委托人的意愿和慈善信托文件目的选定了符合要求的受益人，并与之签订协议时，受益人才会最终确定。

在普通法系，慈善信托财产存在双重所有权，受托人享有普通法上的所有权，受益人享受衡平法上的所有权，根据衡平法优先原则，受益人权益受到损害时，可以通过诉讼，行使撤销权、追回权、损害赔偿权等多项权能。我国坚持“一物一权”原则，不承认双重所有权，因此创设了受益权理论。狭义的慈善信托受益权是指受益人分得慈善信托利益的权利，即收益权；广义的慈善信托受益权除此之外还包括基于当事人地位享有的其他权利，如知情权、撤销权、损害赔偿请求权等监督性和救济性的权利。根据《宪法》对相关权利的规定以及人权理论、社会保障理论的发展，以及信托法的相关理论，本书倾向于认同广义的慈善信托受益权。根据《慈善法》第51条关于法律适用的规定，《信托法》第44～49条部分适用于慈善信托，包括：①受益人可以放弃受益权，由于慈善信托面向不特定多数人，并不会因具体某个或某些受益人放弃受益权而终止。②受益人受到法律、行政法规或信托文件限制，其分得的信托利益不可用于清偿非慈善目的的债务，不可以转让、继承。③受益人有权了解信托财产的管理运用、处分及收支情况等；出现特殊情况，如受托人管理不当等，有权要求受托人调整管理方法、有权申请法院撤销不当处分行为、有权要求恢复信托财产原状或赔偿信托财产损失请求权。前两项属于消极权利，后一项属于积极权利。

(四)信托监察人的产生、权利和义务

信托监察人是公益信托、慈善信托特有的制度。慈善信托受益人监督受托人缺乏操作性,基于各种现实的原因,委托人对受托人也难以实施有效监督,因此,设置信托监察人,可以更好地对受托人的管理行为实施监督。我国《信托法》第64条规定了公益信托应当设置信托监察人,其产生由信托文件规定,信托文件未规定则由公益事业管理机构指定。2016年《慈善法》第49条第1款规定,信托监察人设置与否,由委托人根据需要确定,即慈善信托的委托人根据需要,可以确定信托监察人。换言之,慈善信托的信托监察人不是必须设置的。实践中,委托人为了节约监察费用支出,可以委托内部的员工或公司法务充当监察人角色,代为行使委托人的监督权利。

《慈善法》和《信托法》未对信托监察人的条件和范围作出具体限制,根据法理推断,具有完全民事行为能力的自然人、法人和非法人组织都应当可以成为信托监察人。两部法律在信托监察人的职责上的规定亦大致相同。信托监察人具有独特的法律地位,也享有广泛的监督职权,其职权范围涵盖委托人和受益人的监督权范围,包括对信托管理的知情权;出现特殊情况,如受托人管理不当等,有权要求受托人调整管理方法;有权以自己的名义提起诉讼,申请法院撤销不当处分行为;有权要求恢复信托财产原状或赔偿信托财产损失请求权;等等。另外,根据《信托法》第67条、第71条的规定,信托监察人还直接享有对每年至少一次的信托事务处理情况及财产状况报告的认可权、信托终止时对清算报告的认可权。

三、慈善信托财产

(一)慈善信托财产的确定性与合法性

慈善信托属于信托,信托是一种特殊的财产管理制度,其关键核心是信托财产。《慈善法》并未对慈善信托财产作出具体的规定,但根据《慈善法》第51条关于法律适用的规定,《信托法》第14条关于信托财产的规定,同样

适用于慈善信托。《信托法》第14条第1款、第2款规定，信托财产是受托人因承诺信托而取得的财产，此外，受托人因信托财产的管理运用、处分或者其他情形而取得的财产，也归入信托财产。

慈善信托财产的确定性和合法性是慈善信托设立的前提，也是慈善信托法律关系成立的必备条件。

第一，慈善信托财产必须是现存、确定、有价值、可转让的财产或财产权利，如资金、房产、股权、有价证券、知识产权等。《慈善信托管理办法》第18条第1款第6项规定，设立慈善信托的备案的书面材料包括信托财产交付的证明材料，即慈善信托财产不确定则无法交付，也即无法申请设立备案。

第二，慈善信托财产必须是委托人合法的财产，即积极的财产，而负担债务的财产不能作为信托财产，否则信托关系不稳定，不能达到慈善信托的目的，损害受益人权益。[1] 法律、行政法规禁止流通的财产，不得作为信托财产。法律、行政法规限制流通的财产，依法经有关主管部门批准后，可以作为信托财产。

（二）慈善信托财产的独立性

一旦设立慈善信托，慈善财产就具有独立性，信托的风险阻隔功能正是基于信托财产的独立性。慈善信托财产的独立性是指在慈善信托法律关系当中，慈善信托财产不完全属于任何一方当事人，既区别于委托人的其他财产，也区别于受托人的固有财产。主要体现为以下两个方面。

1. 慈善信托财产与委托人未设立信托的其他财产相区别。设立信托后，如果委托人出现债务问题，则已经独立出去的信托财产可不受影响，可免于冻结、免于偿债。

2. 慈善信托财产与属于受托人所有的财产相区别。信托财产与属于受托人的固有财产相区别，不得归入受托人的固有财产或者成为固有财产的

---

〔1〕 参见卞耀武主编：《中华人民共和国信托法释义》，法律出版社2002年版，第326页。

一部分。受托人死亡或者依法解散、被依法撤销、被宣告破产而终止,信托财产不属于其遗产或者清算财产。换言之,信托财产对受托人来说具有非继承性,在其死亡时不列为其遗产,在受托人破产时不得列为其清算财产。

第三节 慈善信托财产的管理和处分

一、受托人管理和处分慈善财产的原则

慈善信托法律关系中,受托人处于信托的核心位置,是极为重要的当事人,享有管理和处分慈善信托财产的权利。在英美等发达国家的慈善法、信托法体系中,在授予受托人相关权利时往往也要求受托人承担严格的义务,并且建立对受托人的监督体系。我国《信托法》《慈善法》制定了不少条款用以规制受托人管理、处分慈善财产的行为,但主要还是原则性的、概括性的规定,对于较为重要的受托人投资行为的规定仍缺乏具体性。

《慈善法》第49条规定,慈善信托受托人管理和处分信托财产时应遵守“恪尽职守,履行诚信、谨慎管理”的义务,由此强调慈善信托受托人应遵循的原则。《慈善信托管理办法》第24条重申了该条规定。《慈善法》第55条规定了“慈善组织”投资应遵循合法、安全、有效原则。《慈善信托管理办法》对适用范围进行了扩充,规定“慈善信托财产运用”应遵循合法、安全、有效原则;并且用“列举+兜底+例外”的方式规定了慈善信托财产投资的范围,但例外情形仅限于信托公司担任受托人情形。《信托法》第25条第1款规定了处理信托事务“为受益人的最大利益”原则,在慈善信托中,即慈善信托目的原则;第2款规定了管理信托财产应遵循诚实、信用、谨慎、有效管理原则。

(一)慈善目的原则

慈善目的是慈善信托的基本特征,是慈善信托区别于私益信托的首要特征,是慈善信托得以享受税收优惠等的原因所在。因此,受托人的一切行为,包括处理慈善信托事务和处分慈善信托财产,必须基于慈善目的,否则

就不能称之为慈善信托。在受益人的选定方面，受托人必须依照慈善信托文件的要求以及客观情况，“精准”确定具体的受益人，不得弄虚作假，不得指定或变相指定与其有利害关系的人作为受益人。在信托利益分配方面，应当基于慈善信托目的，将信托财产及其收益分配给受益人，不得将信托财产及其收益用于非慈善目的。

（二）诚信原则

我国《慈善法》第47条规定由委托人选择其信赖的慈善组织或者信托公司作为受托人。从国外看，美国《信托法重述》第348条认为慈善信托是关于财产的信义关系。可见，信托的本质特征中包含委托人对受托人的信任，该信任是信托关系得以建立的基石，慈善信托受托人行为时当然地应当遵循诚信原则。在慈善信托关系中，受托人不仅应当对委托人忠诚、守信，还应当对受益人、对社会公众忠诚、守信，严格依法办事，履行报告义务、信息公开义务，自觉接受利益相关方和政府、社会的监督。诚信原则是民法中的核心原则，在慈善信托关系中，是维系该法律关系的基石，也是维护受托人社会形象、品牌影响力的重要法则。诚信当然应当是受托人一切行为应遵守的基本原则、行为的底线。

（三）谨慎原则

《慈善法》《慈善信托管理办法》中“合法、安全、有效”的表述与《信托法》中“谨慎、有效”的表述意思相近，主要是指受托人在进行投资和管理时要尽到谨慎、善良管理人的注意义务，不能随意运用慈善信托财产进行投机性和高风险的投资行为。

英美法系对受托人的谨慎投资义务的要求经历法定名录规则、谨慎人规则和谨慎投资者规则三个主要阶段。法定名录规则是比较保守的投资要求，即除非信托文件明确授权，否则受托人只能对清单所列的投资产品进行投资，往往是一些安全性高的债务工具和政府证券等。谨慎人规则是指受托人应当出于善意，像一个谨慎人处理自己事务一样进行谨慎投资，包括投资之前进行调查、咨询专家意见以及考虑投资风险进行分散投资等。谨慎投资者规则侧重对受托人投资行为的考量,而非仅仅唯结果论。谨慎投资者规则的核心是现代投资组合理论,即不再停留在谨慎人规则对单个投资的关注,而是整体上看待整个投资组合,考量投资目标(包括增值保值,也包括慈善目的的增进)、风险管理、多样化的资产配置和投资策略等。[1]

谨慎投资义务在大陆法系表现为善良管理人的注意义务。是否符合善良管理人的标准主要是根据对受托人的过失的判断,抽象的轻过失就被认定为欠缺善良管理人的注意。大陆法系国家在具体的规则设计方面借鉴了许多英美法系的谨慎投资义务规则,如投资范围,严格限制向金融衍生工具进行投资,又如投资比例,应当进行分散(组合)投资、降低风险,又如投资行为,不得进行放贷、担保等。

《信托法》中体现谨慎原则的规则设计包括,第16条规定的信托财产独立性原则,第28条规定的进行类似"自己代理"或"双方代理"的交易的限制条件,第29条规定的分账管理原则,第30条规定的亲自管理原则。《慈善信托管理办法》第30条规定慈善信托财产运用的范围包括"银行存款、政府债券、中央银行票据、金融债券和货币市场基金等低风险资产",但是委托人和信托公司另有约定的除外;第32条禁止受托人及其管理人员利用关联关系损害慈善信托目的。

二、受托人的消极义务

受托人的消极义务包括不得谋私利;不得私分、挪用、截留或者侵占信托财产;原则上不得委托代理;原则上不得关联交易。关于受托人的义务条款主要体现在《信托法》中,《慈善法》未对受托人的义务进行过多规定,《慈善信托管理办法》的相关规定则是对《信托法》的重申和细化。

---

〔1〕 参见孙洁丽:《慈善信托法律问题研究》,法律出版社2019年版,第249页。

《信托法》第 26 条规定,除规定的报酬外,受托人不得利用信托财产为自己谋取利益,否则,其所得之利益归入信托财产。这是一项重要规则,是由受托人在信托关系中所处的特殊地位决定的。该消极义务规则的内容包括:第一,不得以其地位直接或者间接享有信托财产的收益;第二,不得为了自己的利益而以信托财产交易;第三,不得因信托财产交易而从交易对方那里获取私利。受托人违反该义务规则的法律后果是其所得之利益归入信托财产。《慈善法》第 27 条规定,禁止受托人将信托财产转为其固有财产。慈善信托财产和受托人固有财产虽然均是受托人直接控制的财产,但二者存在本质上的区别。慈善信托财产具有独立性,基于慈善信托目的而独立存在,受托人仅能在慈善信托目的范围内为了受益人利益而处分该慈善信托财产;而受托人固有财产是受托人可基于完全的财产所有权而依其意志自由支配、处分的财产。违反该义务的法律后果是恢复该慈善信托财产原状,造成损失的须承担赔偿责任。《慈善法》第 53 条第 2 款和《慈善信托管理办法》第 26 条第 2 款禁止任何组织和个人私分、挪用、截留或侵占慈善信托财产[1],慈善信托财产及其收益必须全部用于慈善目的。私分、挪用、截留或侵占慈善信托财产构成犯罪的,应当承担刑事责任。

《信托法》第 28 条第 1 款规定了两种限制交易的情况,《慈善信托管理办法》第 31 条近乎重申了该规定,即不得将其固有财产与慈善信托财产进行交易,或将不同慈善信托的信托财产进行相互交易。由于交易的当事人只有受托人一方,没有磋商和讨价还价,这种交易显然容易作弊,难以保证受托人会为受益人的最大利益以及出于慈善目的诚信、公平地管理和处分慈善信托财产。所谓交易,包括买卖、抵押、质押、留置、互换等方式。但该

[1] "私分"是指以集体名义将慈善信托财产及其收益分配给个人;"挪用"包括挪给本人使用,也包括挪给他人、出借给他人使用等行为;"截留"是指采取不入账或者少入账的方式留下慈善信托财产及其收益;"侵占"是指对通过契约、委托或其他方式进行管理的慈善信托财产及其收益占为己有的行为。

限制性规定也存在例外的情形，即信托文件事先作出明确约定或事后经委托人同意，可以进行上述关联交易，但都应当按公平的市场价格进行。所谓公平的市场价格是指无欺诈行为，参照市场上同类财产交易的价格条件，接近市场均价或在公开的市场上按同类财产交易的条件进行交易。此外，《慈善信托管理办法》第32条禁止受托人及其管理人员利用关联关系损害慈善信托利益和社会公利。

三、受托人的积极义务

（一）投资权和投资义务

投资，于受托人而言，具有权利和义务的双重属性。显然，投资权是受托人管理和处分慈善信托财产权利的内容之一。慈善信托的目的是要实现慈善信托财产的保值、增值，最终保障慈善目的的实现，而投资行为是实现慈善信托财产保值、增值的主要手段，因而，投资是受托人的重要义务。

目前我国关于慈善信托受托人投资权利和义务的规定尚不够明确。《信托法》仅作原则性的规定，《慈善信托管理办法》第30条规定慈善信托财产运用的范围限于低风险资产，但委托人和"信托公司"另有约定的除外。因此，信托公司担任慈善信托受托人时，主要可参照适用《证券投资基金法》《银行业监督管理法》《信托公司管理办法》《信托公司集合资金信托计划管理办法》《慈善组织保值增值投资活动管理暂行办法》等相关的法律法规的一些具体规则进行操作。

（二）分别记账和分别管理

《信托法》第29条规定，受托人必须对信托财产进行分别管理、分别记账。《慈善信托管理办法》吸收了该条规定。所谓分别管理，是指分别单独从事交易，有分别管理的目录、单立账户，不和别的财产混同。慈善信托财产是种类物的，分别存放、计数、记录，是特定物的，分别记录，是资金的，分别记账、单立账户。《慈善信托管理办法》第28条规定，资金信托应当委托商业银行作为保管人，并依法开立慈善信托资金专户；非资金信托可以委托第三方保管。该办法第20条第2款第6项亦规定，申请慈善信托备案需要提交慈善信托专用资金账户证明、商业银行资金保管协议，非资金信托除外。分别管理、分别记账，可以便于明确慈善信托受托人的责任，督促其诚信履职，便于查阅、监管，利于保障慈善信托目的的实现，这也是慈善信托财产独立性的必然要求。

（三）亲自处理

《信托法》第30条规定了受托人亲自处理信托事务规则，信托文件另有规定或者有不得已事由除外。《慈善信托管理办法》第29条重申了该规定，并规定因委托而向他人支付报酬的，在其信托报酬中列支。

信托关系本质上可以说是一种当事人之间的财产和事务的委托关系，信任是委托关系产生的前提条件，《慈善法》第47条也规定慈善信托的受托人由委托人选择其信赖的信托公司或者慈善组织担任。委托人对受托人的信任应当是建立在对受托人资质、专业能力、诚信品质、工作成绩等的了解的基础上的。因此，也就隐含了一个条件，即应当由受托人亲自处理慈善信托事务和管理处分该慈善信托财产。所谓自己处理，是指从制作信托文件、交割慈善信托财产、开立慈善信托资金专户、申请备案登记，以及从事与慈善信托财产有关的管理、投资、交易等均须受托人本人办理。例外的规定是信托文件另有规定或者有不得已的事由。“信托文件另有规定”表明，委托人和受托人提前预见了可能存在受托人不能或不宜自己处理信托事务的情况，并对此作出了规定，执行该规定符合双方的意志，法律并不禁止。“不得已事由”是信托法的专门法律术语，包括不可抗力和意外事件，也包括客观上比不可抗力、意外事件所造成的后果更小，但对受托人来说足以造成其无法亲自处理慈善信托事务的情形。无论基于何种理由、采取何种形式委托他人处理慈善信托事务，受托人都须对他人处理慈善信托事务的行为承担责任。

(四)申请备案登记、信息公开

《慈善法》第45条规定慈善信托的设立采用备案制,与《信托法》规定的公益信托设立许可制不同。《慈善法》第45条第1款规定,签订慈善信托文件之日起7日内,受托人须向其所在地的县级以上人民政府民政部门备案。《慈善信托管理办法》第16条进一步明确,信托公司担任受托人的,备案部门是其登记注册地设区市的民政部门;慈善组织担任受托人的,备案部门是准予其登记或予以认定的民政部门。该办法第17条还规定存在共同受托人情形的,委托人须确定一个承担主要受托管理责任的受托人履行备案职责。

信息公开对于慈善事业的发展具有非常重要的意义,信息公开有利于协调各方当事人固有的利益冲突,有助于保障委托人的权利和慈善意志的实现,有利于公众监督,从而促进慈善事业健康发展。《慈善法》设置专章对信息公开作了规定。对于受托人而言,根据《慈善法》第75条、第77条的规定,受托人是信息公开义务的主要责任主体,应当依法在规定的信息平台履行信息公开义务,保证信息公开的真实、完整、及时,并对信息的真实性负责。《慈善法》第49条第2款规定,慈善信托的受托人应当每年至少一次将信托事务处理情况及财务状况向办理其备案的民政部门报告,并向社会公开。根据《慈善法》第118条第3项、第5项的规定,受托人未按照规定将信托事务处理情况及财务状况向民政部门报告、未依法履行信息公开义务的,由县级以上人民政府民政部门责令限期改正,予以警告,并没收违法所得;对直接负责的主管人员和其他直接责任人员处2万元以上20万元以下罚款。

(五)清算义务、档案保管义务

根据《慈善法》第50条,《信托法》第58条、第71条的规定,慈善信托终止时,由受托人履行清算、报告、向社会公告的义务。《慈善信托管理办法》第42条明确受托人须在30日内向备案的民政部门作出处理慈善信托事务的清算报告。该办法第35条还规定了受托人对相关记录的妥善保存义务,保存期不少于15年。

第四节 慈善信托的变更和终止

一、慈善信托变更

（一）变更事项与立法调整

《慈善信托管理办法》第 38 条以“列举 + 兜底”方式规定了慈善信托可变更的事项，包括：①增加新的委托人；②增加信托财产；③变更受益人的范围及选定的程序和方法；④国务院民政部门和国务院银行业监督管理机构规定的其他情形。变更上述事项，只须符合“信托文件约定或者经原委托人同意”，即慈善信托相关事项的变更权不再局限于《信托法》规定的公益事业管理机构手中。

《信托法》第 68 条规定，公益信托受托人违反信托义务或无能力履行职责时，变更受托人的权力在公益事业管理机构。《慈善法》第 48 条规定，慈善信托受托人违反信托义务或难以履行职责的（如依法解散、丧失法定资格、被依法撤销、被依法宣告破产等），委托人有权变更受托人。立法上的调整体现了最大限度尊重委托人意愿，更有利于维护委托人的慈善意志，防止慈善信托因受托人而被迫夭折或陷入瘫痪状态，形成对受托人的有效制约。

此外，关于慈善信托受托人的退出机制的问题，《信托法》第 66 条规定，公益信托受托人辞任须经公益事业管理机构批准。而《慈善信托管理办法》第 39 条规定，慈善信托受托人不得自行辞任，例外情形是信托文件另有规定。这改变了《信托法》的规定，即对于受托人的退出权从公权力机构转移到了受托人、委托人手里，给予了当事人更大的自由，有利于提高其参与慈善信托的积极性。

（二）报告备案、信息公开

《慈善信托管理办法》第 19 条明确了变更部分事项时，受托人须在变更之日起 7 日内向原备案的民政部门申请备案，并且若当月发生两起及以上变更事项时,可简化,即次月 10 日前一并备案。慈善信托变更制度的完善无疑是解决了开放式慈善信托面临的重要问题。该法第 20 条重申了《慈善法》第 48 条的规定,变更受托人的,由新的受托人在变更之日起 7 日内,向原备案的民政部门重新备案;另外进一步明确,须提交的材料与设立备案大致相同,增加原受托人须出具慈善信托财产管理处分情况报告的要求。根据《慈善法》第 76 条第 2 项的规定,慈善信托备案事项均属于应当公开的信息,即上述变更信息均须及时向社会公开,根据该条规定,民政部门及相关部门应当及时向社会公开这些慈善信息。

二、慈善信托终止

(一)终止事由和报告、清算、信息公开义务

根据《信托法》第 53 条的规定,慈善信托终止的事由有约定和法定两种,包括信托文件规定的终止事由发生、其存续违反信托目的、信托目的已实现或无法实现、当事人协商同意、信托被撤销或被解除。《慈善信托管理办法》第 40 条重申了该规定。

慈善信托终止,受托人须履行清算、报告、信息公开义务。《信托法》第 70 条、第 71 条规定,公益信托终止的,受托人须在终止事由发生之日起 15 日内,将终止事由和日期报告公益事业管理机构;受托人作出的处理信托事务的清算报告,经监察人认可后报公益事业管理机构核准,并由受托人予以公告。《慈善信托管理办法》第 41 条、第 42 条继受该规定,但报告部门统一为备案的民政部门,增加对剩余信托财产处分方案和有关情况的报告;处理慈善信托事务的清算报告要求在 30 日内作出,若设置信托监察人,清算报告则应事先经监察人认可。

(二)剩余财产处理原则

根据《信托法》第 72 条和《慈善信托管理办法》第 43 条的规定,慈善信托终止时若无慈善信托财产权利归属人或者归属人是不特定社会公众,受

托人须经备案的民政部门批准,将慈善信托财产用于与原慈善目的相近似的目的,或转移给具有近似目的的其他慈善信托或慈善组织。《慈善法》第58条对慈善组织终止时的剩余捐赠财产的处理亦有类似的规定。上述规定体现的是慈善信托制度、慈善捐赠制度中的一个重要原则即"近似原则"的适用,旨在避免慈善财产返还到捐赠人手中或防止慈善信托财产进入非慈善领域,进而减少慈善财产的流失,维护慈善财产的稳定性。

第五节 慈善信托税收优惠及其他促进措施

一、慈善信托税收优惠

(一)慈善信托税收优惠的必要性

税收具有调节收入分配、实现社会公平的重要功能,慈善信托是慈善事业新兴的、重要的一部分,具有第三次分配的重要功能。对慈善信托给予应有的税收优惠,对促进慈善信托事业的健康发展,实现社会公平,建设文明和谐的社会主义社会具有重要的积极意义。慈善信托财产的独立性、管理的透明性和风险隔离功能使得其较其他的慈善财产管理机制具有更为明显的优势,其设立成本低、没有设立起始最低基金,更有利于吸收社会闲散资金进入慈善事业。

从税收功能的角度看,对慈善信托减免税收,应当是慈善信托当事人的正当权利,是国家的"优惠""恩赐"。税收是国家基于提供"社会公共物品"的需要和调控经济秩序、社会秩序的需要而创设的,税金也主要是运用在国防、公共设施建设、管理支出、调节财富分配等方面。虽然从运行过程的角度来看,慈善信托财产不能等同慈善捐赠的财产,但从功能作用的角度看,两者本质上都属于慈善财产,用于开展扶贫济困、扶老恤孤、社会救助、促进"科教文卫体"事业的发展、防治污染、保护生态环境等活动,即均用于社会福利供给,一定程度上履行了政府提供"社会公共物品"的职能。

（二）我国慈善信托税收优惠制度现状及建议

长期以来，慈善信托发展的最大瓶颈是税收优惠政策没有进行明确法律规定。不管是《信托法》还是2016年《慈善法》均未对税收优惠作出具体规定。相关规定散见于《个人所得税法》《公益性事业捐赠法》《企业所得税法》《个人所得税法实施条例》等税收法律、法规、规章中。

就2023年《慈善法》而言，第45条第2款仅规定了备案登记是享受税收优惠的前置条件；第86条强调的是慈善组织的收入可享受税收优惠；第92条强调的是国家在普遍性的慈善优惠之基础上建立分层次的慈善优惠政策体系，对开展扶贫济困、参与重大突发事件应对、参与重大国家战略的慈善活动，实行特殊的优惠政策；第87条、第89～91条是对慈善捐赠可享受税收优惠作出的规定。2023年《慈善法》为了弥补这一制度缺陷，增设第88条，首次对慈善信托税收优惠措施单独设置法律条款，指出“自然人、法人和非法人组织设立慈善信托开展慈善活动的，依法享受税收优惠”。但遗憾的是，该条文内容较为简单，虽然指出“依法享受税收优惠”，但这个“法”具体是什么法？“税收优惠”是哪些优惠？仍需要后续通过进一步制定具体的配套文件来予以明确。

为了避免慈善信托成为企业、个人逃避税收征管的手段，慈善信托受托人应当对其营利性收入和非营利性收入分别申报，以便税务部门知悉其慈善信托情况，另外，应当加强对税务发票和捐赠票据等票据的管理。目前，只有慈善组织在接受捐赠时才可以开具公益事业捐赠票据给捐赠人以抵扣税款，应当给予信托公司同样的开具此类票据的资格，并应明确，委托人转移财产设立慈善信托并约定该慈善信托永续或约定该慈善信托财产永远用于慈善目的，则不论受托人是信托公司还是慈善组织，委托人均有资格向受托人索要收据用以抵扣税款。此外，可参考其他国家慈善信托税收制度，当慈善信托经过民政部门认定具有慈善目的，就应当视为具有免税资格，慈善信托自身收益应免税。

二、其他促进措施

《慈善法》第 83 条第 2 款规定，县级以上人民政府有关部门应当在职责范围内向慈善信托受托人等提供慈善需求信息，指导和帮助慈善活动的开展。例如，促进“科教文卫体”等事业发展，防治污染和改善生态环境属于《慈善法》上的慈善活动，相应地，教育主管部门、科技部门、文化部门、卫生部门、体育管理部门、环保部门应当为慈善信托受托人提供慈善需求信息。慈善信托项目的有效开展，除了受托人以及受托人聘用的顾问等专业组织、专业人士，政府作为提供社会福利产品的第一责任人、管理人，有责任、也有能力为受托人提供精准的慈善需求信息，促进有限的慈善资源精准配置。

《慈善法》第 93 条规定，慈善组织开展扶贫、济困、扶老、救孤、恤病、助残、优抚需要慈善服务设施用地的，可依法申请使用国有划拨土地或农村集体建设用地。土地、房屋是开展扶贫济困、养老恤孤等慈善活动的基础，一些特别法律也有类似的支持措施规定，如《老年人权益保障法》第 40 条第 2 款规定非营利性养老服务设施用地可依法使用国有划拨土地或农民集体所有的土地。但值得注意的是，此处规定的是“慈善组织”开展上述活动可享受此支持措施，若信托公司作为受托人，在没有慈善组织参与慈善项目实施的情况下，或者慈善组织只是发挥辅助作用的情况下，开展上述慈善活动，能否得到上述用地支持？

《慈善法》第 94 条明确，国家为慈善事业提供金融政策支持，鼓励金融机构为慈善组织和慈善信托提供融资、结算等金融服务。在世界发达国家，为慈善事业发展提供金融政策支持较为常见，也日趋多样和成熟。融资系一个组织、企业筹集资金的行为和过程，于慈善组织和慈善信托而言，往往表现为公开募捐、定向募捐等财物募集活动。结算系指一定的经济行为引起的货币关系的计算和结清。《慈善信托管理办法》第 45 条专门针对信托公司开展慈善信托业务给予免计风险资本、免予认购信托业保障基金的优惠。

第六节 慈善信托的监管

一、民政部门和金融监督管理机构的专门机构监管

在私益信托中,受益人确定,受托人受着委托人和受益人的共同约束。与之相比,慈善信托关系中,受益人不特定,或者在执行具体项目时受益人为一定范围内的社会群体,让慈善信托的委托人和受益人对慈善信托进行有效监管并不现实,因此慈善信托需要一定的外部监督管理制度,来督促受托人忠实、勤勉地履行义务。《信托法》多个法条赋予了公益事业管理机构设立公益信托批准权、信托监察人指定权、受托人辞任批准权、受托人变更权、信托文件条款变更权、知情权和适用近似原则等权力。《慈善法》改变了部分《信托法》的规定,规定了委托人对一些事项的变更权,对监察人的选任权也由委托人行使,仅规定了民政部门接受慈善信托备案的权力,总的来说,《慈善法》主要是赋予民政部门知情权,体现了公权力机关逐步"放权"。"放权"的积极作用是可以激发当事人主观能动性、释放市场活力。

然而,目前我国法律对于慈善信托的监管尚缺乏系统的程序性规定、主体责任亦尚未明确。《慈善信托管理办法》在总则中规定对慈善信托实施监督管理的主体是银行业监督管理机构和民政部门;第 22 条规定"信托公司"新设慈善信托项目须按监管要求及时履行报告或产品登记义务;第 47 条规定银行业监督管理机构负责对信托公司的慈善信托业务和信托账户资金保管业务的监管,县级以上人民政府民政部门负责备案和相关监管工作;第 48 条强调须建立经常性监管协作机制;第 50 条规定可以联合或委托第三方机构对慈善信托规范管理、慈善目的实现、慈善信托财产运用效益等重要事项进行评估;第 51 条规定了可以监督管理谈话、重大事项要求作出说明的方式进行监管。这些规定仍显得较为原则性、概括性,且该办法属于部门规章,

法律效力层级较低。

总的来说,我国的慈善信托专门机构监管制度仍存在一些问题。第一,目前尚未从法律层面明确慈善信托的专门监管机构,《慈善信托管理办法》规定由银行业监督管理机构和民政部门对慈善信托实施监督管理。第二,统一的备案制度,是实现统一监管的前提,但是根据《慈善法》的规定,慈善信托向民政部门备案,并非强制程序,只是其享受税收优惠的前置程序;根据《慈善信托管理办法》也只有信托公司担任受托人,新设慈善信托项目方才按监管要求及时履行报告或产品登记义务。第三,监管部门的职权界限和义务并不十分清晰。民政部门、银行业监督管理机构以及相关的部门,是否拥有调查权、财物监督和审计权等问题并不明确,这些公权力部门对慈善信托运行的干预的限制性规定也属空白。

二、信托监察人制度

(一)慈善信托监察人制度的重要意义

信托监察人是公益信托、慈善信托中特有的制度。如上所述,公益信托、慈善信托的受益人是不特定的社会公众,让其直接行使受益人权利缺乏可操作性;委托人基于各种原因,无法对受托人实施有效监督;我国的专门机构监管制度尚不完善。因此,在慈善信托法律关系中,受托人对慈善信托财产享有很大的权利,其他当事人对受托人的约束较弱,法律关系处于失衡状态,而信托监察人可以为慈善信托受益人提供特殊的外部保护,即独立监督受托人的履职行为。

信托监察人的重要意义包括如下几个方面:第一,弥补慈善信托委托人监督的不足。慈善信托一旦设立,委托人将慈善信托财产转移给受托人,受托人就取得了自由处分、管理、运用该财产的权利,委托人就丧失了对该财产的控制权。如若委托人通过信托文件保留相关权利用以约束受托人,则过多的约束可能成为慈善信托高效运行的障碍。通过设置信托监察人,由其行使监察人监督权,可以弥补委托人监督的不足。第二,有效维护受益人的权益。由于慈善信托的受益人是不特定的社会公众,在慈善信托成立生效后的一段时期内,处于无受益人的状态,即受益权暂时无人行使,所以无法形成受益人对受托人的监督制约作用。又或者,即使受益人已经具体规定,由于慈善信托的受益人往往是社会的"弱势群体"且人数众多,缺乏必要的监督成本,例如诉讼成本,对其个体而言,也可能出现诉讼成本过高、收益太小的情况,使得其行使监督权的积极性不高。信托监察人制度可以有效解决"受益人监督缺位"的问题。第三,弥补专门机构监管制度的不足。根据《信托法》第六章可知,公益事业管理机构具有对公益信托的监督管理权,但"公益事业管理机构"具体是哪个或哪些部门,在公益信托中一直不明确;根据《慈善法》第 45 条的规定可知,向民政部门备案并非慈善信托设立的强制条件,且《慈善法》也未明确慈善信托的专门监管机构。由于我国慈善信托的国家机关专门监管主体及职权的不明晰,信托监察人可以起到一定的弥补作用。

(二)慈善信托监察人的产生和职责、权利

《信托法》第 64 条规定了公益信托监察人是强制设置的,若信托文件未设置监察人,则由公益事业管理机构指定。《慈善法》第 50 条改变了强制设置制度,规定可由委托人根据需要设置监察人,即可以不设置监察人。《慈善法》更加尊重委托人意思自治,减少行政干预。慈善信托财产规模大小不同、功能定位不同,一味地要求设置监察人,确有不妥。对于一些运行较为简单的小规模的慈善信托,或者委托人充分信任受托人,不设置监察人可以节省监察人费用,亦未尝不可。若一味要求设置监察人,可能一定范围内会影响到委托人设置慈善信托的积极性。

信托监察人的职责是监督受托人履职和向委托人报告、向法院提起诉讼等,职权主要是知情权和诉权。当然,监察人还应当具有报酬请求权、合理支出及损害赔偿请求权。《信托法》第 67 条和第 71 条分别规定受托人作出的信托事务处理情况及财产状况报告,以及公益信托终止时作出的处理信托事务的清算报告,须经信托监察人认可。对事务处理情况和财产状况的知情权,是监督权的重要内容,也是行使诉权等救济性权利的前提,应当认为,监察人除了被动地对报告进行审查、认可,还应当享有主动地查询慈善信托财产的状况、慈善项目进展等重要信息的权利。根据《信托法》和《慈善法》的相关规定可知,信托监察人有其独立的法律地位,可以以自己的名义提起诉讼或处理与慈善信托有关的事务。在慈善信托中,监察人并非慈善信托法律关系的当事人,与委托人、受益人亦非委托代理关系。从《信托法》第65条的"为维护受益人的利益"到《慈善法》第50条"依法维护委托人和受益人的权益",法律的变动体现了立法对委托人权益的承认和尊重,亦使得信托监察人功能更加全面。《慈善法》第50条还强制规定了信托监察人在发现受托人违反信托义务或难以履行职责时向委托人报告的职责。

三、域外慈善信托监管体制

相较于私益信托,各个国家和地区对慈善信托的监管更为严格。英国成立专门的慈善委员会对慈善信托进行全面监管;在美国,则由州总检察长负责监管;在日本、韩国等大陆法系国家,则由公益事业管理机构负责监管。

英国的慈善委员会最早规定在1601年《慈善用益法》中,在1853年《慈善信托法》中要求建立全国性的慈善委员会。此后,经过不断发展,慈善委员会的职权不断扩大,包括登记造册权。1960年《慈善法》颁布后,实现强制登记制度,只有特定条件下的慈善信托才可以豁免注册登记;调查权(知情权),即对财产状况、投资比例等进行调查,检查、复制相关档案和资料,向社会公开调查结果,保障信息真实、公开;财产监督权,即监管受托人行为及其对慈善财产的处理等,查阅受托人提交的年度报告;准司法权,即适用力求近似原则变更受托人或变更慈善信托的目的等。总的来说,慈善委员会既具有登记、审查慈善信托的行政职能,又具有一些准司法职能,是一个独立的政府机关,只对议会负责。慈善委员会行使职权时,须采用最为合适、尽量与其目标相适应、最为有效、最为经济的方式,遵循最优监管原则。[1]

美国的慈善信托监管主要是州总检察长监管和国税局监管。州总检察长的职权包括登记权、知情权、调查权和诉权。慈善信托受托人基于慈善目的接受财产须向州总检察长进行备案登记,若州总检察长发现受托人有不当行为,可以进行调查;调查结果认为受托人违法违规的,总检察长可以向法院起诉,追究受托人法律责任。国税局主要是对慈善信托的减免税情况进行监管,包括对慈善信托的公益性和慈善性进行认定,对滥用税收优惠、利用慈善信托规避税收的行为进行监管。

大陆法系国家和地区的慈善信托监管制度是借鉴英国的信托制度建立和发展起来的。在日本、韩国等大陆法系国家,主要以公益事业管理机构监管为主,信托监察人监督为辅。公益事业管理机构的监管权包括,慈善信托设立时的审批权,例如,日本对慈善目的的信托的设立均采用许可主义。我国2016年《慈善法》改用备案制,规定"设立慈善信托、确定受托人和监察人,应当采取书面形式。受托人应当在慈善信托文件签订之日起7日内,将相关文件向受托人所在地县级以上人民政府民政部门备案",如未履行备案义务,则应承担不享受税收优惠的法律后果。

[1] 参见孙洁丽:《慈善信托法律问题研究》,法律出版社2019年版,第249页。

第六章

慈善财产

第一节　慈善财产的范围

一、慈善财产界定

慈善财产是慈善组织正常运作和承担民事责任的物质基础，是开展慈善活动、实现慈善目的的物质保障。我国《慈善法》没有对何为慈善财产进行法律界定，但根据《慈善法》第52条的规定，慈善组织的财产属于慈善财产。然而慈善财产是否只包括慈善组织的财产？学界对此有诸多讨论，例如在2020年举办的"慈善法治圆桌汇"系列研讨会上，有不少学者认为"慈善财产"概念的定义可进一步完善，如中国社会科学院法学研究所副研究员邓丽认为，通常情况下，慈善财产包括慈善组织的财产和慈善信托的财产。此外，在特殊情况下，根据《公益事业捐赠法》第11条[1]的规定，"用于慈善的财产"也应该纳入慈善财产，例如重大灾情下政府接受的捐赠等。[2]

二、慈善财产的种类

根据《慈善法》第52条的规定，慈善组织的财产包括：发起人捐赠、资助的创始财产；募集的财产；其他合法财产。在前述的研讨会中，北京大学法学院副教授金锦萍认为，慈善法规定的种类相对比较简略。该条款只承认慈善组织财产包括创始财产、募集财产以及其他财产，忽略了至关重要的政府资金注入，或者来源于营利性活动的合法收入。关于实践中慈善财产种类上的新问题，北京市致诚律师事务所合伙人何国科表示，除货币财产外，

[1] 《公益事业捐赠法》第11条：在发生自然灾害时或者境外捐赠人要求县级以上人民政府及其部门作为受赠人时，县级以上人民政府及其部门可以接受捐赠，并依照本法的有关规定对捐赠财产进行管理。县级以上人民政府及其部门可以将受赠财产转交公益性社会团体或者公益性非营利的事业单位；也可以按照捐赠人的意愿分发或者兴办公益事业，但是不得以本机关为受益对象。

[2] 参见庄德通：《慈善财产的特殊规范》，载《民主与法制时报》2021年10月14日，第5版。

还有很多新型非货币财产,尤其新冠疫情期间,出现了许多技术捐赠、保单捐赠、服务捐赠等。例如,快递公司捐赠免费配送服务,医疗机构捐赠医疗服务,在线会议公司向慈善组织免除服务费等。这些新型非货币捐赠现象值得进一步探讨,包括慈善组织如何接受这些新型财产种类的捐赠,以及如何计算捐赠价值、如何计算其公益支出等。依据《慈善法》第 36 条第 1 款的规定,捐赠人可以将非货币财产捐赠给慈善组织,但如何将非货币财产纳入慈善财产种类,也需要进一步探讨。[1]

(一)发起人捐赠、资助的创始财产

发起人是指负责筹办设立慈善组织事务的人。创立慈善组织必须具备一定的财产要件,发起人捐赠、资助的财产,也就是通常所说的创始财产,是设立慈善财产组织的必要财产。创始财产可以源自发起人自愿无偿让渡财产的所有权的捐赠,也可以源自发起人的资助。社团型慈善组织需要一定的活动资金。我国《社会团体登记管理条例》第 10 条第 1 款第 5 项规定全国性的社团需 10 万元以上的活动资金,地方性和跨行政区域性的社团需要 3 万元以上的活动资金。基金会的设立也有原始基金要求,《基金会管理条例》第 8 条第 2 项规定,全国性公募基金会原始基金不低于 800 万元,地方性基金会的原始资金不低于 400 万元,非公募基金会的原始基金不低于 200 万元。慈善组织的创始财产包括发起人捐赠的财产和所接受资助的财产。发起人捐赠的财产,是慈善组织的主要原始财产。慈善组织成立之初,发起人必须首先捐出一部分财产,作为原始财产。发起人捐赠的财产,可以是货币、实物、房屋、有价证券、股权、知识产权等有形和无形财产,但必须是其有权处分的合法财产。资助的财产,通常为政府资助的财产,政府资助慈善组织的目的:一是基于慈善事业发展的需要;二是借助慈善组织承担一些政府无法完成的社会服务等方面的功能,政府运用财政资金向慈善组织提供

---

[1] 参见庄德通:《慈善财产的特殊规范》,载《民主与法制时报》2021 年 10 月 14 日,第 5 版。

援助。

(二)募集的财产

募集的财产,主要是指慈善组织成立后通过募捐的方式取得的财产。募集财产分为两种方式,一种是面向社会公众的公开募捐;另一种是面向特定对象的定向募捐。开展公开募捐,可以采取下列方式:一是在公共场所设置募捐箱;二是举办面向社会公众的义演、义赛、义卖、义拍、慈善晚会等;三是通过广播、电视、报刊、互联网等媒体发布募捐信息;四是其他公开募捐方式。开展定向募捐,应当在发起人、理事会成员和会员等特定对象的范围内进行。

(三)其他合法财产

慈善组织的财产除了原始财产,即发起人捐赠、资助的财产和募集的财产,还有其他财产来源,例如法律法规允许范围内的经营性收入,慈善型社团法人收取的会费等。

第二节　慈善财产的使用和管理

一、慈善财产的使用

慈善组织的财产主要来源于募捐或捐赠,慈善组织使用慈善财产的行为,实际上是慈善组织依据捐赠人的意愿履行捐赠协议的行为,因此,慈善组织使用财产要遵守更多的义务和责任,包括慈善组织使用财产应该遵守诚实信用原则,根据章程或捐赠协议的规定用于慈善目的等。

(一)慈善财产应当全部用于慈善目的

慈善组织的成立是为了开展慈善活动,其组织的宗旨是实现某种慈善目的。全部用于慈善目的,具体而言,即要求慈善组织将慈善财产以再次捐赠的方式,或者提供服务的方式,用于我国《慈善法》第 3 条规定的扶贫、济困,扶老、救孤、恤病、助残、优抚,救助自然灾害、事故灾难和公共卫生事件等突发事件造成的损害,以及促进教育、科学、文化、卫生、体育等事业的发展,环境保护等活动。所谓“全部用于”,并非百分百的慈善财产均需用于慈善目的,慈善组织为开展慈善活动的一些必要的开支以及慈善组织的一些管理费用,也是慈善财产的一部分,这些支出虽不是出于慈善目的,却是为慈善活动服务的,法律上应当允许,但其支出方式和数额应当符合法律法规的规定。

(二)慈善财产应当按照捐赠协议或募捐方案的规定使用

捐赠协议,本质为民法意义上的合同。合同的内容由捐赠人和慈善组织进行约定。慈善组织接受捐赠,捐赠人要求签订书面捐赠协议的,慈善组织应当与捐赠人签订书面捐赠协议。书面捐赠协议包括捐赠财产的用途等事项。

募捐包括公开募捐和定向募捐。募捐人开展募捐活动前,应当制定募捐方案,报当地人民政府民政部门备案,并在募捐人网站和当地人民政府民政部门网站公布。募捐方案应当包括募捐的目的、时间、地域、方式、募捐财产的使用计划和工作成本列支计划。募得款物用途主要是指慈善组织通过募捐活动所募得的收入具体用于哪些方面的慈善活动,或者用于资助哪些受益人。例如,募得款物的用途可以是助医或者助学,或者救助贫困儿童。

慈善财产是捐赠人基于慈善目的捐赠给慈善组织的,因此,慈善组织在使用捐赠财产时,应当按照捐赠协议的规定,符合捐赠人的意愿,不得违背捐赠人的意愿使用慈善财产。慈善组织确需变更捐赠协议规定的捐赠财产用途的,应当征得捐赠人同意。如果慈善组织违反捐赠协议规定的用途,滥用捐赠财产,捐赠人有权要求其改正;拒不改正的,捐赠人可以向民政部门投诉、举报或者向人民法院提起诉讼。这是法律对慈善组织规定的一项义务,慈善组织必须遵守。

二、慈善财产的管理

(一)建立项目管理制度,严格规范慈善财产管理

严格管理,对任何组织来说都是至关重要的。所谓严格管理,就是要按照既定的制度或标准要求认真仔细地加以管束或从严负责落实。慈善组织应当加强对慈善财产的管理,建立健全内部治理结构与规章制度。只有严格管理慈善财产,才能做到正确使用,保证慈善目的的实现。

依照《慈善法》第 54 条第 1 款的要求,慈善组织接受捐赠财产后,应当按照慈善财产的性质、种类等登记造册,并制作会计账簿。按照《会计法》和《民间非营利组织会计制度》的规定,慈善组织必须根据实际发生的经济业务事项进行会计核算,填制会计凭证,登记会计账簿,编制财务会计报告。对于现金资产,慈善组织应当按照有关规定建立健全现金收支管理的制度,应当按照实际收到的金额及时如实入账;对于非现金资产,如接受捐赠的短期投资、固定资产和无形资产等,要建立相应的管理制度,对非现金捐赠进行验收确认,按照国家有关规定依据有关凭据或公允价值入账。对于无法可靠计量公允价值的财产,如文物资产以及一些无形资产,应当单独登记,并在会计报表中注明。目的是便于对慈善财产实施规范化管理,也便于监管部门实施监督,同时便于捐赠人查询。慈善组织应当将组织的财产与捐赠人捐赠的财产严格区分,分别入账。

慈善财产的捐赠者对其所捐赠的财产不要求取得资本收益和资本回收,但有按预定用途使用的要求。所以慈善财产必须按规定的用途使用,不得用作他用。专款专用,是指对指定用途的资金,应按规定的用途使用,并单独反映。这条原则是事业单位会计特有的一条准则。慈善组织的财产来源多样化,捐赠主体较多,必须按照慈善财产取得时约定的不同用途使用,专款专用并专设账户;会计报表应单独反映其取得、使用情况,从而保证专用资金的使用效果。例如,所接受的捐赠是用于扶贫济困的,慈善组织必须

将这一捐赠用于扶贫济困,而不能用于促进文化、卫生、体育等事业的发展。实行专款专用,有利于保证慈善组织的慈善活动的顺利开展。

对于慈善财产的拍卖或者变卖,按照《慈善法》第54条第2款的规定,捐赠人捐赠的实物不易储存、运输或者难以直接用于慈善目的的,慈善组织可以依法拍卖或者变卖,所得收入扣除必要费用后,应当全部用于慈善目的。一般情况下,捐赠人捐赠的财产都是受益人所需或者可以直接使用的,但也有一些特殊情况,有些捐赠实物不易储存或者难以直接用于慈善目的。例如,某些捐赠食品属于保质期较短,不易储存、运输的;有些捐赠物,如化妆品或者字画等属于难以直接用于慈善目的,慈善组织可以将这些物品采取拍卖或者变卖的方式处理。为了捐赠财产能够有效使用,避免浪费,《慈善法》赋予了特殊情况下慈善组织享有的处置权,包括拍卖和变卖。拍卖,是以公开竞价的方式,将特定的物品或财产权利转让给最高应价者的买卖方式。拍卖的方式透明度较高,有专门的机构、特定的场所和完整的拍卖程序,可以避免"暗箱操作",保证捐赠财产卖得其价。变卖,是指以出卖物品的方式换取现金。这也是处理慈善财产的一种方式。对于拍卖或者变卖所得收入扣除必要费用后,如拍卖佣金等,应当全部用于慈善目的,不得挪作他用。

(二)慈善财产的投资

在慈善财产的使用方式上,不仅可以直接捐赠给受益者或基金会等慈善组织使用,也可以用慈善财产进行适当的投资,即通过慈善信托方式委托给专业性组织来更有效地使用慈善财产,发挥慈善效益。慈善组织投资,既关系到慈善目的的实现和慈善组织可持续发展,又涉及税收优惠和市场公平竞争,事关重大,须慎重对待。在慈善立法过程中,是否允许慈善组织投资经营一直是个颇有争议的问题。西方国家允许慈善组织通过投资来保值增值,如英国《慈善法》规定,慈善组织收入规模过大的,必须剥离一定资产成立基金会来进行投资;日本《公益社团法人及公益财团法人认定法》规定,慈善组织可以投资经营,对其经营业务分类实施税收减免优惠措施但投资经营不得妨碍公益目的的实现。我国公益事业捐赠法和《基金会管理条例》都规定,基金会应当按照合法、安全、有效的原则实现基金的保值、增值。实践中,我国基金会有采用传统的办法来保值、增值,如银行存款等,也有一些基金会开展了投资经营。《慈善法》根据我国慈善事业发展需要,第一次从法律上明确规定慈善组织可以投资,这对于壮大慈善组织、发展慈善事业具有重要意义。

根据2018年《慈善组织保值增值投资活动管理暂行办法》第4条的规定,慈善组织保值增值的投资活动主要包括下列情形:(1)直接购买银行、信托、证券、基金、期货、保险资产管理机构、金融资产投资公司等金融机构发行的资产管理产品;(2)通过发起设立、并购、参股等方式直接进行股权投资;(3)将财产委托给受金融监督管理部门监管的机构进行投资。在实践中则主要有以下几种情形:一是银行存款、购买国债等基本的保值行为;二是直接投资企业或房地产等主动的投资行为;三是委托金融机构进行股票、企业债券、基金等间接投资;四是企业向慈善组织捐赠股权、房产等,慈善组织因受赠股权房产等形成的被动投资;五是慈善组织利用自有资源直接开展一些经营行为获取利润,例如出租房产、变卖捐赠物资、提供有偿服务等。

允许慈善组织通过投资实现慈善财产的保值增值,可以使慈善组织不单纯依靠捐赠,拥有自我造血机能,从而更好地实现可持续发展,有利于慈善目的的实现。然而,慈善组织不是一般意义上的投资主体,不能因开展保值增值而影响慈善宗旨的实现,影响捐赠协议的履行,影响受益人和公众的利益。慈善组织的保值、增值活动必须符合慈善组织的本质属性,必须受到约束。故,《慈善法》对慈善组织的投资作了若干限制性规定,将慈善组织的投资经营与一般市场主体的投资经营行为区别开来。

1. 投资取得的收益应当全部用于慈善目的

为实现慈善财产保值、增值进行投资的,应当遵循合法、安全、有效的原则，慈善组织通过投资取得的收益，应当全部用于慈善目的，不得返还给捐赠人，也不得在内部成员中进行分配，不得挪作他用，否则，就违背了慈善宗旨。

2. 重大投资方案应当经决策机构组成人员三分之二以上同意

慈善组织从事投资性活动与其慈善属性存在紧密联系。投资就有风险，这种风险可能来自投资不当、也可能是一种系统性风险。如果慈善组织的投资出现失败，就会影响慈善组织宗旨的实现和社会公共利益，甚至会威胁慈善组织的生存。因此，对慈善组织的投资的法律规制需要在投资与公益之间作出平衡。一些国家如美国的法律通过“谨慎投资人标准”“投资管理的程序性要件”等对慈善组织的投资风险进行控制。对于慈善组织在实践中经常开展的短期理财行为，时效性较强，没有必要均经决策机构组成人员多数同意，我国《慈善法》仅要求慈善组织在进行重大投资方案决策时必须更加严格谨慎，即应当经决策机构组成人员 2/3 以上同意。需注意的是，所谓“决策机构”应依据不同类型的慈善组织来确定，如基金会的决策机构是理事会，而社会团体的决策机构则是会员大会。此外，重大投资方案的决定应当经决策机构组成人员而不是出席会议人员的 2/3 以上同意，区别于慈善组织一般事项决策的议事方式和表决程序。

3. 政府资助的财产和捐赠协议约定不得投资的财产，不得用于投资

政府资助的财产源于税收，并不依赖于慈善组织的投资活动，因此，政府资助的财产应该按照预算使用，不得用于投资。捐赠协议是捐赠人和慈善组织关于捐赠的合同，具有法律约束力，如果约定了不得投资的财产，就不得用于投资。这是尊重捐赠人权利和合同精神的体现。

4. 慈善组织负责人和工作人员不得在慈善组织投资的企业兼职或领取报酬

慈善组织负责人和工作人员可以依法获得劳动报酬和社会保险待遇。如果允许慈善组织负责人和工作人员在慈善组织投资的企业兼职或领取报酬，就可能导致利益输送，发生关联交易，可能会出现以牺牲慈善组织的利

益和社会公共利益为代价使慈善组织负责人和工作人员获益的情况。为确保慈善组织的公益性,维护慈善公信力,《慈善法》第55条第1款规定,慈善组织负责人和工作人员不得在慈善组织投资的企业兼职或者领取报酬。

5. 慈善组织应当合理建立止损机制

根据《慈善组织保值增值投资活动管理暂行办法》第13条的规定,慈善组织应当根据投资活动的风险水平以及所能承受的损失程度,合理建立止损机制。慈善组织可以建立风险准备金制度。

(三)慈善项目终止后剩余财产的处理

《慈善法》第58条规定,慈善项目终止后捐赠财产有剩余的,按照募捐方案或者捐赠协议处理;募捐方案未规定或者捐赠协议未约定的,慈善组织应当将剩余财产用于目的相同或者相近的其他慈善项目,并向社会公开。

慈善项目终止后捐赠财产有剩余的,这些剩余财产不能收为国有,也不能作为利润进行分配。慈善组织可以对剩余财产进行处置,但是,其处置权要依照以下规定来行使:

首先,要尊重当事人的意愿。募捐方案中一般会明确规定剩余财产的处理方式,捐赠人进行捐赠实际上等于是认可了募捐方案中有关剩余财产的处理办法。捐赠协议中明确剩余财产的处理办法的,应当按照协议来处理剩余财产。无论是按照募捐方案还是捐赠协议来处理剩余财产,都体现了充分尊重捐赠人意愿的立法精神。

其次,按照"近似原则"来处理,将剩余财产用于目的相同或者相近的其他慈善项目。在实践中存在慈善组织没有在募捐方案中明确剩余捐赠财产如何处理的情形,以及捐赠协议中没有约定慈善组织如何处理剩余财产的情况,那么对于剩余财产如何处理,需要法律予以明确。

慈善组织的募捐方案未规定或者捐赠协议未约定的,对于剩余捐赠财产的处理,国际上通行的做法是要遵循"近似原则",即应当将剩余财产用于与原慈善项目相同或者近似的其他慈善项目。有鉴于此,我国《慈善法》对于剩余财产处理的规定同样遵循“近似原则”。《慈善法》第58条规定：募捐方案未规定或者捐赠协议未约定的，慈善组织应当将剩余财产用于目的相同或者相近的其他慈善项目，并向社会公开。例如，横县地方税务局诉余某山募捐款权属纠纷抗诉案[1]，就是关于社会募捐剩余财产所有权归属的一个典型案例，该案历经一审、二审和再审，三次审判得出两种结果三种理由，可以看出对剩余捐赠财产的归属存在争议之处。最后的判决是认为捐款余额应转移给公益事业慈善机构或单位用于同类目的或类似事件，这种判决是具有借鉴意义的。需要提及的是，对于将剩余财产用于目的相同或者相近的其他慈善项目的，慈善组织必须向社会公开，接受主管部门和社会各方面的监督，以保证剩余财产的使用符合法律的规定。社会公众通过慈善组织公开的信息，发现慈善组织未将剩余财产用于有“近似”的其他慈善项目的，可以向民政部门、其他有关部门或者慈善行业组织投诉、举报。

受益人未按协议约定使用慈善财产怎么办

【典型案例】

北京市企业家环保基金会与银川青绿环境与可持续发展中心赠与合同纠纷——慈善组织有权解除协议并要求受益人返还财产

·基本案情

2017年11月17日，北京市企业家环保基金会（甲方）与银川青绿环境与可持续发展中心（乙方）签订《阿拉善SEE基金会资助协议书》，约定甲方向乙方资助170,437.5元用于“守卫母亲河”项目，同时乙方应提

[1] 黄龙：《从“爱心官司”看社会募捐的法律问题》，载中国法学网，http://iolaw.cssn.cn/lgxd/200508/t20050816_4596790.shtml。其一审判决驳回原告余某山的诉讼请求；二审法院判决撤销一审判决；由横县地方税务局支付余某生前所受捐款的余额143,049.72元给上诉人余某山；再审高院作出终审判决，撤销南宁地区中级人民法院民事判决；维持横县人民法院民事判决，即驳回原告余某山的诉讼请求。

交项目阶段性成果证明材料及项目活动过程等记录，并约定乙方未按约定使用款项、未及时推进所资助项目的，甲方有权终止协议、撤销赠与、要求返还全部赠与款项。同年12月22日，原告向被告转账82,500元。而后，北京市企业家环保基金会向银川青绿环境与可持续发展中心催要项目进展的相关报告，银川青绿环境与可持续发展中心拒绝提供。

·裁判要旨

本案中，原告作为依法成立的慈善组织，与被告签订的《阿拉善SEE基金会资助协议书》不违反法律、行政法规的强制性规定，合法有效。被告作为受益人，未按照协议约定履行义务，已构成根本违约，原告要求解除双方之间的协议并要求退还已资助款项的诉讼请求有事实和法律依据，法院予以支持。

·涉及法条

《慈善法》(2023年修正)

第六十条　慈善组织根据需要可以与受益人签订协议，明确双方权利义务，约定慈善财产的用途、数额和使用方式等内容。

受益人应当珍惜慈善资助，按照协议使用慈善财产。受益人未按照协议使用慈善财产或者有其他严重违反协议情形的，慈善组织有权要求其改正；受益人拒不改正的，慈善组织有权解除协议并要求受益人返还财产。

发放绩效奖金是否属于变相私分募捐到的慈善款项

【典型案例】

黄某与广东省卓如医疗救助基金会劳动合同纠纷一案民事一审——管理费用超过相关规定，属于变相私分募捐到的慈善款项

· 基本案情

2018年12月29日,卓如医疗救助基金会向黄某出具的《广东省卓如医疗救助基金会工作人员绩效奖金确认单》回执单载明:"黄某……于2018年1月1日~2018年8月31日,其间所做项目依据《卓如医疗慈善救助基金会2017年绩效考核激励机制办法》的计算绩效奖金为96,663.2元,在基金会有资金能力拨付2011~2018年项目医院当地善款的情况下,将会按比例、分批次按照合规方式,凭此单据原件予以发放。"而后被告无法向工作人员支付绩效奖金。黄某离职后申请劳动仲裁并提起诉讼。

· 裁判要旨

本案中,管理费用远超募捐款项的10%。如此一来,向包括原告在内的工作人员发放绩效奖金相当于变相私分募捐到的慈善款项,明显违反法律规定。

· 涉及法条

《慈善法》(2023年修正)

第五十三条　慈善组织的财产应当根据章程和捐赠协议的规定全部用于慈善目的,不得在发起人、捐赠人以及慈善组织成员中分配。

任何组织和个人不得私分、挪用、截留或者侵占慈善财产。

《关于慈善组织开展慈善活动年度支出和管理费用的规定》

第七条第一款　慈善组织中具有公开募捐资格的基金会年度慈善活动支出不得低于上年总收入的百分之七十;年度管理费用不得高于当年总支出的百分之十。

慈善组织能否投资

【典型案例】

鄂尔多斯市东胜某基金会、鄂尔多斯市某建筑有限责任公司民间借贷纠纷——允许慈善组织对财产进行保值增值

·基本案情

2015年5月15日，鄂尔多斯市东胜某基金会与鄂尔多斯市某建筑有限责任公司签订了《借款合同》，约定鄂尔多斯市某建筑有限责任公司向鄂尔多斯市东胜某基金会借款100万元人民币，借款期限为2015年5月15日至2016年5月14日，借款年利率为10%，并约定如不能按期偿还借款，鄂尔多斯市某建筑有限责任公司还需承担借款总额的20%的违约责任。鄂尔多斯市东胜区亿天中达装饰工程有限公司为该笔借款提供担保。

·裁判要旨

依约成立的合同对双方均具有约束力，案涉《借款合同》是原被告真实一致的意思表示，虽然鄂尔多斯市东胜某基金会出借资金的行为已经超越其经营范围，但是《慈善法》第55条第1款规定，慈善组织为实现财产保值增值进行投资的，应当遵循合法、安全、有效的原则，投资取得的收益应当全部用于慈善目的。慈善法允许慈善组织对财产进行保值、增值，从而更好地实现可持续发展，有利于慈善目的的实现。故鄂尔多斯市东胜某基金会出借资金的行为不违反国家关于限制经营、特许经营及禁止经营的规定，法院认定案涉《借款合同》系有效协议。

·涉及法条

《慈善法》(2023年修正)

第五十五条　慈善组织为实现财产保值、增值进行投资的，应当遵循合法、安全、有效的原则，投资取得的收益应当全部用于慈善目的。

慈善组织的重大投资方案应当经决策机构组成人员三分之二以上同意。政府资助的财产和捐赠协议约定不得投资的财产,不得用于投资。慈善组织的负责人和工作人员不得在慈善组织投资的企业兼职或者领取报酬。

前款规定事项的具体办法,由国务院民政部门制定。

第三节　慈善财产的监管

一、慈善财产监管模式

有学者将慈善财产的监管模式分为主观主义模式与客观主义模式。所谓主观主义模式即对慈善活动年度支出只进行原则性限定,如要求高效使用慈善财产、合理地控制管理成本,并确保财务报告的可靠性。至于是否符合财务标准,则取决于监管机关的个案调查,故而主观主义模式主要存在于慈善事业起步较早的西方发达国家。比如在德国,对慈善支出"合理性"的判断主要从四方面着手:(1)是否在有限的时间段(两年)内使用其资金;(2)是否依照与捐赠者的合约使用资金;(3)是否将为自身牟利作为首要目标;(4)是否向慈善组织内部成员支付了畸高的报酬。所谓客观主义模式即法律对慈善财产的支出比例进行强制性规定,以保证资金有效运用于慈善。慈善事业起步较晚的国家通常采取此种模式。[1]

我国对慈善财产的监管模式,是对慈善组织的年度支出和管理费用进行比例限制规定,属于客观主义模式。我国《慈善法》第 61 条第 1 款规定,慈善组织中具有公开募捐资格的基金会开展慈善活动的年度支出,不得低

---

〔1〕 参见高一飞、徐亚文:《慈善财产监管中的比例限制规则及其完善》,载《河南财经政法大学学报》2017 年第 3 期。

于上一年总收入的70%或者前三年收入平均数额的70%。《公益事业捐赠法》第17条第1款规定,基金会每年用于资助公益事业的资金数额,不得低于国家规定的比例。《基金会管理条例》第29条第1款规定,公募基金会每年用于从事章程规定的公益事业支出,不得低于上一年总收入的70%;非公募基金会每年用于从事章程规定的公益事业支出,不得低于上一年基金余额的8%。《慈善法》通过对慈善组织设定支出标准,防止善款沉淀,进而激励慈善组织及时高效使用慈善财产。

与此同时,《慈善法》第61条第1款限制了管理费用在总支出中所占的比例,要求年度管理费用不得超过当年总支出的百分之十;特殊情况下,年度支出和管理费用难以符合前述规定的,应当报告办理其登记的民政部门并向社会公开说明情况。《基金会管理条例》第29条第2款规定,基金会工作人员工资福利和行政办公支出不得超过当年总支出的10%。如果慈善组织将大量的财产用于办公支出和人员经费开支,必然影响其对慈善活动的投入,并可能导致社会公众对慈善组织的公信力产生怀疑,从而影响慈善事业的可持续发展。所以有必要对慈善组织财产管理费用作出相应的规定。根据2016年《关于慈善组织开展慈善活动年度支出和管理费用的规定》第5条的规定,慈善组织的管理费用是指慈善组织按照《民间非营利组织会计制度》的规定,为保证本组织正常运转所发生的下列费用:(1)理事会等决策机构的工作经费;(2)行政管理人员的工资、奖金、住房公积金、住房补贴、社会保障费;(3)办公费、水电费、邮电费、物业管理费、差旅费、折旧费、修理费、租赁费、无形资产摊销费、资产盘亏损失、资产减值损失、因预计负债所产生的损失、聘请中介机构费等。该规定第7条、第8条、第9条对具有公开募捐资格的基金会、具有公开募捐资格的社会团体和社会服务机构、不具有公开募捐资格的基金会、不具有公开募捐资格的社会团体和社会服务机构分别进行了不同的标准规定,并依据净资产数额,对非公募慈善组织进行了分层限定(见表6-1)。该规定第11条还规定,慈善组织的年度管理费用低于20万元人民币的,不受该规定第7条、第8条、第9条规定的年度管理费用比例的限制。上述规定使得不同类型的慈善组织灵活使用慈善财产、规划管理费用有了法律依据。

表6-1 慈善组织年度支出和管理费用标准

慈善组织性质		年度慈善活动支出标准		年度管理费用标准	
		计算规则	比例数值	计算规则	比例数值
公募基金会		年度慈善活动支出/上年总收入	≥70%	年度管理费用/当年总支出	≤10%
其他公募社会组织		年度慈善活动支出/上年总收入	≥70%	年度管理费用/当年总支出	≤13%
私募基金会	Ⅰ:上年末净资产≥6000万元	年度慈善活动支出/上年末净资产	≥6%	年度管理费用/当年总支出	≤12%
私募基金会	Ⅱ:800万元≤上年末净资产<6000万元	年度慈善活动支出/上年末净资产	≥6%	年度管理费用/当年总支出	≤13%
私募基金会	Ⅲ:400万元≤上年末净资产<800万元	年度慈善活动支出/上年末净资产	≥7%	年度管理费用/当年总支出	≤15%
私募基金会	Ⅳ:上年末净资产<400万元	年度慈善活动支出/上年末净资产	≥8%	年度管理费用/当年总支出	≤20%
其他私募社会组织	Ⅰ:上年末净资产≥1000万元	年度慈善活动支出/上年末净资产	≥6%	年度管理费用/当年总支出	≤13%
其他私募社会组织	Ⅱ:500万元≤上年末净资产<1000万元	年度慈善活动支出/上年末净资产	≥7%	年度管理费用/当年总支出	≤14%
其他私募社会组织	Ⅲ:100万元≤上年末净资产<500万元	年度慈善活动支出/上年末净资产	≥8%	年度管理费用/当年总支出	≤15%
其他私募社会组织	Ⅳ:上年末净资产<100万元	(1)年度慈善活动支出/上年末净资产 (2)年度慈善活动支出/上年总收入	(1)≥8% (2)≥50%	年度管理费用/当年总支出	≤20%

二、慈善财产监管方式

(一)年检与年度报告

年检制度是对社会组织依法管理的一种传统监管方法,所谓年检,即民政部门作为慈善组织的登记管理机关依法按年度对慈善组织遵守法律、法规、规章和章程开展活动情况实施监督管理。慈善组织的年检制度在《社会团体登记管理条例》《民办非企业单位登记管理暂行条例》《基金会管理条例》《基金会年度检查办法》《民办非企业单位年度检查办法》等法规规章中有相应的规定。[1] 但由于年检制度自身的缺陷所在,实践中,国内一些地方的商业登记制度已经取消了年检制度,实行年度报告公示制。

《慈善法》中没有规定慈善组织的年检制度,而是规定了年度报告制度[2],即慈善组织应当每年向其登记的民政部门报送年度报告,为登记管理机关了解、监督慈善组织提供基础信息,这是慈善组织的法定义务。慈善组织的年度工作报告和财务会计报告属于慈善组织信息公开的内容,应当每年向社会公开。具有公开募捐资格的慈善组织的财务会计报告须经审计。慈善组织未依法报送年度工作报告,包括未在限期内完成年度报告、财务会计报告的报送和在报告中隐瞒真实情况、弄虚作假的,由民政部门予以警告、责令限期改正;逾期不改正的,责令限期停止活动并进行整改。[3]

(二)会计监督、审计监督和税务监督

《慈善法》[4]、《公益事业捐赠法》[5]、《基金会管理条例》[6]中都规定

---

[1] 参见陈为雷、毕宪顺:《中外慈善事业比较研究》,中国政法大学出版社 2019 年版,第 240 ~ 241 页。

[2] 《慈善法》第 13 条规定:"慈善组织应当每年向办理其登记的民政部门报送年度工作报告和财务会计报告。报告应当包括年度开展募捐和接受捐赠、慈善财产的管理使用、慈善项目实施、募捐成本、慈善组织工作人员工资福利以及与境外组织或者个人开展合作等情况。"

[3] 参见郑功成主编:《〈中华人民共和国慈善法〉解读与应用》,人民出版社 2016 年版,第 64 ~ 65 页。

[4] 《慈善法》第 12 条第 2 款规定:"慈善组织应当执行国家统一的会计制度,依法进行会计核算,建立健全会计监督制度,并接受政府有关部门的监督管理。"第 78 条第 2 款规定:"慈善组织应当每年向社会公开其年度工作报告和财务会计报告。具有公开募捐资格的慈善组织的财务会计报告须经审计。"第 110 条第 1 款第 8 项规定,慈善组织未依法报送年度工作报告、财务会计报告或者报备募捐方案的,由县级以上人民政府民政部门予以警告、责令限期改正;逾期不改正的,责令限期停止活动并进行整改。

[5] 《公益事业捐赠法》第 19 条规定:"受赠人应当依照国家有关规定,建立健全财务会计制度和受赠财产的使用制度,加强对受赠财产的管理。"第 20 条第 1 款规定:"受赠人每年度应当向政府有关部门报告受赠财产的使用、管理情况,接受监督。必要时,政府有关部门可以对其财务进行审计。"

[6] 《基金会管理条例》第 37 条规定:"基金会应当接受税务、会计主管部门依法实施的税务监督和会计监督。基金会在换届和更换法定代表人之前,应当进行财务审计。"

了会计监督、审计监督和税务监督。《慈善法》第12条第2款规定，慈善组织应当执行国家统一的会计制度，依法进行会计核算，建立健全会计监督制度，并接受政府有关部门的监督管理。一般来说，财务会计监督包括以下几个方面的内容：(1)是否有稳定的经费来源和独立的银行账户；(2)是否遵守国家有关财务管理规定，制度健全，有专职或兼职会计人员；(3)会计与出纳是否互相兼任；(4)经费来源是否合法、支出是否合理、有无违法违纪行为；(5)慈善组织会费收支和票据使用情况。对慈善组织的财务审查主要根据经费来源加以区分：属于会费收入的，应向会员大会或会员代表大会公布；属于接受捐赠的，符合章程规定的宗旨和业务范围，必须根据与捐赠人、资助人约定的期限、方式和合法用途使用，并向业务主管单位报告接受、使用捐赠、资助的有关情况，并应当将有关情况以适当方式向社会公布；属于有偿服务收入的，应使用税务部门的票据，同时接受税务部门、业务主管部门的监督。

政府审计是慈善组织财务监督的重要方式。2016年《审计法》第24条第2款规定："审计机关对政府部门管理的和其他单位受政府委托管理的社会保险基金、全国社会保障基金、社会捐赠资金以及其他公共资金的财务收支，进行审计监督。"2010年修订的《审计法实施条例》第21条对社会捐赠资金作出了界定，审计法所称社会捐赠资金，包括来源于境内外的货币、有价证券和实物等各种形式的捐赠。

税务监督是国家税务机关对慈善组织的经济收入纳税情况进行检查，确保国家税收的正常收取。慈善组织的经济收入包括两个部分：一是会费、服务性收入和政府资助，二是经营性收入。根据国家法律规定，会费、服务性收入和政府资助享受免税待遇，而经营性收入必须纳税。《公益事业捐赠法》第24~26条分别规定了公司和其他企业、自然人和个体工商户以及境外向公益性社会团体和公益性非营利的事业单位捐赠财产用于公益事业享受税收方面的优惠。《企业所得税法》[1]和《个人所得税法》[2]有专门针对公益捐赠的纳税规定。《慈善法》第116条规定:“慈善组织弄虚作假骗取税收优惠的,由税务机关依法查处;情节严重的,由县级以上人民政府民政部门吊销登记证书并予以公告。”慈善组织对于应当享受税收优惠部分的财产收入应当积极申报税收优惠,对于应当纳税部分的财产收入也应当积极申报纳税,不可弄虚作假骗取税收优惠。税务机关会根据国家相关法律法规的规定,对慈善组织经济收入的纳税情况进行检查,查处偷税、漏税违法行为,以保证国家税收制度的严肃性和权威性。

(三)第三方机构监督

媒体舆论监督以及公众投诉和举报一直被作为慈善组织社会监督的主要方式,但是两者较难实现监督的常态化和社会监督的预防性功能。对此,第三方机构的监督逐渐受到重视。《慈善法》第106条第2款规定:“县级以上人民政府民政部门应当建立慈善组织评估制度,鼓励和支持第三方机构对慈善组织的内部治理、财务状况、项目开展情况以及信息公开等进行评估,并向社会公布评估结果。”这从法律层面上确立了第三方机构对慈善组织的评估监督制度。根据民政部颁布的《社会组织评估管理办法》第3条的规定,社会组织评估是指各级人民政府民政部门为依法实施社会组织监督管理职责,促进社会组织健康发展,依照规范的方法和程序,由评估机构根据评估标准,对社会组织进行客观、全面的评估,并作出评估等级结论。

在实践中,广州等地通过探索设立第三方慈善组织社会监督机构,为社会监督机制的完善提供了实践经验。广州市在2013年成立了“慈善组织社

---

[1] 《企业所得税法》第9条规定:“企业发生的公益性捐赠支出,在年度利润总额12%以内的部分,准予在计算应纳税所得额时扣除;超过年度利润总额12%的部分,准予结转以后三年内在计算应纳税所得额时扣除。”

[2] 《个人所得税法》第6条第2款规定,个人将其所得对教育、扶贫、济困等公益慈善事业进行捐赠,捐赠额未超过纳税人申报的应纳税所得额百分之三十的部分,可以从其应纳税所得额中扣除;国务院规定对公益慈善事业捐赠实行全额税前扣除的,从其规定。

会监督委员会”,并登记注册为社会团体法人。委员由人大代表、政协委员、媒体代表、专家学者和会计师组成,均由非公职人员担任。委员自愿参与、义务履职,不领取任何工作报酬,主要职能是对广州各类社会组织的慈善募捐活动、资金使用管理情况等进行常态化监督,并定期向社会发布独立监督报告。该委员会已取得了良好效果。[1]

应当明确的是,与官方监管相对的第三方监管在未来将占据更加重要的地位,尽管第三方监管不具有强制力,但却为“社会公众提供了进行社会选择的专业化信息”[2],由此不仅将节省行政资源,构成对官方慈善财产监管的有效补充,也势必提升慈善行业的自治程度与慈善财产的透明程度,形成多元共治的良性发展格局。同时,与此紧密相关的一个问题则在于慈善的市场化与去行政化运转,只有在充分竞争的条件下,慈善组织才会不止于满足官方的底线性标准,而是更加高效率地运作慈善财产,以吸引更多的慈善资金进入。

【热点链接】

“守护花蕾计划”遭质疑

“守护花蕾计划”是致力于解决农村留守女童性教育认知缺失、生理健康知识薄弱与防性侵意识不足三大难题的公益项目,该项目执行机构为广州市白云区天天有益青少年服务中心,但因其不具备公开募捐资格,“守护花蕾计划”的募捐款项由浙江省爱心事业基金会进行管理。2024 年 5 月,有网友爆料网红张某文利用公益活动“守护花蕾计划”诈捐敛财,该公益项目捐赠的实体物资价值与实际成本存在差距。引起网友关注。

---

〔1〕 参见胡小军:《〈慈善法〉实施后慈善组织监管机制构建的挑战与因应》,载《学术探索》2018 年第 4 期。

〔2〕 卢玮静等:《基金会评估:理论体系与实践》,社会科学文献出版社 2014 年版,第 9 页。

问题 1:未在“慈善中国”及时更新募捐情况,可能涉嫌违法。

截至 2024 年 5 月 8 日,公开的募捐收入总计金额和互联网募捐金额均为 0 元。《慈善法》第 79 条第 1 款规定,具有公开募捐资格的慈善组织应当定期向社会公开其募捐情况和慈善项目实施情况。

问题 2:在不同平台的目标筹款总额超出项目总预算 259 万元,实际筹款数额超出 12 万元。

截至 2024 年 5 月 8 日,该公益项目在腾讯公益平台已经募捐善款 1,273,363.52 元,在字节跳动公益平台募捐善款 18,360,099.36 元,在微公益平台募捐善款 4,251,775.41 元。“守护花蕾计划”已经在上述 3 个平台筹到善款共计 23,885,238.29 元,超出项目总预算(23,760,000 元)125,238.29 元。

问题 3:被质疑 99 元礼包实际价值 50 多元,45 元被用于机构运营。

捐赠的实体物资价值与实际成本存在差距。负责人证实了孩子实体礼物价值 50 多元,剩下 40 多元包括教师性教育授课补贴、项目执行差旅费、礼包物流费、官方批准收取的 9.9 元慈善管理费等。可能违反慈善组织管理费用的相关规定。

问题 4:捐赠的实体物资价值与实际成本存在差距。

花蕾礼包费用明细显示,“儿童沐浴液 1L 装”单价为 14 元/瓶,而发票所显示沐浴液单价为 5.48 元/瓶。字节跳动公益平台第三次财务反馈中有相关说明:“由于采购需求量大,边际成本递减,且跟商家达成长期合作意向,商家愿意提供公益价支持项目发展,因此本期采购价格约为 5.49 元/瓶。后续可能受市场供求关系及项目迭代可能需更换同类性价比更高的竞品等因素影响,价格还可能存在波动,但项目若有结余费用,均将用于【关爱女童守护花蕾】公益项目。”后续该项目财务反馈尚未说明采购沐浴液多出的费用数额是多少,以及多出的费用将具体用于“守护花蕾计划”哪个部分。

目前该项目已被字节跳动公益平台、支付宝公益平台、微公益平台和腾讯公益平台下架。

基金会的财产是否能够外借

【典型案例一】

邓某山与东安县教育基金会、唐某兰民间借贷纠纷——借款违反强制性规定无效，应当予以返还

· 基本案情

2013 年 1 月 30 日，邓某山向东安县教育基金会申请借款 250,000 元，并填写东安县教育基金会贷款审批表。东安县教育基金会根据审批表与邓某山签订《借贷合同》，约定：邓某山借款 250,000 元用于投资，借款期限为 12 个月，从 2013 年 1 月 31 日起至 2014 年 1 月 31 日止。2013 年 1 月 31 日，东安县教育基金会将借款 250,000 元汇入邓某山银行账户中。同日，邓某山向东安县教育基金会出具借条，约定借款 250,000 元，按月息 1.5%，按季付息，到期还本，借期一年。2013 年 6 月 21 日至 2017 年 1 月 17 日，邓某山按约定向东安县教育基金会支付利息共计 128,615 元。后经催收未果，东安县教育基金会诉至法院。

· 裁判要旨

东安县教育基金会借款给邓某山，违反了法律、行政法规的强制性规定，双方签订的借款合同无效，因该合同取得的财产，应当予以返还。

【典型案例二】

甘肃兰海助学基金会、王某中借款合同纠纷——不属于限制性规定，不违反法律、行政法规的规定，属有效协议

· 基本案情

2014 年 10 月 16 日，兰海基金会（出借人）与吕某虹（借款人）、科达公司（担保人）、王某中（担保人）签订借款协议，约定吕某虹向兰海基金会借款 300 万元，用于支付工程款，不得挪作他用、不得用借款进行违法

活动；借款期限为1个月，即自2014年10月16日起至2014年11月15日止；借款利息约定为每月2%，自兰海基金会实际支付给借款人借款之日起计算。

· **裁判要旨**

一审：兰海基金会将其资金出借给个人，其行为违反了《基金会管理条例》第27条第1款规定及2016年《慈善法》第52条第2款的规定，兰海基金会与吕某虹、科达公司、王某中签订的借款协议违反法律、行政法规的规定，应认定该协议无效。

（二审纠正一审）

二审：我国慈善法允许慈善组织对财产进行保值增值，尤其是投资，可以使慈善机构不单纯依靠捐赠，有了自我造血机能，从而更好地实现可持续发展，有利于慈善目的的实现。该案兰海基金会作为基金会法人与吕某虹、科达公司和王某中签订借款协议，该行为虽超出经营范围，但不违反国家关于限制经营、特许经营及禁止经营的规定，兰海基金会对其管理的财产在合法范围内所进行的保值、增值等投资行为明确为上述慈善法所允许，亦不违反慈善法的立法目的；本案300万元借款用于工程建设，并无证据证明案涉借款用于违法犯罪活动，故法院认为，兰海基金会与吕某虹、科达公司和王某中签订的借款协议系当事人的真实意思表示，不违反法律、行政法规的规定，属有效协议，法院予以确认。

· **涉及法条**

《慈善法》（2023年修正）

第五十三条　慈善组织的财产应当根据章程和捐赠协议的规定全部用于慈善目的，不得在发起人、捐赠人以及慈善组织成员中分配。

任何组织和个人不得私分、挪用、截留或者侵占慈善财产。

第五十五条　慈善组织为实现财产保值、增值进行投资的，应当遵循合法、安全、有效的原则，投资取得的收益应当全部用于慈善目的。慈善组织的重大投资方案应当经决策机构组成人员三分之二以上同意。政府资助的财产和捐赠协议约定不得投资的财产，不得用于投资。慈善组织的负责人和工作人员不得在慈善组织投资的企业兼职或者领取报酬。

前款规定事项的具体办法，由国务院民政部门制定。

《基金会管理条例》

第二十七条第一款　基金会的财产及其他收入受法律保护，任何单位和个人不得私分、侵占、挪用。

民政部《关于规范基金会行为的若干规定（试行）》

二、基金会的交易、合作及保值增值

……

（五）基金会不得向个人、企业直接提供与公益活动无关的借款。

……

第七章

慈善服务

第一节 慈善服务的概述

一、慈善服务概念

慈善事业的本质是通过社会化的方式为有需要者提供相应的援助,除款物接济外,慈善服务也构成了十分重要的内容。《慈善法》出台后,对慈善服务进行单独设章,也是《慈善法》的亮点之一。根据《慈善法》第62条的规定,所谓慈善服务,是指慈善组织和其他组织以及个人基于慈善目的,向社会或者他人提供的志愿无偿服务以及其他非营利服务。慈善服务作为一种重要的慈善活动,具有明显的公益性特征。按照《慈善法》第62条的规定,慈善服务的提供对象是"社会或者他人",也就是说,慈善法意义上的慈善服务,不以特定私人利益作为服务目的,不得兼顾私利。对于慈善组织而言,慈善服务是指慈善组织募集慈善资源后使用慈善资源服务于社会或受益人的活动。对其他组织和个人而言,慈善服务是指某个组织或个人直接利用自身的资源或时间、智力、体力、技能等,服务于社会或受益人的活动。因此,慈善服务的范围非常广泛,具体包括以扶老、助残、恤幼、济困、救灾等形式对困难群体和个人的帮助,以及对教育、科学、文化、卫生、体育、环境保护等事业发展的促进等。慈善组织、其他组织和个人提供的慈善服务,其实也是在上述领域内开展的各种公益性服务。[1]

慈善服务包括志愿服务和其他非营利服务两种情况。首先,应当明确慈善服务不等于志愿服务。广义的志愿服务包括所有奉献劳务且不取报酬的社会服务,既包括各种特定组织、特定活动发起的志愿服务,也包括志愿者以个体形式参与的任何志愿服务。广义的志愿服务无论是组织提供的服务,还是个人提供的服务,均要超越慈善活动范畴,如大型文体活动、文化活

---

〔1〕 参见阚珂主编:《中华人民共和国慈善法释义》,法律出版社2016年版,第171~172页。

动、展览活动，甚至一些纯粹的商业活动也会招募志愿者。因此，慈善服务包括了基于慈善目的的志愿服务，但又不完全等同于志愿服务。[1]

其次，根据《慈善法》的精神，其他非营利服务的内涵应当包括以下两层：第一，服务的提供者的目的并不是获取利润，而是实现某种慈善目的；第二，服务活动如产生剩余收入（利润），不得进行分配，应当继续投入慈善服务中。志愿服务虽然符合其他非营利服务的条件，但志愿服务与其他非营利服务的主要区别在于是否完全无偿，志愿服务的成本不需要由受益人承担，但其他非营利服务的受益人有时需要承担部分服务成本，从而使服务可持续。以博物馆展览服务为例，向参观者收取门票开放参观的部分属于非营利服务，而组织志愿者为参观者提供免费讲解的部分，则属于志愿服务。又例如，某帮助残疾人进行康复训练的机构的资金来源既有政府购买服务的资金和社会捐赠，也有服务对象支付的费用，这种康复服务也属于非营利服务。志愿服务和其他非营利服务都是慈善服务的重要组成部分，在不同领域、不同场合发挥各自的作用。[2]

二、慈善服务分类

慈善服务按照不同的标准，可以有不同的分类，有学者是根据以下两个标准进行分类的：

首先，按照服务性质区分，慈善服务大致可分为款物援助类慈善服务、社会福利类慈善服务和社会公益类慈善服务。款物援助类慈善服务，是指以经济援助为主，兼有其他形式的服务，经济援助用于受益人的生活、教育、医疗、文化等方面。比如中华慈善总会的格列卫患者援助项目为患者免费发放格列卫药品；许多慈善组织为优秀贫困大学生提供无偿资助，在救灾过

---

〔1〕 参见郑功成主编：《〈中华人民共和国慈善法〉解读与应用》，人民出版社2016年版，第190页。

〔2〕 参见全国人大内务司法委员会内务室编著：《中华人民共和国慈善法释义》，中国法制出版社2016年版，第172页。

程中为受灾群众提供帐篷或食物。社会福利类慈善服务,是指慈善组织提供的养老、哺幼、助残等社会福利服务。这里的社会福利服务,也可以称为社会服务、个人社会服务或社会照顾服务,指的是政府或社会组织为公民提供非现金形式、具有社会福利性质的个人或社区服务。比如慈善组织提供的社区养老服务,或由爱佑慈善基金会发起、腾讯公益慈善基金会捐赠1000万元共同打造的深圳市爱佑和康儿童康复中心,通过"政府补贴一部分、社会赞助一部分、家庭承担一部分"的形式,为孤独症与脑瘫儿童提供专业康复服务。[1] 社会公益类服务,主要是指没有直接受益人的慈善服务。具体包括慈善组织提供的教育、科技、文化、卫生、体育、环境保护等方面没有直接受益人的服务。比如慈善组织为学校捐建图书馆、教学楼,开展文化保护和环境保护项目等。

其次,按照使用资源的来源区分,慈善服务大致可以分为自主型慈善服务和承接型慈善服务。自主型慈善服务,是指慈善组织利用社会捐赠等资源提供的慈善服务。当政府提供的某种公共服务出现不足,或者社会公众存在一些个性化、多样化的服务需求时,慈善组织利用社会捐赠等慈善资源提供服务,该服务就属于这种类型。承接型慈善服务,是指慈善组织通过政府购买服务等途径从政府手中获得资金并按照要求提供的公共服务。在我国,通过政府直接委托、公共服务项目招投标和公益创投等途径,由慈善组织提供的公共服务就属于这种类型。[2]

根据慈善组织开展慈善服务的方式,慈善服务可以分为以下几种模式:一是慈善组织自主提供的服务。慈善组织自身具有相应能力和资质,或者具有专门的队伍的,可以开展与其宗旨和章程相适应的慈善服务。如养老院、福利院、康复中心等,有专业的医护、康复人员为受益人提供服务。二是

---

〔1〕《腾讯携手公益伙伴助力深圳建设慈善之都》,载腾讯网2012年9月15日,https://www.tencent.com/zh-cn/articles/80046.html。

〔2〕参见孙卫东:《论中国慈善服务的法律规制》,载《社会福利(理论版)》2015年第3期。

通过志愿者提供的服务。有的慈善组织募集资金的能力很强,但是本身并不拥有专门的队伍,在开展慈善活动的过程中,可能需要招募志愿者来提供慈善服务。例如,慈善组织可以根据需要,组织志愿者为孤寡老人、空巢老人、残疾人提供生活救助和照料服务。三是委托有服务专长的其他组织提供。除上述养老院等专业的慈善组织外,一些慈善组织在募集资金和调动慈善资源方面有优势,在开展专业的慈善服务时,可以委托有服务专长的其他组织提供。所以,慈善组织提供慈善服务的方式有多种,应当根据自身情况和提供的服务领域特点,有区别地进行。[1]

第二节　慈善服务各主体的权利与义务

慈善服务参与主体包括慈善组织或其委托机构、志愿者和受益人三方,法律对于其相应的权利义务也有不同的规定。

一、慈善组织的权利与义务

(一)慈善组织的权利

慈善组织根据需要可以与志愿者签订协议,明确双方权利义务,约定服务的内容、方式和时间等。在协议规范的条件下,双方不得违背协议约定的内容,否则将被视为违反协议并承担相应的法律后果。

(二)慈善组织的义务

第一,隐私保守义务。开展慈善服务,应当尊重受益人、志愿者的人格尊严,不得侵害受益人、志愿者的隐私。[2] 在当前的大数据时代,隐私越来越受重视,尤其是在慈善活动中,更应该注重隐私的保护,未征得当事人的同意,不得将其隐私泄露。

---

〔1〕 参见阚珂主编:《中华人民共和国慈善法释义》,法律出版社2016年版,第172～173页。
〔2〕 《慈善法》第63条。

第二，开展培训义务。慈善组织招募志愿者参与慈善服务，需要专门技能的，应当对志愿者开展相关培训。[1] 例如在进行宣传普及《民法典》入社区入乡镇的公益普法活动中，一般会筛选有法律知识的志愿者，并且在进行该类活动之前会针对《民法典》进行相关的专业培训。

第三，公示及风险警示义务。慈善组织招募志愿者参与慈善服务，应当公示与慈善服务有关的全部信息，告知服务过程中可能发生的风险。[2]

第四，登记管理和出具证明义务。慈善组织应当对志愿者实名登记，记录志愿者的服务时间、内容、评价等信息。根据志愿者的要求，慈善组织应当无偿、如实出具志愿服务记录证明。[3]

第五，安全保障义务。慈善组织安排志愿者参与可能发生人身危险的慈善服务前，应当为志愿者购买相应的人身意外伤害保险，[4] 保障志愿者的安全。

第六，谨慎安排志愿服务义务。慈善组织安排志愿者参与慈善服务，应当与志愿者的年龄、文化程度、技能和身体状况相适应。[5] 现实中大多数慈善服务过程中的侵权行为，正是由于慈善组织未能谨慎安排志愿服务，比如安排未掌握专业技能的志愿者从事需要专业知识和资质的志愿服务活动等。

二、志愿者的权利与义务

志愿者是指在不为任何物质报酬的情况下志愿贡献个人的时间及精力并为改善社会服务、促进社会进步而提供服务的人，志愿服务具有志愿性、无偿性、公益性等特征，慈善领域中的志愿服务还必须符合慈善宗旨。[6]

---

〔1〕《慈善法》第64条第2款。
〔2〕《慈善法》第65条第1款。
〔3〕《慈善法》第66条。
〔4〕《慈善法》第69条第2款。
〔5〕《慈善法》第67条。
〔6〕参见郑功成主编：《〈中华人民共和国慈善法〉解读与应用》，人民出版社2016年版，第206～207页。

(一)志愿者的权利

第一,自愿参与或退出慈善服务活动的权利。志愿性是志愿者参与慈善活动的基础,志愿者可基于其自由意愿而申请参与或退出慈善服务。

第二,获得培训的权利。志愿者享有要求慈善组织提供慈善服务所需的知识及技能培训的权利。在慈善组织不提供必要的知识与技能培训时,志愿者有权要求获得相应的业务技能培训。

第三,知情权。志愿者有权知悉自己所参与的慈善服务的内容、服务的提供方式以及时间等信息,有权要求慈善组织对提供服务过程中可能发生的风险作出说明。

第四,保障权。志愿者在参与慈善服务活动时有权要求慈善组织提供在工作环境及安全卫生保障方面的措施,以保护其合法权益免受侵害。同时,在志愿者从事可能危及人身安全的慈善服务之前,志愿者可以要求慈善组织为其购买相应的保险。

第五,获得志愿服务记录证明的权利。志愿者有权要求慈善组织无偿、如实、完整地出具从事志愿服务的详细记录证明材料。

(二)志愿者的义务

第一,服从管理的义务。志愿者应当遵守慈善组织章程的规定和管理制度,服从慈善组织的必要管理。

第二,接受培训的义务。慈善组织提供的慈善服务中需要专门技能,对志愿者开展相关培训的,志愿者应当接受必要的培训,以更好地服务于他人和社会。

第三,提供真实、准确的基本信息的义务。慈善组织对志愿服务作全面记录以及安排适合志愿者的服务岗位等事宜时,均需以志愿者本人提供的基本信息为根据。因此,志愿者应当客观、真实地提供所需要的相关信息,并对信息的真实性负责。

第四,尊重受益人尊严和保密的义务。志愿者在向受益人提供服务时,应当尊重受益人的人格尊严，不得侵犯受益人的隐私。志愿者对在提供服务的过程中所知悉的商业秘密、个人隐私以及其他受法律保护的信息，负有保密义务。

三、受益人的权利与义务

慈善受益人是指接受慈善组织资助或慈善组织服务的当事人。慈善活动最终需要确定受益人，以实现慈善目的。

（一）受益人的权利

第一，签订协议的权利。受益人根据需要可以与慈善组织签订协议，明确双方权利义务关系。在慈善组织未按照协议约定提供慈善服务时，受益人有权要求慈善组织承担法律后果。

第二，知情权。慈善组织确定慈善受益人，应当坚持公开、公平、公正的原则。受益人有权要求慈善组织对受益人的选择过程及结果等信息进行公示公开。同时，受益人有知悉与慈善服务相关重要信息的权利，包括服务的内容、服务的提供方、服务的提供方式等。

第三，尊严权和隐私权。受益人的人格尊严、生活习惯、民族风俗与宗教信仰应当受到他人尊重。同时，作为公民的一项人格权，隐私权在性质上是绝对权，其核心内容是对自己的隐私按照自己的意志进行支配，其他任何人都负有不得侵害的义务。我国以往立法往往更多强调尊重捐赠人意愿、保护捐赠人隐私，而忽略了受益人也有意愿与尊严受到保护的权利，致使受益人在接受帮助时处于较为弱势的地位。

（二）受益人的义务

第一，遵守协议约定的义务。受益人应当按照慈善协议约定的内容履行自己的义务，如果受益人未按照协议使用资助财产或者有其他严重违反协议的情形，慈善组织有权要求其改正；拒不改正的，慈善组织有权解除协议。

第二,提供真实准确信息的义务。受益人应当提供与慈善服务相关的真实、准确、完整的信息,同时告知服务过程中可能发生的风险。

第三,尊重志愿者的义务。受益人应当尊重提供服务的志愿者尊严及其服务行为。

第三节 慈善服务法律责任

一、慈善组织不尊重受益人和志愿者人格尊严以及侵犯其个人隐私的法律责任

慈善组织的信息公开是有界限的,其中涉及受益人、志愿者个人隐私的信息不得公开。根据《慈善法》第63条的规定,开展慈善服务,应当尊重受益人、志愿者的人格尊严,不得侵害受益人和志愿者的隐私。例如实践中,有的慈善组织在宣传报道慈善活动时,事先不征得受益人同意就公布其姓名或将其曝光在镜头之下;有的慈善组织要求受益人频繁反馈感谢,反馈不及时就指责其不知感恩。这些做法显然是以一种居高临下施恩的心态去提供慈善服务的,缺乏对受益人处境的同情和理解,这种慈善服务就已经变味了。一些调查显示,绝大多数接受了扶助的人并不希望自己得到曝光,尤其是一些弱势群体,比如残疾人士、贫困家庭等。故,慈善组织对于受益人、志愿者的个人隐私负有保密义务,若慈善组织未尽保密职责泄露志愿者的个人隐私,应当承担法律责任。根据《慈善法》第110条第1款第9项、第3款的规定,慈善组织泄露捐赠人、志愿者、受益人个人隐私以及捐赠人、慈善信托的委托人不同意公开的姓名、名称、住所、通讯方式等信息的,由县级以上人民政府民政部门责令限期改正,予以警告,并没收违法所得;逾期不改正的,责令限期停止活动并进行整改。慈善组织经依法处理后一年内再出现该情形,或者有其他情节严重情形的,由县级以上人民政府民政部门吊销登记证书并予以公告。

二、慈善组织对志愿者受到侵害的法律责任

除隐私被泄露以外，志愿者在慈善服务过程中，其他人身和财产权利也有可能受到侵害。损害可能是慈善组织的过错造成的，也可能是志愿者自身的过错造成的，还可能是不可抗力造成的。慈善组织作为志愿服务的招募者、慈善服务的组织者，对于志愿者在志愿服务过程中受到的损害应该承担赔偿责任。只有志愿者的损害得到赔偿，其权利才能够得到有效保障，志愿者才能够免除后顾之忧，志愿服务活动才能够有序进行。但是，慈善组织是非营利性组织，如果所有风险都由慈善组织来承担，则无疑加重了慈善组织的负担，使原本就以社会捐赠作为主要资金来源的慈善组织的境遇雪上加霜。因此，根据《慈善法》第 119 条第 2 款的规定，志愿者在参与慈善服务过程中，因慈善组织过错受到损害的，慈善组织依法承担赔偿责任。志愿者在参与慈善服务过程中受到的损害如果是由不可抗力造成的，慈善组织应当给予适当补偿。

同时，根据《慈善法》第 69 条第 2 款的规定，在志愿者提供可能造成人身伤害的高风险服务时，慈善组织应当为其购买商业保险。如志愿者在参加防疫工作时，其组织已经为其购买了商业保险，那么其经济损失可以由商业保险进行赔付。

三、慈善组织与志愿者对受益人和第三人构成共同侵权时的连带责任

在提供慈善服务的过程中，有可能出现慈善组织或者志愿者过错造成受益人、第三人损害，此种情况下慈善机构与志愿者构成共同侵权，主要情形包括：(1)选择并允许不具备服务技能资质（如医生、心理咨询师等不具备执业资质或不能达到职业要求）的志愿者开展专业服务；(2)未对志愿者的服务行为给予必要的设施设备等硬件支持或者不能提供合理的服务配合措施；(3)未向志愿者充分披露或告知接受服务的受益人的健康状况、精神状

况或者特殊服务需要;(4)对于在志愿者服务过程中出现的受益人意外或者突发情况,未及时采取终止服务、合理救助等措施,导致损害事实发生或损害结果扩大等。

慈善服务可以通过招募志愿者的形式提供,慈善服务中的志愿者与慈善组织的关系,虽然不是雇佣关系或劳动关系,但其性质上与慈善组织工作人员的职务行为具有相似性。在具体的慈善服务过程中,志愿者根据慈善组织的安排并以所在的慈善组织的名义开展服务,慈善组织有责任对志愿者的服务行为进行指导和监督。作为招募志愿者的慈善组织,对慈善服务过程应该有管理责任和风险防范能力。因此,在慈善服务过程中,志愿者过错造成受益人、第三人损害的,慈善组织首先应该依法承担赔偿责任。在慈善组织承担责任后,对于志愿者一般过失造成的损害应予免责,类似于劳动关系中的雇主替代责任,此时志愿者尽到了应有的注意义务,应当由慈善组织来承担志愿者致人损害的责任。但是如果对任何情况下志愿者的责任都予以免除,不仅不利于志愿者增强安全意识和注意义务,也会加重慈善组织的负担,基于此,责任免除应以一般注意义务标准为限,如果志愿者存在故意或者重大过失的情形,则慈善组织可以向志愿者进行追偿。换言之,当志愿者存在故意或重大过失时,慈善组织先行承担赔偿责任后可以行使追偿权。故,《慈善法》第 119 条第 1 款对慈善组织与志愿者对受益人构成共同侵权时的连带责任进行了明确的规定,即慈善服务过程中,慈善组织或者志愿者过错造成受益人、第三人损害的,慈善组织依法承担赔偿责任;损害是由志愿者故意或者重大过失造成的,慈善组织可以向其追偿。

第八章

应急慈善

第一节 应急慈善制度的立法背景

一、应急慈善制度的产生背景

2023年《慈善法》修法最大亮点之一便是设专章规定应急慈善制度。长期以来，在重大自然灾害、突发公共事件应对中，慈善事业发挥着不可替代的作用，众多慈善组织凝聚社会力量，动员社会各界筹款筹资，具有强大的社会资源整合能力，是应对重大突发事件中不可忽视的重要力量。然而，在某些应急救灾、应对突发公共事件的过程中，例如在2020年的新冠疫情、2021年的河南特大水灾、2023年的京津冀暴雨洪涝灾害中，慈善领域出现了一些不透明、不规范甚至不合法的行为，暴露出在慈善制度设计中社会力量参与机制不健全的问题，不仅影响了社会各界奉献爱心的热情，还损害了慈善行业的公信力。

2016年通过的《慈善法》以规范的常规状态下的慈善组织及其活动为主，对应急状态下的相关规定非常有限，突出体现在没有将应急慈善作为重点内容设专章进行规定，也没有要求慈善组织和慈善行业建立自身的应急机制。2023年修正的《慈善法》新增应急慈善专章，对重大突发事件等发生时的慈善领域的紧急应对机制作出了相应的规范，弥补了原有法律制度的短板，理清了政府责任，健全了政府和慈善组织之间的协调共享机制，同时对重大突发事件中募得款物的使用、信息公开等各个方面作出了更为细致的规定，促进了应急慈善法律制度的完善。

二、2016年《慈善法》相关规定及局限

诚如前述，2016年《慈善法》没有对应急慈善进行专章规定，仅仅通过设置第30条一个条款对应急慈善作出相应规定。根据2016年《慈善法》第30条的规定，发生重大自然灾害、事故灾难和公共卫生事件等突发事件，需要

迅速开展救助时,有关人民政府应当建立协调机制,提供需求信息,及时有序引导开展募捐和救助活动。2016 年《慈善法》在汲取汶川地震等事件中重复扎堆募捐、救灾资源分布不均衡等经验教训的基础上,首次规定突发事件情形下建立慈善协调机制,力图避免民间组织统一的指挥协调、信息渠道不畅,行动协调困难等现象再次发生,实现了我国重大突发事件慈善协调机制从 0 到 1 的突破,对于引导慈善组织有序开展慈善活动、有效应对突发事件具有重要的实践意义。

然而,2016 年《慈善法》对于应急慈善的制度设计也存在诸多问题:第一,条文数量较少,难以对应急慈善制度进行全面规定。第二,条文内容过于原则,缺乏可操作性,例如,"有关人民政府"究竟涉及哪些人民政府?"协调机制"的具体内容是什么?慈善组织和慈善行业协会在重大突发事件中应当怎样更好地发挥作用?慈善组织在筹集、分配募得款物时,如何能够做到透明合规?这些问题都需要进一步细化相关法律规则进行规范。2023 年《慈善法》在总结并反思 2016 年《慈善法》颁布后的重大突发事件应对过程中慈善活动出现的各种情况,特别是在新冠疫情防控中暴露出的问题的基础上,增加应急慈善专章,是国家对慈善公益领域存在的现实问题进行的回应。《慈善法》修法对募捐款物的社会回应不及时、不透明以及相关法律机制不足等问题都予以了回应,对充分调动慈善组织等社会各界参与应急救援起到了极大的促进作用。

第二节　应急慈善制度的具体内容

一、应急慈善制度的适用条件

(一)发生重大突发事件

《突发事件应对法》第 2 条第 1 款定义了突发事件,即突发事件是指"突然发生,造成或者可能造成严重社会危害,需要采取应急处置措施予以应对的自然灾害、事故灾难、公共卫生事件和社会安全事件”。由此可知，突发事件包括：自然灾害，如地震灾害、洪水灾害、地质灾害、海洋灾害等；事故灾难，如环境污染事故、生态破坏事故、交通运输事故等；公共卫生事件，如传染病疫情事件、食品安全事件、动物疫情事件等；社会安全事件，如严重危害社会治安秩序的突发事件等。按照社会危害程度、影响范围等因素，突发自然灾害、事故灾难、公共卫生事件分为特别重大、重大、较大和一般四级。通过突发事件分级制度能够合理划定人民政府对突发事件的管辖范围：一般和较大的突发事件分别由县级和地市级人民政府领导处置，重大突发事件由省级人民政府领导处置，特别重大的突发事件由国务院统一领导处置。可见，政府的行政级别越高，应急资源配置和处置突发事件的能力也就越强。2016 年《慈善法》对重大突发事件采取了列举式规定，主要将其限定为“重大自然灾害、事故灾难和公共卫生事件”，而 2023 年修正后的《慈善法》采用概括规定的方式，将其表述为“重大突发事件”，包容性更强、涵盖范围更宽。

（二）需要迅速展开救助

突发事件具有突发性、急迫性、破坏性等特点。各种重大突发事件的发生，往往会导致财物损失、人员伤亡，如果不及时进行救助，可能会造成更严重的伤亡事件和更大面积的财产损失。在自然灾害等重大突发事件面前，及时止损，将伤亡损失降至最低是刻不容缓的事情。建立应急慈善机制能有效地将民间力量集合起来，迅速地将所需要的人力、物资向需要的地区输送，共同对抗突发事件。

二、应急慈善制度的具体内容

（一）政府建立应急慈善协调机制

2023 年修正的《慈善法》强调了政府在应急慈善领域的具体职责，明确规定发生重大突发事件需要迅速开展救助时，履行统一领导职责或者组织处置突发事件的人民政府应当依法建立协调机制，明确专门机构、人员，提供需求信息，及时有序引导慈善组织、志愿者等社会力量开展募捐和救助活动。该规定旨在积极引导慈善力量有序参与应急救援，保障突发事件紧急状态下应对措施的高效性、科学性和合理性。

在重大突发事件中，慈善组织面临的首要问题是信息不对称。慈善组织作为民间组织，难以了解到全面精准的相关信息，且慈善组织之间也缺乏系统的沟通机制，往往导致各个慈善组织在重大突发事件面前力量分散，运行效率低下，使得慈善需求与社会捐赠之间发生脱节，也容易导致慈善物资分配不均。而在信息获取方面，政府具有掌握相关信息的优势。对于履行统一领导职责或者组织处置突发事件的政府而言，其应急管理部门在突发事件的应急救援过程中第一时间到达现场，对灾情、险情、物资需求、人员需求等是最了解的，他们可以将这些信息向社会公众及时公布，与慈善组织建立捐赠信息的共享机制和应急协作机制，进而有序引导慈善组织、志愿者等社会力量精准、有效地开展募捐和救助活动。相对于2016年《慈善法》的规定，2023年《慈善法》进一步将政府具体为“履行统一领导职责或者组织处置突发事件的人民政府”，同时对建立协调机制作出了“明确专门机构、人员”的细化要求，还将政府有序引导的对象明确为“慈善组织、志愿者等社会力量”。

(二)鼓励慈善组织和慈善行业组织建立应急机制

《慈善法》第71条规定，国家鼓励慈善组织、慈善行业组织建立应急机制，加强信息共享、协商合作，提高慈善组织运行和慈善资源使用的效率。在发生重大突发事件时，鼓励慈善组织、志愿者等在有关人民政府的协调引导下依法开展或者参与慈善活动。该条是《慈善法》2023年修正后新增的内容，体现了立法对慈善组织和慈善行业组织发挥应急慈善功能的积极引导，提升慈善组织协助政府参与应急救援的规范性。

发生重大突发事件时，不能仅靠政府或者某一组织的力量，而是应该集合各种力量、各种优势与之对抗。慈善组织要在应急慈善领域发挥应有的作用,立法的重视不可或缺。2023 年《慈善法》对政府部门引导、鼓励慈善组织开展应急慈善活动作出了新的规定,鼓励慈善组织、志愿者等在有关人民政府的协调引导下依法开展或者参与慈善活动,同时加强慈善组织、慈善行业组织之间的沟通协调、业务合作,进而有利于整合社会力量共同应对突发事件,提高慈善力量参与应急治理的工作效率、专业水平和救助能力。

(三)规范应急慈善的特殊程序

和常态慈善相比,应急慈善由于大量捐赠物资和款项的集中涌入,尤其需要加强慈善活动的透明性管理,在慈善信息公开方面更需要提高标准、从严监管。此外,为了提高应急慈善的响应速度和救助效率,在募捐方案备案方面法律又作出了从宽的规定,突出特殊时期的制度灵活性。故,2023 年《慈善法》新增第 72 条和第 73 条,分别对应急慈善的特殊程序作出了"一紧"和"一松"的规定。

第一,公开透明是慈善组织立足的根本,也是慈善事业的生命力所在。在应急慈善活动的开展过程中,捐赠款物的管理和使用情况往往是社会群众的关注焦点。为了避免再次出现诸如新冠疫情中的某些慈善组织由于募捐明细不透明、物资发放进度不公开等问题引发的公众质疑和负面舆情,《慈善法》第 72 条从法律层面对募捐款物的信息披露提出了具体要求,即规定:为应对重大突发事件开展公开募捐的,应当及时分配或者使用募得款物,在应急处置与救援阶段至少每 5 日公开一次募得款物的接收情况,及时公开分配、使用情况。该条将募捐款物的信息披露义务规定为强制性的法律义务,对明确在应急慈善中开展公开募捐的慈善组织提出了更高要求,很好地从制度上回应了社会舆论关切。

第二,突发事件具有随机性、突发性、紧迫性等特点,在大多数情况下,参与救助的慈善队伍都无法获得及时审批,尽管根据相关法律规定,需要履行审批报备的手续,但审批时间过长会导致错失黄金救援时间。为了保证公益慈善组织能够以最快速度积极响应,应急慈善的规则设计应当符合紧急状态下的工作需要,以提升效率为导向,允许放宽掌握应急状态下慈善公开募捐资格的审批。有鉴于此,《慈善法》第 73 条规定,为应对重大突发事件开展公开募捐,无法在募捐活动前办理募捐方案备案的,应当在活动开始后 10 日内补办备案手续。

(四)相关机构组织承担便利应急慈善责任

针对现实生活中曾经出现的捐赠物资进入受阻、分配不畅的问题,2023 年《慈善法》期望通过立法为畅通捐赠物资的分配送达提供法律保障。《慈善法》第 74 条作为新增条款,对县级以上人民政府及其有关部门和乡级人民政府、街道办事处、居民委员会、村民委员会为应急慈善活动提供便利条件的义务进行了规定,进而打通捐赠物资流通的“最后一公里”,让捐赠款物顺利送到最需要的地区。具体而言,县级以上人民政府及其有关部门作为协调义务主体,应当为捐赠款物分配送达提供便利条件。乡级人民政府、街道办事处和村民委员会、居民委员会,作为基层人民政府和基层群众性自治组织应当为捐赠款物分配送达、信息统计等提供力所能及的帮助。

第九章

信息公开

第一节　信息公开制度的立法背景及意义

一、慈善信息公开的立法背景

2016年来,我国的慈善事业得到了高度重视和快速发展,慈善组织不断增多,慈善活动日趋活跃。中国的慈善不再只是一个发挥社会救助功能、扮演公共服务补充角色的"小慈善",而是变成了一个覆盖几乎所有公共服务领域、扮演重要角色的"大慈善",在扶贫济困、灾害救助、"文教卫生"、环境保护和其他公益事业领域发挥了积极作用。但与此同时,多年来发生的各种与慈善相关的负面事件暴露出慈善信息公开性不足的问题,这已经成为制约我国慈善组织和慈善事业发展的关键因素。大量与慈善组织有关的负面新闻不断涌现,无不使中国的公益慈善事业遭遇了空前的信任危机。而问题的根源就在于慈善组织信息公开的不合法、不透明,例如有关财物、资金、人员等信息公开力度不够,募捐和捐赠信息不透明,慈善财产管理不规范等,这会导致中国慈善事业公信力逐步丧失。信任危机不仅使捐赠人的慈善热情受到伤害,也使我国慈善事业的持续健康发展遇到了极大阻力。慈善信息公开是社会公众了解慈善组织和慈善活动的重要途径,也是对慈善组织和慈善活动进行社会监督的前提和基础,为了我国慈善事业的长效发展,必须完善相应的法律规范。

2016年《慈善法》不仅在各版块分别提到慈善组织、募捐、慈善活动、慈善服务的信息告知及公开要求,更是史无前例地为信息公开设置了专门的章节,区分不同主体、不同环节详细规定了信息公开的内容、要求以及相关的法律责任,为我国慈善信息公开的立法和实践确立了一个纲领性文件。例如在信息公开主体上,不仅慈善组织、慈善信托受托人负有信息公开的义务,县级以上人民政府及其民政部门、其他有关部门也负有政府信息公开职责;在信息公开内容上,涵盖了包括募捐、评估、表彰处罚、慈善项目实施等各个环节中的慈善组织及慈善活动信息；在信息公开方式上，明确了对于信息公开的对象，既有面向一般公众的公开，也有面向捐赠人、受益人等特定主体的公开；在信息公开责任上，明确了慈善组织、慈善信托受托人以及政府部门未依法履行信息公开义务应承担的法律责任。2017 年 9 月，民政部建立全国慈善信息公开平台——“慈善中国”，免费提供慈善组织、慈善信托、募捐方案、慈善组织年报等信息查询。另外，民政部制定《慈善组织信息公开办法》规范慈善组织信息公开行为，形成制度合力。2023 年《慈善法》延续原有信息公开制度的框架，将民政部主导建立慈善信息平台的实践转化为法律规定，保护捐赠人、受益人、志愿者的合法权益，保障公众的知情权，为慈善事业健康发展铺垫基石。总之，《慈善法》对于信息公开制度的规定体现了立法对于当前背景下公众对慈善信息公开迫切需求的回应，对于慈善事业的发展具有至关重要的意义。

二、慈善信息公开的意义

（一）提升慈善组织、慈善事业公信力的需要

慈善公信力体现了慈善组织和慈善事业获得的社会认可和公众信任的程度，慈善公信力贯穿于慈善活动的各个环节，是慈善组织、慈善事业发展的基石。加强慈善信息公开、保证慈善活动公开透明是提高慈善事业公信力的根本途径，也是作为慈善活动开展主体的慈善组织和慈善信托受托人获得公众支持与信任的关键。《慈善法》颁布前，其他法律法规对慈善信息公开已经作出了一定要求，但尚未形成体系。一些慈善组织在公开透明方面出现了很多问题，严重影响了慈善组织和慈善事业的公信力，导致慈善领域出现一些信任危机，挫伤了公众参与慈善事业的热情。慈善立法通过建立健全信息公开制度，切实保障社会公众的知情权，致力于把慈善事业作成人人信任的“透明口袋”。完善的信息公开制度能够倒逼慈善组织、慈善信托受托人规范内部治理，提高管理水平和运作效率，提高公众满意度，最终

提升慈善事业整体公信力。

(二)加强社会监督的需要

《慈善法》中突出强调了慈善组织的信息公开义务,这是因为慈善组织与企业不同,具有非营利性、公共性的特点。慈善组织以社会公众的信任和公众参与为运行基础,以增加公众利益为宗旨,以无偿提供服务为原则,以满足公众需求为目标。慈善组织的核心使命是提高公众福利,扶助弱势群体,促进社会公平,维护社会稳定。慈善组织的财产具有公共性,财产来自社会的捐赠,慈善组织在接受捐赠的过程中,承诺将捐款用于慈善事业。慈善组织不是财产的所有者,而是财产的管理人,慈善组织的财产及收益只能用于章程规定的公益目的,绝不允许以直接或间接的方式分配于任何私人。为防止慈善组织的财产被侵占、浪费或者滥用,必须构建强有力的外部监督。而在政府监管部门的监督管理之外,社会监督是不可或缺的方式。要进行有效的社会监督,前提就是信息公开,让公众充分了解慈善组织的各项信息,发现和检举不法行为,同时进行比较和甄别,淘汰不合格、低效率的慈善组织。慈善组织持有的大部分信息属于公共信息,这些公共信息与公共利益密切相关,社会公众有权了解与自己利益密切相关之信息,并依据这些信息行使自己的社会监督权。

(三)保护捐赠人、委托人合法权益的需要

慈善组织和慈善信托受托人的财产主要来源于捐赠人、委托人,故应当依照委托来管理和处分财产。慈善组织、慈善信托受托人在慈善活动中充当了捐赠者与受助者的联结者,任何信息都围绕它产生,所以其能及时、完整地知悉慈善活动中的所有原始信息,而相比来说捐赠人、慈善信托委托人所能掌握的信息都是单方面且稀少的。捐赠人、委托人与慈善组织、慈善信托受托人之间存在的信息不对称性,容易诱发潜在的道德风险。例如捐赠人在捐赠财产之后,不能掌握慈善组织具体运营及活动开展的相关信息,对于慈善组织如何使用捐款、慈善活动的完成效果如何、是否实现了捐赠者的捐赠意图等信息往往不得而知,这种情况下会出现慈善组织借助信息优势来骗取捐赠者资产的情况。完善的信息公开制度可以改善捐赠人、委托人与慈善组织、慈善信托受托人之间信息不对称的现状,使慈善组织、慈善信托的各项活动得到充分监督,从而充分保障捐赠人和委托人的合法权益。

第二节 信息公开制度概述

《慈善法》全篇贯穿了信息公开的精神,除第九章从第 75 条至第 82 条专章规定了慈善信息公开的内容外,在其他章节的条文中也有许多具体规定。纵观整部《慈善法》,对于信息公开制度的主要规定大致包括信息公开的主体、途径、基本原则等。

一、信息公开的主体

《慈善法》将慈善信息公开的责任主体明确分为两类,第一类是政府民政部门及其他有关部门,第二类是慈善组织以及慈善信托的受托人。民政部门及其他有关部门更多是从规范慈善组织和慈善活动、确保慈善组织和慈善活动接受社会监督,以及更好地履行政府监管职能和政府信息公开义务的角度出发,强调和规范慈善信息公开;而慈善组织以及慈善信托的受托人是基于慈善的本质属性、基于组织自我运转的宗旨和本能、基于建立慈善组织公信力的要求而进行信息公开。[1] 这两类责任主体进行信息公开的出发点不尽相同,因此《慈善法》对二者信息公开的内容、要求等也不尽相同。

信息公开既是各级人民政府及其有关部门的基本职责,也是履行监督管理的重要手段之一。《政府信息公开条例》明确了行政机关的信息公开义务,但现行规定对于政府及其有关部门在慈善信息公开方面的义务却很少

[1] 参见阚珂主编:《中华人民共和国慈善法释义》,法律出版社 2016 年版,第 198 页。

或基本不涉及,从而导致一些行政机关消极履行慈善信息公开义务,拒绝公开或者不及时公开慈善信息,进而使慈善组织以及慈善活动无法得到有效的监管和规范。《慈善法》明确了政府及其有关部门在慈善活动中的信息公开义务,为督促行政机关依法履行职责提供了指引。根据《慈善法》第6条的规定,"国务院民政部门主管全国慈善工作,县级以上地方各级人民政府民政部门主管本行政区域内的慈善工作;县级以上人民政府有关部门依照本法和其他有关法律法规,在各自的职责范围内做好相关工作"。民政部门是慈善事业的主管部门,又负责慈善组织的登记、认定、监管以及对慈善信托相关文件进行备案等,因此,民政部门毫无疑问也承担着公开相关信息的职责。《慈善法》第76条明确了政府有关部门进行信息公开的具体内容要求,而根据该条规定,慈善信息公开的政府主体,不仅包括县级以上人民政府民政部门,也包括其他有关部门。例如统计、财政、税务、教育等部门,不仅可以获取、掌握慈善组织以及慈善活动的信息,还能够参与制作有关慈善信息,如统计慈善组织信息、发布慈善组织和慈善活动数据、制定慈善组织税收优惠政策、对慈善组织实施税收优惠等[1],因此,这些相关部门在各自的职权范围内,毫无疑问也应当承担公开慈善信息的义务。

二、信息公开的途径

加强慈善信息公开是提升慈善公信力,提高企业、民众对慈善事业支持和参与热情的重要手段,也是规范慈善行为和促进慈善事业健康发展的必然要求,而各责任主体通过何种途径进行慈善信息公开无疑是一个重要问题。《慈善法》从制度和实践层面出发,强调政府在完善信息公开途径方面的职责。一方面,要建立健全"一个制度",即国家要建立健全慈善信息统计和发布制度,为慈善信息公开提供制度保障;另一方面,要充分落实"一个平

[1] 参见于建伟主编:《中华人民共和国慈善法释义》,中国法制出版社2016年版,第189页。

台”,即国务院民政部门建立健全统一的慈善信息平台,并免费提供慈善信息发布服务,县级以上人民政府民政部门应当在统一的信息平台,及时向社会公开慈善信息。

(一)建立健全慈善信息统计和发布制度

推动慈善事业的健康有序发展,必须对慈善组织以及各项慈善活动进行全面、及时、准确的信息公开。建立健全慈善信息统计和发布制度,是全面掌握慈善组织与慈善活动基本情况的基础,也是做好慈善信息公开的重要依据和保障。在实践中,我国尚未建立统一完善的慈善信息统计与发布制度,以至于全面、准确地对慈善数据进行统计和发布存在一些困难。政府以及慈善组织信息统计和发布制度不健全,各有关部门掌握的慈善信息条块分割,没有形成统一的整体,使得政府以及社会公众难以准确掌握我国慈善事业发展的现状。

《慈善法》第75条第1款明确规定国家应当建立健全慈善信息统计和发布制度,即同时应当建立健全两个制度——慈善信息统计制度和慈善信息发布制度。各级人民政府要将慈善信息统计和发布纳入整个政府信息公开统计报送工作的范畴,加强组织与领导,为慈善信息统计和发布工作提供必要的保障;建立慈善信息统计和发布制度,健全科学的统计指标体系,不断改进统计方法,充分运用信息化手段,对慈善组织、慈善活动信息的收集、整理、统计、分析、发布、应用等环节进行规范,提高慈善信息统计和发布的科学性。[1] 慈善信息的统计和发布应当符合国家对统计管理体制“统一领导、分级负责”的基本要求。首先,应当在国家层面建立集中统一的慈善信息统计和发布体系、制度和标准,需要民政、统计、财政、税务等有关部门共同参与。其次,县级以上地方各级人民政府分级负责本级辖区内的慈善信息统计工作,应当按照国家有关规定建立慈善信息统计资料的保存、管理制

---

〔1〕 参见阚珂主编:《中华人民共和国慈善法释义》,法律出版社2016年版,第191页。

度，建立健全慈善统计信息共享机制。县级以上人民政府的民政、财政、税务等有关部门应当按照规定及时向本级人民政府统计机构报送统计慈善信息所需要的有关资料。县级以上地方各级人民政府统计机构应当及时向本级人民政府的民政、财政、税务等有关部门提供慈善信息统计资料，并按照国家有关规定，定期发布慈善信息统计资料。最后，慈善组织、慈善信托的受托人和其他慈善信息的统计调查对象，应当按照国家有关规定设置原始记录、统计台账，建立健全相应的管理制度。[1]

总之，建立健全慈善信息统计和发布制度，一方面能让慈善信息的统计和发布有统一标准，从而完善慈善事业发展水平综合监测与科学评价的指标体系，更加科学、准确、及时地反映慈善事业发展状况；另一方面也能够保障慈善事业、慈善项目更加公开透明，能有效满足慈善人士及公众的知情权，从而提高其参与慈善事业的热情。

（二）建立统一的慈善信息平台

推进慈善信息化建设、保障慈善信息的公开透明，必然需要完善的慈善信息公开和发布载体，也即建立相应的信息平台，这是各责任主体进行信息公开的途径。不可否认，在实践中存在复杂多样、功能不一的各类信息平台，如广播、电视、报刊、互联网等，在慈善领域，一些地方人民政府和有关部门也已经搭建了慈善信息公开的平台，社会各界也自发建立了不少慈善信息公开平台，例如门户网站开设的公益频道、公益专区等。然而，这些平台虽然已经具备了一定的社会影响力，但仍是分散化的，没有统一，有的平台发布的信息的权威性和专业性无法得到根本保障；有的平台由于定位和功能所限，并不适合政府部门发布信息。由于统一的慈善信息发布平台尚未建立，全国慈善信息、慈善数据没有形成一盘棋，无法进行共享，这对政府在慈善领域开展数据收集、统计分析、调查研究和政策创制是不利的。此外，

〔1〕 参见于建伟主编：《中华人民共和国慈善法释义》，中国法制出版社2016年版，第184～185页。

不规范的发布平台加大了社会公众进行慈善信息检索、查询和监督的成本，特别是随着自媒体等新媒体平台的兴起，信息出现了交互强传播快、低门槛易操作等新特点，人人都可以成为信息发布和传播的主体，慈善信息难免会出现鱼龙混杂、良莠不齐的现象。如果缺乏统一的慈善信息平台，虚假的信息便无法及时验伪，负面舆情无法及时应对，不利于慈善事业健康发展。因此，建立统一的慈善信息平台，能保障慈善信息公开的及时性、规范性。

根据《慈善法》第 75 条第 2 款和第 3 款的规定，国务院民政部门建立健全统一的慈善信息平台，免费提供慈善信息发布服务。县级以上人民政府民政部门应当在前款规定的平台及时向社会公开慈善信息。民政部已于 2017 年 9 月 1 日开通了全国慈善信息平台“慈善中国”，可以供全国各级民政部门和所有的慈善组织免费使用。而上述规定明确了政府民政部门在建立统一慈善信息平台方面的职责，民政部门是慈善工作的主管部门，是政府公开慈善信息的责任主体，人民政府在慈善信息公开中的职责主要是由民政部门来承担。应当注意的是，为了加强监管，《慈善法》第 75 条第 4 款规定慈善组织、慈善信托的受托人在国家统一的慈善信息平台上发布慈善信息时，应当对信息的真实性负责。

三、信息公开的基本原则

信息公开的基本原则规定在《慈善法》第 71 条，即“慈善组织、慈善信托的受托人应当依法履行信息公开义务。信息公开应当真实、完整、及时”。该条首先强调了依法进行信息公开是慈善组织、慈善信托的受托人的法定义务，然后规定了信息公开应当遵循的基本原则，即真实、完整、及时原则。这三个原则是对实践经验的提炼和总结，其不仅仅是对慈善组织、慈善信托的受托人的要求，政府有关部门及其他责任主体在慈善信息公开方面也应当遵循这些基本原则。

（一）真实性原则

真实性原则是信息公开最根本、最重要的要求，也是信息公开主体最基本的道德底线，它要求政府有关部门、慈善组织、慈善信托的受托人等主体确保公开的信息真实可靠、与客观实际相符、能反映客观情况，不得作任何虚假记载或虚假陈述。依据《慈善法》的相关规定，各责任主体在慈善信息公开的内容和要求方面有所不同，例如县级以上人民政府民政部门和其他有关部门应当及时公开慈善组织登记事项、慈善信托备案事项、具有公开募捐资格的慈善组织名单、对慈善活动的税收优惠或资助补贴等信息；慈善组织向社会公开组织章程和决策、执行、监督机构成员信息以及国务院民政部门要求公开的其他信息；慈善信托的受托人应当每年至少一次将信托事务处理情况及财务状况向其备案的民政部门报告，并向社会公开。这些信息都应当遵守真实性原则，也即应当是客观、准确可靠的。政府民政部门和其他有关部门、慈善组织、慈善信托受托人要对所发布信息的真实性承担主体责任，违背真实性原则，向管理部门、捐赠人、受益人或其他利益相关人提供虚假信息的，应当承担相应的法律责任。

（二）完整性原则

完整性原则要求政府民政部门和其他有关部门、慈善组织、慈善信托的受托人应当严格按照法律、行政法规的要求，依法将对管理部门、慈善捐赠人、受益人或其他利益相关者有重大影响的信息进行全面披露，不得有故意隐瞒或重大遗漏。需要注意的是，完整性并不意味着需要“无一例外”地公开所有相关信息，对于《慈善法》以及相关法律法规中明确禁止公开的事项应当不予公开，例如《慈善法》第 76 条规定，涉及国家秘密、商业秘密、个人隐私的信息以及捐赠人、慈善信托的委托人不同意公开的姓名、名称、住所、通讯方式等信息，不得公开。因此，政府民政部门和其他有关部门、慈善组织以及慈善信托的受托人在遵循信息公开完整性原则的同时，应当保持审慎的态度，认真审查判断信息是否属于禁止公开的内容。

(三)及时性原则

及时性原则要求信息公开人按法律确定的时间和期间进行,不得有不当延误。强调信息要及时公开是由信息的时效性所决定的,信息的生命力就在于更新和流动,信息在传播中的更迭速度越快,在实践中的价值就越高,意义越大,这对于慈善信息的公开也同样适用。如果慈善信息公开义务主体向管理部门、捐赠人、受益人或其他利益相关者提供的信息过于迟延,该信息对于利益相关者进行相关决策的意义就可能丧失或大大降低,甚至可能给他们造成不可挽回的损失。《慈善法》对部分信息的及时公开作了明确要求,例如具有公开募捐资格的慈善组织应当定期向社会公开其募捐情况和慈善项目实施情况。公开募捐周期超过6个月的,至少每3个月公开一次募捐情况,公开募捐活动结束后3个月内应当全面、详细公开募捐情况。慈善项目实施周期超过6个月的,至少每3个月公开一次项目实施情况,项目结束后3个月内应当全面、详细公开项目实施情况和募得款物使用情况等。

募捐主体的信息公开义务

【典型案例】

彭某梅与被申请人中国平安人寿保险股份有限公司辽宁分公司、陈某宇返还原物纠纷民事再审——慈善组织、慈善信托的受托人以外的主体(例如募捐主体)没有信息公开义务

·基本案情

彭某梅于2007年11月在被告中国平安人寿保险股份有限公司辽宁分公司下属公司中国平安人寿保险股份有限公司绥中支公司从事的保险代理业务中因交通事故受伤。2014年12月24日,被告中国平安人寿保险股份有限公司辽宁分公司时任公司营销部经理的陈某宇组织公司内部员工为原告进行了义务捐款。彭某梅于2016年9月起诉至一审法

院，请求二被告将捐款 87,000 元交付原告；请求法院判令捐款明细清单及银行转账流水依法公示。

·裁判要旨

原审依据《慈善法》第 77 条的规定，认为组织捐款方虽有公开公示捐款明细清单及银行转账流水的义务，但因该条规定适用的主体是慈善组织、慈善组织的委托人，故彭某梅请求二被申请人依法公开公示捐款明细清单及银行转账流水等相关信息的诉讼请求没有法律依据，且彭某梅的该项请求并非民事法律责任的承担方式，因此，一审法院对彭某梅该项诉讼请求不予支持，亦无不妥。

·涉及法条

《慈善法》(2023 年修正)

第七十七条 慈善组织、慈善信托的受托人应当依法履行信息公开义务。信息公开应当真实、完整、及时。

第三节 信息公开的范围

慈善信息涉及慈善活动的各个环节，如果不从立法上划定信息公开的范围，实际操作中会因为法律规定不具体而无法适用有关信息公开的规则。《慈善法》针对不同责任主体进行信息公开的范围分别作出了明确限定，同时明确了不得公开的信息要求。对信息公开的范围作具体细化规定，有利于将慈善信息公开通过法律的具体规定真正得以执行，为各责任主体进行信息公开提供明确的依据和标准，最终有利于提高慈善事业的可操作性和透明度。

一、政府部门的信息公开范围

根据《政府信息公开条例》的规定，有关行政机关在履行职责过程中制作或者获取的，以一定形式记录、保存的信息，属于政府信息，应当依法进行信息公开。《慈善法》第 76 条规定了县级以上人民政府民政部门和其他有关部门应当主动公开的慈善信息范围，包括 8 个具体种类和 1 个兜底性规定，均为民政部门和其他部门在慈善管理中制作或者获取的关键信息，也是属于涉及社会公众利益、需要社会公众广泛知晓或者参与的信息。从立法上规定上述信息由政府有关部门公开，能够保证这些信息的真实性、权威性、准确性和及时性，也能够方便社会公众获取信息。

（一）慈善组织登记事项

根据《慈善法》第 8 条的规定，慈善组织是指依法成立，以面向社会开展慈善活动为宗旨的非营利性组织，可以采取基金会、社会团体、社会服务机构等组织形式，因而慈善组织的具体登记事项会因组织形式的不同而不同。根据《基金会管理条例》第 11 条第 2 款的规定，基金会设立登记的事项包括：名称、住所、类型、宗旨、公益活动的业务范围、原始基金数额和法定代表人等。根据《社会团体登记管理条例》第 12 条第 2 款的规定，社会团体的登记事项包括：名称、住所、宗旨、业务范围和活动地域、法定代表人、活动资金、业务主管单位等。社会服务机构是慈善法规定的一类新型组织形式，社会服务机构由传统的民办非企业单位演变而来，根据《民办非企业单位登记暂行办法》第 12 条第 1 款的规定，其登记事项包括：名称、住所、宗旨和业务范围、法定代表人或者单位负责人、开办资金、业务主管单位；另一种是事业单位法人，根据《事业单位登记管理暂行条例》第 8 条第 2 款的规定，其登记事项包括：名称、住所、宗旨和业务范围、法定代表人、经费来源（开办资金）等情况。总之，政府有关部门应当按照慈善组织的不同组织形式，结合相关法律法规的有关规定，对慈善组织的登记事项进行公开。

（二）慈善信托备案事项

《慈善法》第45条第1款规定，“设立慈善信托、确定受托人和监察人，应当采取书面形式。受托人应当在慈善信托文件签订之日起七日内，将相关文件向受托人所在地县级以上人民政府民政部门备案”。第51条规定，“……本法未规定的，适用《中华人民共和国信托法》的有关规定”。而《信托法》第9条规定，“设立信托，其书面文件应当载明下列事项：（一）信托目的；（二）委托人、受托人的姓名或者名称、住所；（三）受益人或者受益人范围；（四）信托财产的范围、种类及状况；（五）受益人取得信托利益的形式、方法。除前款所列事项外，可以载明信托期限、信托财产的管理方法、受托人的报酬、新受托人的选任方式、信托终止事由等事项”。因此，政府有关部门应将上述慈善信托的备案事项予以公开。

（三）具有公开募捐资格的慈善组织名单

《慈善法》将慈善募捐划分为面向社会公众的公开募捐和面向特定对象的定向募捐，面向社会公众的公开募捐可能影响到社会公共秩序和公共利益，特别需要立法予以规制。《慈善法》第22条明确规定，慈善组织开展公开募捐，应当取得公开募捐资格。同时该条明确了基金会、社会团体等慈善组织申请公开募捐资格的条件和程序，所有符合该法规定条件的慈善组织均可向民政部门申请公开募捐资格。由民政部门公布具有公开募捐资格的慈善组织名单，有利于加强对这类慈善组织的监督和管理，也有利于公众了解哪些慈善组织可以公开募捐并进行理性捐赠。

（四）具有出具公益性捐赠税前扣除票据资格的慈善组织名单

财政部、国家税务总局、民政部《关于公益性捐赠税前扣除资格确认审批有关调整事项的通知》（现已失效）公开了慈善组织取得公益性捐赠税前扣除资格的8项条件及确认程序，列明慈善组织公益性捐赠税前扣除资格取消的情形及法律后果。相较于该通知，现行规定的行政流程更清晰透明、各部门职责更准确切实。更为重要的是，除落实省级以上财政、税务、民政部门应当及时在官方网站上发布具备公益性捐赠税前扣除资格的公益性社会组织名单公告的职责外,企业或个人也可通过上述渠道查询社会组织公益性捐赠税前扣除资格及有效期。

(五)对慈善活动的税收优惠、资助补贴等促进措施

《慈善法》第十章从第83条至第102条规定了包含慈善组织税收优惠、慈善捐赠税收优惠、受益人的税收优惠以及行政事业性费用减免政策等在内的各种慈善活动促进措施。实践中,财政、税务、民政等有关部门对于慈善活动制定了一系列有关税收优惠、资助补贴的具体政策。例如2015年12月财政部、国家税务总局、海关总署联合发布的《慈善捐赠物资免征进口税收暂行办法》,该办法第2条规定对境外捐赠人无偿向受赠人捐赠的直接用于慈善事业的物资,免征进口关税和进口环节增值税。县级以上人民政府及其民政部门等有关部门应当将这些税收优惠、资助补贴等促进措施向社会予以公开。

(六)向慈善组织购买服务的信息

财政部、民政部、工商总局印发的《政府购买服务管理办法》规定,政府购买服务是指"各级国家机关将属于自身职责范围且适合通过市场化方式提供的服务事项,按照政府采购方式和程序,交由符合条件的服务供应商承担,并根据服务数量和质量等因素向其支付费用的行为"。国务院办公厅发布的《关于政府向社会力量购买服务的指导意见》第三部分第2条指出,承接政府购买服务的主体包括依法在民政部门登记成立或经国务院批准免予登记的社会组织,以及依法在工商管理或行业主管部门登记成立的企业、机构等社会力量。由此可见,慈善组织属于政府购买服务的承接主体之一。《慈善法》第95条第1款规定,各级人民政府及其有关部门可以依法通过购买服务等方式,支持符合条件的慈善组织向社会提供服务,并依照有关政府采购的法律法规向社会公开相关情况。各级人民政府及其有关部门通过向慈善组织购买服务的方式向社会提供公共服务的,应当依法将有关信息予

以公开。

（七）对慈善组织、慈善信托开展检查、评估的结果

《慈善法》第106条第2款规定，民政部门应当建立慈善组织评估制度，鼓励和支持第三方机构对慈善组织进行评估，并向社会公布评估结果。根据民政部颁布的《社会组织评估管理办法》第3条的规定，社会组织评估是指各级人民政府民政部门为依法实施社会组织监督管理职责，促进社会组织健康发展，依照规范的方法和程序，由评估机构根据评估标准对社会组织进行客观、全面的评估，并作出评估等级结论。民政部门依法对慈善组织、慈善信托开展检查，组织第三方评估，有关结果要向社会进行公开。其他有关部门依法对慈善组织、慈善信托开展专项检查、进行专项评估，同时要公开有关结果。

（八）对慈善组织和其他组织以及个人的表彰、处罚结果

《慈善法》第100条规定，国家建立慈善表彰制度，对在慈善事业发展中作出突出贡献的自然人、法人和非法人组织，由县级以上人民政府或者有关部门予以表彰。政府部门在慈善领域开展的对慈善组织和其他组织、个人的表彰，如"中华慈善奖"的评选结果要对社会公开。对慈善组织和其他组织以及个人的表彰结果进行信息公开，是对慈善组织或者其他组织个人的充分肯定，有利于进一步激发有关组织和个人投身于慈善事业的积极性。此外，民政部门和其他有关部门依法对慈善组织和其他组织、个人作出的行政处罚等结果也应当向社会进行公开。处罚结果的公开有利于督促有关组织和个人及时规范慈善行为，引导慈善事业健康有序发展。

（九）法律法规规定应当公开的其他信息

该项是兜底条款，除上述明确规定的几项关键信息以外，在其他有关法律法规中明确要求公开的，有关责任主体应当依法公开。

总而言之，县级以上人民政府民政部门和其他有关部门公开的慈善信息，可以分为两大类：第一类是慈善组织、慈善活动的客观信息，如上述第一

项、第二项信息。这类信息的特点是具有客观性、确定性、唯一性,仅随着慈善组织、慈善活动自身的产生、变化、结束而发生变更,社会公众可以对慈善组织有直观、清晰的认识。第二类是政府和有关部门履行职能中对慈善组织、慈善活动形成的信息,如上述第三项、第四项、第五项、第六项、第七项、第八项信息,是由政府及其有关部门建立制度、确立标准、设定规则后,运用这一整套评判体系对慈善组织、慈善信托、慈善活动及有关组织、个人进行评价、判定后产生的信息,该类信息中既可能有正面信息,也可能有负面信息。上述慈善信息都应当在县级以上各级人民政府民政部门统一的信息平台上公布,当然也可以在其他平台上公开。

二、慈善组织的信息公开范围

慈善组织是慈善信息公开的最基本义务主体,《慈善法》也将信息公开的主要义务集中于慈善组织,对慈善组织进行信息公开的范围进行了细致的规定。《慈善法》第 78 条明确指出慈善组织应当向社会公开的一般信息,这是对慈善组织信息公开义务的一般性规定。《慈善法》将慈善募捐的主体限于慈善组织,在信息公开方面,也特别强调了作为慈善募捐主体的慈善组织的信息公开义务,表现为《慈善法》第 79 条和第 80 条针对面向社会公众的公开募捐和面向特定对象的定向募捐这两种不同的慈善募捐方式,对慈善组织应当向社会公众公开的信息内容分别作出了明确规定。

(一)应当公开的一般信息

1. 组织章程

章程是慈善组织一切活动的基本依据,《慈善法》第 9 条第 4 项明确规定组织章程是慈善组织的成立条件之一,第 11 条进一步明确了慈善组织章程的具体内容,体现了对章程的高度重视。章程是慈善组织内部治理的核心依据,慈善组织应当按照章程规定开展活动,不得超出章程所规定的宗旨、业务范围和活动地域等。与此同时,章程也是政府、社会对慈善组织进行监督的依据，社会公众根据章程可以选择出自己信赖的慈善组织。因此，慈善组织应当向社会公开组织章程，章程中至少应当包括名称和住所，组织形式，宗旨和活动范围，财产来源及构成，决策、执行机构的组成及职责，内部监督机制，财产管理使用制度，项目管理制度，终止情形及终止后的清算办法等基本信息。上述信息有重大变更的，慈善组织应当及时向社会公开。

2. 决策、执行、监督机构成员信息

决策、执行、监督机构是慈善组织的重要内部治理机构，对这些重要机构成员信息的了解，有利于人们对慈善组织的治理情况作出判断，是影响慈善组织公信力的重要因素之一。《慈善法》亦明确了决策、执行、监督机构的重要性，如《慈善法》第 11 条第 5 项规定，慈善组织章程应当载明决策、执行机构的组成及职责；第 12 条第 1 款规定，慈善组织应当根据法律法规以及章程的规定，建立健全内部治理结构，明确决策、执行、监督等方面的职责权限，开展慈善活动；第 16 条规定了禁止担任慈善组织负责人的情形。由于慈善组织可以采取社会团体、基金会、社会服务机构等不同形式，其决策机构有不同的称谓，例如社会团体的会员大会或会员代表大会、社会服务机构的理事会、基金会的理事会均属于决策机构，而监督机构一般是监事会或监事，执行机构一般是秘书处。这些机构的主要成员名单应及时公开，包括会长、副会长、理事长、副理事长、监事、秘书长等。同样，当这些成员信息发生重大变更时，慈善组织应当及时进行信息公开的更新。

3. 年度工作报告和财务会计报告

公开年度工作报告及财务报告是国际慈善界的通行做法，为促进慈善透明，我国《慈善法》第 13 条规定，“慈善组织应当每年向办理其登记的民政部门报送年度工作报告和财务会计报告，报告应当包括年度开展募捐和接受捐赠、慈善财产的管理使用、慈善项目实施、募捐成本、慈善组织工作人员工资福利以及与境外组织或者个人开展合作等情况”。慈善组织的年度工作报告和财务会计报告应当每年向社会公开，这些信息直接与捐赠人、受益人、社会公众的利益密切相关,是社会各界关注的焦点,也是判定慈善组织是否履行宗旨、运转良好的依据。慈善组织应当将上述信息真实、完整、及时地进行年度公开,既要按照要求将年度工作报告和财务会计报告向办理其登记的民政部门报送,又要面向社会公开。年度工作报告和财务会计报告的公开应保证真实性,同时鉴于具有公开募捐资格的慈善组织获取社会慈善资源的渠道更广,社会公众关注度和参与度更高,相应地需要承担更多的社会责任,《慈善法》第 78 条第 2 款还明确规定了具有公开募捐资格的慈善组织的财务会计报告在公开之前,必须先进行审计,以便接受更为严格的社会监督。

4. 国务院民政部门要求公开的其他信息

国务院民政部门主管全国慈善工作,负有制定慈善组织登记管理、执法监察的政策、办法,对地方登记管理机关工作进行指导和监督等职责,因而国务院民政部门有权根据慈善事业发展和慈善组织监督管理的实际需要,适时要求慈善组织公开有关信息。例如,在发生重大自然灾害、事故灾难和公共卫生事件时,国务院民政部门可以要求慈善组织对参与救灾的具体情况向社会公开,慈善组织应当进行公开。《慈善法》实施后,我国慈善事业必将加速发展,慈善组织也将大量涌现,民政部门作为主管部门,将根据工作实际提出新的监管要求,增加慈善组织信息公开的有关要求,慈善组织应当遵照执行。

(二)公开募捐中的信息公开

公开募捐活动是一项面向社会公众的行为,由于涉及社会公共秩序和公共利益,需要法律有更多的规范。为了保护社会公众对慈善组织公开募捐的知情权和监督权,《慈善法》第 79 条第 1 款规定,“具有公开募捐资格的慈善组织应当定期向社会公开其募捐情况和慈善项目实施情况”,这是对慈善组织在公开募捐活动中的信息公开义务的总体要求。对于慈善组织来说,信息公开是其开展慈善活动、进行慈善募捐所需遵守的根本原则,当慈善组织向社会公众进行募捐时,更需要及时告知社会公众公开募捐情况和项目实施情况,这样不仅有利于增强慈善组织的透明度和公信力、增加捐赠人对慈善组织的信任度,也有利于保障捐赠人的知情权,进而实施有效的社会监督,有效地防止暗箱操作,还有利于促进慈善组织建立健全内部管理机制,规范内部管理,促进慈善事业的健康发展。

1. 公开募捐阶段的信息公开。《慈善法》第 25 条规定,"开展公开募捐,应当在募捐活动现场或者募捐活动载体的显著位置,公布募捐组织名称、公开募捐资格证书、募捐方案、联系方式、募捐信息查询方法等"。这是对慈善组织进行公开募捐前信息公开的基本要求,根据慈善募捐活动的特点进一步细化,慈善组织在公开募捐前须先行向社会公开以下信息:慈善组织的名称、住所、宗旨和活动范围等组织信息,募捐资格,募捐目的,募款用途,募捐的起止时间,募得款物的使用计划,接受捐赠方式,联系方式等。除此之外,慈善组织在公开募捐结束后,也须向社会全面公开关于募捐情况的信息:除募捐开始前所应公开的信息外,还应再公开受赠款物构成、受赠数额、捐赠人、是否向捐赠人开具票据以及募捐成本等与募捐相关的信息。另外,《慈善法》第 79 条第 2 款更进一步明确了慈善组织在募捐情况信息公开中的时间要求,即对于公开募捐周期超过 6 个月的,至少每 3 个月公开一次募捐情况,并且在公开募捐活动结束后 3 个月内,应当全面公开募捐情况。

2. 慈善项目实施情况的信息公开。对基于公开募捐所实施的慈善项目,慈善组织应在项目结束后,全面公开项目实施情况,包括项目名称、受益人的申请及评审程序、项目实施成本、管理费用、项目实施进度等;项目委托第三方执行的,还应公开执行方的相关信息。此外,慈善组织还应全面公开募得款物的使用情况,如是否按照募捐方案的规定或捐赠协议约定的用途使用捐赠财产、开展慈善活动的支出数额和管理费用数额、捐赠财产的保值增值情况、剩余募捐款物的处理情况等。同样,《慈善法》第 79 条第 3 款对公开募捐中慈善项目实施情况信息公开的时间要求也作出了明确规定,慈善项目实施周期超过6个月的，至少每3个月公开一次项目实施情况，项目结束后3个月内，应当全面公开项目实施情况和募得款物使用情况。

总而言之，募捐情况和慈善项目实施情况的动态公开有助于保障慈善募捐健康发展，提高慈善事业的公信力，营造良好的公益慈善氛围。尤其是《慈善法》第79条关于公募慈善组织公开相关信息的时间要求值得称道，基于有的募捐活动或者慈善项目周期比较长，规定阶段性公开募捐情况或项目实施情况，有利于强化对公募慈善组织募捐过程、捐款使用或慈善项目实施的监督。

(三)定向募捐中的信息公开

根据《慈善法》第29条的规定，慈善组织自登记之日起可以开展定向募捐，慈善组织开展定向募捐应当在发起人、理事会成员和会员等特定对象的范围内进行，并向募捐对象说明募捐目的、募得款物用途等事项。定向募捐和公开募捐都是慈善组织募集财产的具体形式，定向募捐虽然是在特定对象的范围内进行的，但同样应当履行有关信息公开的义务，以保障定向募捐中捐赠人的知情权以及对捐赠财产的管理使用的监督权。

《慈善法》第80条规定，"慈善组织开展定向募捐的，应当及时向捐赠人告知募捐情况、募得款物的管理使用情况"。由于慈善组织发起定向募捐，其募捐的对象是发起人、理事会成员和会员等特定对象，而不是社会公众，因此，在定向募捐中，慈善组织信息公开的法律义务对象也应当是这些特定的捐赠主体。在信息公开的范围方面，该条规定了募捐情况和募得款物的管理使用情况两项最重要的信息。首先，在募捐情况方面。慈善组织在定向募捐开始前，应当向捐赠人告知以下信息：募捐目的、募得款物用途、募捐的起止时间、接受捐赠方式、联系方式、募得款物的使用计划等；在募捐结束后，慈善组织也应当将全部募捐情况向捐赠人公开，除募捐开始前公开的信息外，还应当包括最终募得款物的构成、受赠数额、募捐成本、最终受益人以及剩余财产的处理等信息。其次，在募得款物的管理使用情况方面。在对募捐款物管理使用的过程中,应当及时公开募得款物的管理使用情况,包括募得款物的管理费用、保值增值情况、项目实施成本、项目实施进度、是否按规定或捐赠协议约定的用途使用捐赠财产等信息。

三、面向受益人的信息公开范围

慈善受益人是慈善组织开展的各项慈善资助或服务项目的当事人,慈善活动的开展最终都需要明确受益人,以保障慈善目的的实现。受益人作为慈善活动中至关重要的一方主体,也是慈善组织履行信息公开义务必须重视的对象。慈善组织及时向受益人公开有关信息,一方面,可以使受益人明确得知应得到多少数额的资助、资助的方式是一次性的还是持续性的、资助是否还需受益人进行配套支出或后续支出等信息,使受益人明确知晓自己的权益,从而有效避免信息不对称导致双方之间的法律纠纷;另一方面,慈善组织向受益人进行信息告知,也有利于受益人对其捐赠承诺和资助项目的实施进行监督,促使其建立健全管理机制,规范项目运作。

《慈善法》第81条明确规定,“慈善组织、慈善信托的受托人应当向受益人告知其资助标准、工作流程和工作规范等信息”,可见其对受益人知情权的充分保障。资助标准、工作流程和工作规范等信息与受益人的切实利益密切相关,因此慈善组织必须及时披露。首先,关于资助标准方面。所谓资助标准,是指每位受益人可以从慈善项目中获得款项的额度。慈善组织在慈善项目开始前就应确定对受益人的具体资助标准,按照程序确定了项目受益人后,慈善组织应将资助标准及时、准确、全面地告知受益人。并且在慈善项目实施过程中,应严格依据资助标准对受益人进行资助,不能随意更改标准,更不能侵占、私分、截留或挪用资助款项。其次,关于工作流程方面。工作流程一般包括项目运作步骤、实施进度安排等。受益人了解工作流程,有利于对何时获得资助形成合理的预期,同时有利于监督慈善项目的进展情况,慈善组织不得借故推辞,更不能隐瞒不告知。再次,关于工作规范方面。工作规范也即工作规则,是确保慈善项目按照公平、公开、公正原则顺利完成的规章制度。慈善组织要建立相应的管理制度和内部控制机制,明确行为准则,规范项目运作,例如要对捐赠财产的管理使用予以规范,防止侵占、私分、截留、挪用的情形;要对捐赠程序予以规范,不能未经慈善组织履行接收、审批和发放程序就由捐赠人直接转移给受益人或者其他第三方等。工作规范是慈善组织和慈善信托的受托人对相关法律法规的进一步细化,告知项目受益人相关工作规范,有利于督促慈善项目更规范地管理和运作。最后,除《慈善法》中明确指出的这些信息公开内容外,在有关慈善募捐、慈善信托、慈善服务等各项具体慈善项目中涉及受益人切身权益的有关信息,慈善组织也应当依法积极主动予以告知。

四、不得公开的信息范围

慈善信息以公开为原则、以不公开为例外。《慈善法》第77条虽然规定了慈善信息公开应当坚持完整性原则,但"完整"并不意味着"无一例外"地全部进行公开,在公开有关信息可能危及国家安全、侵犯他人合法权益或隐私,以及其他法律法规规定不予公开的情况下,相关慈善信息不得公开。《慈善法》第82条明确规定了慈善信息不得公开的情况,即"涉及国家秘密、商业秘密、个人隐私的信息以及捐赠人、慈善信托的委托人不同意公开的姓名、名称、住所、通讯方式等信息,不得公开"。根据此条规定,不得公开的慈善信息实质上主要包括两种,一种是绝对不得公开的信息,即涉及国家秘密、商业秘密、个人隐私的信息;另一种是相对不得公开的信息,即捐赠人、慈善信托的委托人不同意公开的姓名、名称、住所、通讯方式等信息。慈善信息公开时要以审慎态度,准确判断信息是否属于公开的内容。

(一)绝对不得公开的慈善信息

涉及国家秘密、商业秘密、个人隐私的信息绝对不得公开,这是《慈善法》对信息公开例外情形的一项原则性规定,除此之外的其他许多法律、行政法规中也常见依此原则对信息公开进行的例外规定。

国家秘密一般都被列为信息公开的例外，保守国家秘密是法律赋予所有组织及个人的法律义务。依据《保守国家秘密法》第2条的规定，国家秘密是指“关系国家安全和利益，依照法定程序确定，在一定时间内只限一定范围的人员知悉的事项”，一切国家机关和武装力量、政党、社会团体、企业事业单位和公民都有保守国家秘密的义务，《政府信息公开条例》也明确规定行政机关不得公开涉及国家秘密的政府信息。《慈善法》第4条第2款也规定，开展慈善活动，不得危害国家安全。因此，凡是涉及国家秘密的信息，慈善信息公开义务主体均不得公开。

根据《反不正当竞争法》第9条第4款的规定，所谓商业秘密，是指不为公众所知悉、能为权利人带来经济利益、具有实用性并经权利人采取保密措施的技术信息和经营信息。《民法典》之合同篇、《刑法》、《公司法》等对保守商业秘密均有相关规定。慈善活动中涉及商业秘密的情形很多，例如，捐赠人在向慈善组织捐赠时，尤其是企业捐赠本企业所生产的物品时，可能会告知慈善组织所捐赠物品的成本价以及销售价格，这些信息便可能是捐赠企业的商业秘密，应当得到尊重和保护。慈善信息公开主体在信息公开时需要对是否属于商业秘密进行判断和准确把握，无法自行判断时应征求有关慈善主体的意见。

个人隐私一般是指公民个人生活中不愿为他人公开或知悉的秘密，慈善主体在开展募捐活动、实施慈善项目过程中，有可能知悉捐赠人、受益人等相关人员的个人隐私，在公开相关信息时，应当予以排除。任何组织和个人都不得侵害他人的个人隐私，不得以慈善活动需要为名任意公开。《慈善法》第63条也明确规定，“开展慈善服务，应当尊重受益人、志愿者的人格尊严，不得侵害受益人、志愿者的隐私”。现实中，一些慈善组织为募捐宣传而公开受益人的姓名或处于困境的尴尬状况，未经允许公开具体健康状况和治疗信息、有缺陷的照片等，都有悖慈善伦理，有损受益人尊严。因此，有关慈善信息公开主体必须把握信息公开的边界和底线，充分保护受益人的尊严和隐私权，同时对于捐赠人、志愿者等相关慈善活动主体的个人隐私也应当予以尊重和保护，不得任意公开。

（二）相对不得公开的慈善信息

对于捐赠人、慈善信托的委托人的姓名、名称、住所、通讯方式等信息，由于这些信息更倾向于个人隐私，其不是慈善组织自身的信息，也不会与社会公众发生直接关联，因此即使不公开也不会侵害到公众的知情权，不会影响到公众对慈善组织的监督，同时给维护捐赠人及慈善信托委托人的隐私权、防止公众过分诉求提供了法律依据与保障。因此《慈善法》对于这些信息并不要求有关责任主体强制进行公开，若捐赠人、慈善信托的委托人不同意公开，政府部门、慈善组织、慈善信托受托人等信息公开义务人应尊重其意愿，不得公开上述信息。另外，关于如何理解捐赠人及慈善信托委托人的“不同意”，在涉及人数比较多的情况下，如果需逐一征得同意，慈善信息公开义务人很难执行。因此，此处的“不同意”在实际操作中应理解为“明确表示不同意”。[1]

第四节 违反信息公开的法律责任

信息公开是强化慈善组织与慈善行为的透明度、增强慈善事业公信力的关键途径，《慈善法》第九章明确了对政府部门、慈善组织、慈善信托受托人等主体的信息公开义务的具体要求。为保证各主体依法履行信息公开义务，有必要明确相应的法律责任。《慈善法》针对慈善信息公开义务主体如何承担法律责任的规定主要集中于第十二章，明确了政府部门、慈善组织、慈善信托受托人未依法履行信息公开义务情况下应当承担的法律责任。

---

〔1〕 参见郑功成主编：《〈中华人民共和国慈善法〉解读与应用》，人民出版社2016年版，第238页。

一、政府部门的法律责任

《慈善法》第 75 条、第 76 条对县级以上人民政府民政部门和其他有关部门的信息公开义务作出了明确具体的规定,未依法履行有关信息公开义务的,需要承担法律责任。《慈善法》第 120 条第 1 项规定,县级以上人民政府民政部门和其他有关部门及其工作人员未依法履行信息公开义务的,由上级机关或者监察机关责令改正;依法应当给予处分的,由任免机关或者监察机关对直接负责的主管人员和其他直接责任人员给予处分。由此可见,政府部门及其工作人员未依法履行信息公开义务,承担法律责任的方式主要有两种:一是责令改正,即由上级机关或监察机关对未依法履行信息公开义务的有关政府部门及其工作人员的违法行为进行纠正。例如在应当公开有关慈善信息却不予公开的情况下,责令有关部门和人员予以公开;在对法律规定不得公开的慈善信息进行了公开的情况下,责令其撤回公开并采取有效补救措施。二是给予处分,主要是针对政府部门中对慈善信息公开直接负责的主管人员和其他直接责任人员的追责,有关工作人员未依法履行信息公开义务的,由任免机关或者监察机关依据《公务员法》《监察法》《行政机关公务员处分条例》等法律法规给予处分。

二、慈善组织的法律责任

信息公开是增强慈善组织公信力,把慈善事业作成人人信任的"透明口袋"的制度保障。《慈善法》明确规定了慈善组织的信息公开主体地位,同时对慈善组织信息公开的基本原则、基本内容、公开方式、公开周期、不得公开的信息等作出了较为详细的要求,慈善组织应当严格依法履行信息公开义务并承担相应的法律责任。《慈善法》第 110 条第 1 款第 7 项、第 9 项对慈善组织违反信息公开要求应承担的法律责任进行了明确规定,即慈善组织未依法履行信息公开义务,或者泄露捐赠人、志愿者、受益人个人隐私以及捐赠人、慈善信托的委托人不同意公开的姓名、名称、住所、通讯方式等信息的，由县级以上人民政府民政部门责令限期改正，予以警告，并没收违法所得；逾期不改正的，责令限期停止活动并进行整改。由此可见，当慈善组织存在不履行信息公开义务、公布虚假信息、信息公开的方式不符合《慈善法》的要求以及未尽到法律规定的保密职责等情况时，先由作为慈善工作主管部门的民政部门责令限期改正，予以警告，并没收违法所得；慈善组织逾期不改正的情况下，适用更加严厉的追责方式，即责令其在一定期限内不得作为慈善活动的主体从事相关慈善活动，同时责令其依法进行整改。另外，《慈善法》第 110 条第 2 款还明确规定，“慈善组织违反本法规定泄露国家秘密、商业秘密的，依照有关法律的规定予以处罚”。据此规定，当慈善组织进行信息公开时涉及泄露国家秘密、商业秘密的，还应当依照《保守国家秘密法》《保守国家秘密法实施条例》《反不正当竞争法》《关于禁止侵犯商业秘密行为的若干规定》等有关法律、法规、规章的规定承担相应的法律责任。

三、慈善信托委托人和受托人的法律责任

委托人和受托人是慈善信托中进行信息公开的重要责任人，《慈善法》明确了其面向委托人、受托人的信息公开要求，同时明确了违反有关规定时应当承担的法律责任。《慈善法》第 118 条第 3 项、第 5 项明确规定，慈善信托的委托人、受托人未按照规定将信托事务处理情况及财务状况向民政部门报告、未依法履行信息公开义务的，由县级以上人民政府民政部门责令限期改正，予以警告，并没收违法所得；对直接负责的主管人员和其他直接责任人员处 2 万元以上 20 万元以下罚款。由此可见，慈善信托的受托人未依法履行相关的信息公开义务的，承担责任的方式包括责令限期改正、警告、没收违法所得以及罚款。

【热点链接】

《个人大病求助互联网服务平台自律公约》升级版发布

2018年10月19日，第一份行业自律书诞生。三大个人大病求助平台——爱心筹、轻松筹和水滴筹联合发布《个人大病求助互联网服务平台自律倡议书》和《个人大病求助互联网服务平台自律公约》（以下简称《自律公约》）（《自律公约》1.0版）。

2020年8月18日，由民政部主导举办的《自律公约》2.0版本发布会及签约仪式在北京举行。爱心筹、轻松筹、水滴筹、360大病筹4家平台共同签署自律公约及倡议书。

《自律公约》2.0版规定：对于额度高、信息公示有缺失的，尽可能打款给医疗机构，或者采用分批拨款的方式，保障款项用于医疗，让赠与人和公众放心。针对履行信息公开义务容易不到位的问题，增加了平台的督促义务，并在筹款完成之后的使用环节中，增加了对救助款打款对象的限制来着力保证资金安全、符合赠与意愿。收款方应当为求助人或其监护人、近亲属及医疗机构。

平台应对社会公众进行风险提示，在求助页面显著位置公开收费项目、标准和方式（包括平台服务费），各方权利、义务和责任等信息，明确告知公众个人大病求助信息不属于慈善募捐信息，真实性由发起人负责。增加了平台对公开募捐与个人大病求助区别的宣传义务。

在用于大病治疗等后仍有剩余的，明确其处理方式为按原路退还赠与人，并应当在前期发起人在平台发起求助时就以协议进行约定。发起人、求助人如果拟将剩余款项捐赠给相关慈善组织等，应当通过公示的形式征求赠与人意见。

当事人对慈善组织的投诉、举报

【典型案例】

杨某伟与北京市人民政府行政诉讼——任何人都可以投诉、举报，对结果不服时，对权利义务不产生实际影响的，不予受理

·基本案情

杨某伟于2020年2月13日向北京市民政局实名举报北京韩红爱心慈善基金会自成立以来存在的违法经营行为。2月20日，北京市民政局通过新浪微博私信方式回复杨某伟，作出《北京市民政局关于对举报北京韩红爱心慈善基金会有关问题调查结果的通报》。杨某伟不服该调查处理结果，申请行政复议后，又提起行政诉讼。

·裁判要旨

杨某伟投诉举报的主要内容为北京韩红爱心慈善基金会存在未公开年度工作报告、对外投资信息、慈善项目实施情况，以及在不具备公募资格的情况下向不特定社会公众公开募捐的违法行为。根据《慈善法》《慈善组织信息公开办法》等的相关规定，杨某伟所投诉举报的事项是任何单位或者个人均可向民政部门提起的，系基于维护社会公共利益向行政机关提供违法线索的行为，北京市民政局的调查处理结果与其没有行政法意义上的利害关系，仅为一种告知行为，对其权利义务不产生实际影响，不属于人民法院行政诉讼受案范围。

·涉及法条

《慈善法》(2023年修正)

第一百零八条　任何单位和个人发现慈善组织、慈善信托有违法行为的，可以向县级以上人民政府民政部门、其他有关部门或者慈善行业组织投诉、举报。民政部门、其他有关部门或者慈善行业组织接到投诉、举报后，应当及时调查处理。

国家鼓励公众、媒体对慈善活动进行监督,对假借慈善名义或者假冒慈善组织骗取财产以及慈善组织、慈善信托的违法违规行为予以曝光,发挥舆论和社会监督作用。

《慈善组织信息公开办法》

第二十条 慈善组织不及时公开应当公开的事项或者公开的事项不真实的,任何单位或者个人可以向民政部门投诉、举报。

最高人民法院《关于适用〈中华人民共和国行政诉讼法〉的解释》

第一条第二款 下列行为不属于人民法院行政诉讼的受案范围:

……

(十)对公民、法人或者其他组织权利义务不产生实际影响的行为。

《慈善法(2016)》《慈善法(修订草案)》《慈善法(2023)》三联对照表

注:

第一、二栏~~删除线~~为新法删除未保留的内容

第二栏**加粗**为相较于旧法,修订草案增加内容

第三栏<u>**下划线及加粗**</u>部分为新法增加的内容

着重号加粗部分为新法修改的内容

慈善法(2016)	慈善法(修订草案)	慈善法(2023)
目录	目录	目录
第一章　总　则 第二章　慈善组织 第三章　慈善募捐 第四章　慈善捐赠 第五章　慈善信托 第六章　慈善财产 第七章　慈善服务 第八章　信息公开 第九章　促进措施 第十章　监督管理 第十一章　法律责任 第十二章　附　则	第一章　总　则 第二章　慈善组织 第三章　慈善募捐 第四章　慈善捐赠 第五章　慈善信托 第六章　慈善财产 第七章　慈善服务 **第八章　应急慈善** 第九章　信息公开 第十章　促进措施 第十一章　监督管理 第十二章　法律责任 第十三章　附　则	第一章　总　则 第二章　慈善组织 第三章　慈善募捐 第四章　慈善捐赠 第五章　慈善信托 第六章　慈善财产 第七章　慈善服务 <u>**第八章　应急慈善**</u> 第九章　信息公开 第十章　促进措施 第十一章　监督管理 第十二章　法律责任 第十三章　附　则

续表

慈善法(2016)	慈善法(修订草案)	慈善法(2023)
第一章 总 则	**第一章 总 则**	**第一章 总 则**
第一条 为了发展慈善事业,弘扬慈善文化,规范慈善活动,保护慈善组织、捐赠人、志愿者、受益人等慈善活动参与者的合法权益,促进社会进步,共享发展成果,制定本法。	**第一条** 为了发展慈善事业,弘扬慈善文化,规范慈善活动,保护慈善组织、捐赠人、志愿者、受益人等慈善活动参与者的合法权益,~~**充分发挥慈善在第三次分配中的作用,推动共同富裕,**~~促进社会进步,共享发展成果,制定本法。	**第一条** 为了发展慈善事业,弘扬慈善文化,规范慈善活动,保护慈善组织、捐赠人、志愿者、受益人等慈善活动参与者的合法权益,促进社会进步,共享发展成果,制定本法。
第二条 自然人、法人和**其他组织**开展慈善活动以及与慈善有关的活动,适用本法。其他法律有特别规定的,依照其规定。	**第二条** 自然人、法人和**其他组织**开展慈善活动以及与慈善有关的活动,适用本法。其他法律有特别规定的,依照其规定。	**第二条** 自然人、法人和**非法人组织**开展慈善活动以及与慈善有关的活动,适用本法。其他法律有特别规定的,依照其规定。
第三条 本法所称慈善活动,是指自然人、法人和**其他组织**以捐赠财产或者提供服务等方式,自愿开展的下列公益活动: (一)扶贫、济困; (二)扶老、救孤、恤病、助残、优抚; (三)救助自然灾害、事故灾难和公共卫生事件等突发事件造成的损害; (四)促进教育、科学、文化、卫生、体育等事业的发展; (五)防治污染和其他公害,保护和改善生态环境; (六)符合本法规定的其他公益活动。	**第三条** 本法所称慈善活动,是指自然人、法人和**其他组织**以捐赠财产或者提供服务等方式,自愿开展的下列公益活动: (一)扶贫、济困; (二)扶老、救孤、恤病、助残、优抚; (三)救助自然灾害、事故灾难和公共卫生事件等突发事件造成的损害; (四)促进教育、科学、文化、卫生、体育等事业的发展; (五)防治污染和其他公害,保护和改善生态环境; (六)符合本法规定的其他公益活动。	**第三条** 本法所称慈善活动,是指自然人、法人和**非法人组织**以捐赠财产或者提供服务等方式,自愿开展的下列公益活动: (一)扶贫、济困; (二)扶老、救孤、恤病、助残、优抚; (三)救助自然灾害、事故灾难和公共卫生事件等突发事件造成的损害; (四)促进教育、科学、文化、卫生、体育等事业的发展; (五)防治污染和其他公害,保护和改善生态环境; (六)符合本法规定的其他公益活动。
第四条 开展慈善活动,应当遵循合法、自愿、诚信、非营利的原则,不得违背社会公德,不得危害国家安全、损害社会公共利益和他人合法权益。	**第四条** 开展慈善活动,应当遵循合法、自愿、诚信、非营利的原则,不得违背社会公德,不得危害国家安全、损害社会公共利益和他人合法权益。	**第四条** **慈善工作坚持中国共产党的领导。** 开展慈善活动,应当遵循合法、自愿、诚信、非营利的原则,不得违背社会公德,不得危害国家安全、损害社会公共利益和他人合法权益。

续表

慈善法(2016)	慈善法(修订草案)	慈善法(2023)
第五条 国家鼓励和支持自然人、法人和**其他组织**践行社会主义核心价值观,弘扬中华民族传统美德,依法开展慈善活动。	**第五条 慈善工作坚持中国共产党的领导。** 国家鼓励和支持自然人、法人和**其他组织**践行社会主义核心价值观,弘扬中华民族传统美德,依法开展慈善活动。	**第五条** 国家鼓励和支持自然人、法人和**非法人组织**践行社会主义核心价值观,弘扬中华民族传统美德,依法开展慈善活动。
第六条 国务院民政部门主管全国慈善工作,县级以上地方各级人民政府民政部门主管本行政区域内的慈善工作;县级以上人民政府有关部门依照本法和其他有关法律法规,在各自的职责范围内做好相关工作。	**第六条** 国务院民政部门主管全国慈善工作,县级以上地方各级人民政府民政部门主管本行政区域内的慈善工作;县级以上人民政府有关部门依照本法和其他有关法律法规,在各自的职责范围内做好相关工作。 **县级以上人民政府应当建立慈善工作协调机制,统筹、协调、督促和指导有关部门在各自职责范围内做好慈善事业扶持发展和规范管理工作。**~~协调机制具体工作由县级以上人民政府民政部门承担。~~	**第六条 县级以上人民政府应当统筹、协调、督促和指导有关部门在各自职责范围内做好慈善事业的扶持发展和规范管理工作。** 国务院民政部门主管全国慈善工作,县级以上地方各级人民政府民政部门主管本行政区域内的慈善工作;县级以上人民政府有关部门依照本法和其他有关法律法规,在各自的职责范围内做好相关工作,**加强对慈善活动的监督、管理和服务;慈善组织有业务主管单位的,业务主管单位应当对其进行指导、监督。**
第七条 每年9月5日为“中华慈善日”。	**第七条** 每年9月5日为“中华慈善日”。	**第七条** 每年9月5日为“中华慈善日”。
第二章 慈善组织	**第二章 慈善组织**	**第二章 慈善组织**
第八条 本法所称慈善组织,是指依法成立、符合本法规定,以面向社会开展慈善活动为宗旨的**非营利性组织**。 慈善组织可以采取基金会、社会团体、社会服务机构等组织形式。	**第八条** 本法所称慈善组织,是指依法成立、符合本法规定,以面向社会开展慈善活动为宗旨的**非营利法人**。 慈善组织可以采取基金会、社会团体、社会服务机构等组织形式。	**第八条** 本法所称慈善组织,是指依法成立、符合本法规定,以面向社会开展慈善活动为宗旨的**非营利性组织**。 慈善组织可以采取基金会、社会团体、社会服务机构等组织形式。

续表

慈善法(2016)	慈善法(修订草案)	慈善法(2023)
第九条 慈善组织应当符合下列条件: (一)以开展慈善活动为宗旨; (二)不以营利为目的; (三)有自己的名称和住所; (四)有组织章程; (五)有必要的财产; (六)有符合条件的组织机构和负责人; (七)法律、行政法规规定的其他条件。	**第九条** 慈善组织应当符合下列条件: (一)以开展慈善活动为宗旨; (二)不以营利为目的; (三)有自己的名称和住所; (四)有组织章程; (五)有必要的财产; (六)有符合条件的组织机构和负责人; (七)法律、行政法规规定的其他条件。	**第九条** 慈善组织应当符合下列条件: (一)以开展慈善活动为宗旨; (二)不以营利为目的; (三)有自己的名称和住所; (四)有组织章程; (五)有必要的财产; (六)有符合条件的组织机构和负责人; (七)法律、行政法规规定的其他条件。
第十条 设立慈善组织,应当向县级以上人民政府民政部门申请登记,民政部门应当自受理申请之日起三十日内作出决定。符合本法规定条件的,准予登记并向社会公告;不符合本法规定条件的,不予登记并书面说明理由。 ~~本法公布前~~已经设立的基金会、社会团体、社会服务机构等**非营利性组织**,可以向其**登记**的民政部门申请认定为慈善组织,民政部门应当自受理申请之日起二十日内作出决定。符合慈善组织条件的,予以认定并向社会公告;不符合慈善组织条件的,不予认定并书面说明理由。 有特殊情况需要延长登记或者认定期限的,报经国务院民政部门批准,可以适当延长,但延长的期限不得超过六十日。	**第十条** 设立慈善组织,应当向县级以上人民政府民政部门申请登记,民政部门应当自受理申请之日起三十日内作出决定。符合本法规定条件的,准予登记并向社会公告;不符合本法规定条件的,不予登记并书面说明理由。 **已经设立的**基金会、社会团体、社会服务机构等**非营利法人**,可以向其**登记**的民政部门申请认定为慈善组织,民政部门应当自受理申请之日起二十日内作出决定。符合慈善组织条件的,予以认定并向社会公告;不符合慈善组织条件的,不予认定并书面说明理由。 有特殊情况需要延长登记或者认定期限的,报经国务院民政部门批准,可以适当延长,但延长的期限不得超过六十日。	**第十条** 设立慈善组织,应当向县级以上人民政府民政部门申请登记,民政部门应当自受理申请之日起三十日内作出决定。符合本法规定条件的,准予登记并向社会公告;不符合本法规定条件的,不予登记并书面说明理由。 **已经设立的**基金会、社会团体、社会服务机构等**非营利性组织**,可以向**办理其登记**的民政部门申请认定为慈善组织,民政部门应当自受理申请之日起二十日内作出决定。符合慈善组织条件的,予以认定并向社会公告;不符合慈善组织条件的,不予认定并书面说明理由。 有特殊情况需要延长登记或者认定期限的,报经国务院民政部门批准,可以适当延长,但延长的期限不得超过六十日。

续表

慈善法(2016)	慈善法(修订草案)	慈善法(2023)
第十一条 慈善组织的章程,应当符合法律法规的规定,并载明下列事项: (一)名称和住所; (二)组织形式; (三)宗旨和活动范围; (四)财产来源及构成; (五)决策、执行机构的组成及职责; (六)内部监督机制; (七)财产管理使用制度; (八)项目管理制度; (九)终止情形及终止后的清算办法; (十)其他重要事项。	**第十一条** 慈善组织的章程,应当符合法律法规的规定,并载明下列事项: (一)名称和住所; (二)组织形式; (三)宗旨和活动范围; (四)财产来源及构成; (五)决策、执行机构的组成及职责; (六)内部监督机制; (七)财产管理使用制度; (八)项目管理制度; (九)终止情形及终止后的清算办法; (十)其他重要事项。	**第十一条** 慈善组织的章程,应当符合法律法规的规定,并载明下列事项: (一)名称和住所; (二)组织形式; (三)宗旨和活动范围; (四)财产来源及构成; (五)决策、执行机构的组成及职责; (六)内部监督机制; (七)财产管理使用制度; (八)项目管理制度; (九)终止情形及终止后的清算办法; (十)其他重要事项。
第十二条 慈善组织应当根据法律法规以及章程的规定,建立健全内部治理结构,明确决策、执行、监督等方面的职责权限,开展慈善活动。 慈善组织应当执行国家统一的会计制度,依法进行会计核算,建立健全会计监督制度,并接受政府有关部门的监督管理。	**第十二条** 慈善组织应当根据法律法规以及章程的规定,建立健全内部治理结构,明确决策、执行、监督等方面的职责权限,开展慈善活动。 慈善组织应当执行国家统一的会计制度,依法进行会计核算,建立健全会计监督制度,并接受政府有关部门的监督管理。	**第十二条** 慈善组织应当根据法律法规以及章程的规定,建立健全内部治理结构,明确决策、执行、监督等方面的职责权限,开展慈善活动。 慈善组织应当执行国家统一的会计制度,依法进行会计核算,建立健全会计监督制度,并接受政府有关部门的监督管理。
第十三条 慈善组织应当每年向其**登记**的民政部门报送年度工作报告和财务会计报告。报告应当包括年度开展募捐和接受捐赠情况、慈善财产的管理使用情况、慈善项目实施情况以及慈善组织工作人员的工资福利情况。	**第十三条** 慈善组织应当每年向其**登记**的民政部门报送年度工作报告和财务会计报告。报告应当包括年度开展募捐和接受捐赠、慈善财产的管理使用、慈善项目实施、**与境外组织或者个人开展合作**以及慈善组织工作人员的工资福利等情况。	**第十三条** 慈善组织应当每年向**办理其登记**的民政部门报送年度工作报告和财务会计报告。报告应当包括年度开展募捐和接受捐赠、慈善财产的管理使用、慈善项目实施、**募捐成本**、慈善组织工作人员工资福利**以及与境外组织或者个人开展合作等**情况。

续表

慈善法(2016)	慈善法(修订草案)	慈善法(2023)
第十四条 慈善组织的发起人、主要捐赠人以及管理人员,不得利用其关联关系损害慈善组织、受益人的利益和社会公共利益。 慈善组织的发起人、主要捐赠人以及管理人员与慈善组织发生交易行为的,不得参与慈善组织有关该交易行为的决策,有关交易情况应当向社会公开。	**第十四条** 慈善组织的发起人、主要捐赠人以及管理人员,不得利用其关联关系损害慈善组织、受益人的利益和社会公共利益。 慈善组织的发起人、主要捐赠人以及管理人员与慈善组织发生交易行为的,不得参与慈善组织有关该交易行为的决策,有关交易情况应当向社会公开。	**第十四条** 慈善组织的发起人、主要捐赠人以及管理人员,不得利用其关联关系损害慈善组织、受益人的利益和社会公共利益。 慈善组织的发起人、主要捐赠人以及管理人员与慈善组织发生交易行为的,不得参与慈善组织有关该交易行为的决策,有关交易情况应当向社会公开。
第十五条 慈善组织不得从事、资助危害国家安全和社会公共利益的活动,不得接受附加违反法律法规和违背社会公德条件的捐赠,不得对受益人附加违反法律法规和违背社会公德的条件。	**第十五条** 慈善组织不得从事、资助危害国家安全和社会公共利益的活动,不得接受附加违反法律法规和违背社会公德条件的捐赠,不得对受益人附加违反法律法规和违背社会公德的条件。	**第十五条** 慈善组织不得从事、资助危害国家安全和社会公共利益的活动,不得接受附加违反法律法规和违背社会公德条件的捐赠,不得对受益人附加违反法律法规和违背社会公德的条件。
第十六条 有下列情形之一的,不得担任慈善组织的负责人: (一)无民事行为能力或者限制民事行为能力的; (二)因故意犯罪被判处刑罚,自刑罚执行完毕之日起未逾五年的; (三)在被吊销登记证书或者被取缔的组织担任负责人,自该组织被吊销登记证书或者被取缔之日起未逾五年的; (四)法律、行政法规规定的其他情形。	**第十六条** 有下列情形之一的,不得担任慈善组织的负责人: (一)无民事行为能力或者限制民事行为能力的; (二)因故意犯罪被判处刑罚,自刑罚执行完毕之日起未逾五年的; (三)在被吊销登记证书或者被取缔的组织担任负责人,自该组织被吊销登记证书或者被取缔之日起未逾五年的; (四)法律、行政法规规定的其他情形。	**第十六条** 有下列情形之一的,不得担任慈善组织的负责人: (一)无民事行为能力或者限制民事行为能力的; (二)因故意犯罪被判处刑罚,自刑罚执行完毕之日起未逾五年的; (三)在被吊销登记证书或者被取缔的组织担任负责人,自该组织被吊销登记证书或者被取缔之日起未逾五年的; (四)法律、行政法规规定的其他情形。

续表

慈善法(2016)	慈善法(修订草案)	慈善法(2023)
第十七条 慈善组织有下列情形之一的,应当终止: (一)出现章程规定的终止情形的; (二)因分立、合并需要终止的; (三)连续二年未从事慈善活动的; (四)依法被撤销登记或者吊销登记证书的; (五)法律、行政法规规定应当终止的其他情形。	**第十七条** 慈善组织有下列情形之一的,应当终止: (一)出现章程规定的终止情形的; (二)因分立、合并需要终止的; (三)连续二年未从事慈善活动的; (四)依法被撤销登记或者吊销登记证书的; (五)法律、行政法规规定应当终止的其他情形。	**第十七条** 慈善组织有下列情形之一的,应当终止: (一)出现章程规定的终止情形的; (二)因分立、合并需要终止的; (三)连续二年未从事慈善活动的; (四)依法被撤销登记或者吊销登记证书的; (五)法律、行政法规规定应当终止的其他情形。
第十八条 慈善组织终止,应当进行清算。 慈善组织的决策机构应当在本法第十七条规定的终止情形出现之日起三十日内成立清算组进行清算,并向社会公告。不成立清算组或者清算组不履行职责的,民政部门可以申请人民法院指定有关人员组成清算组进行清算。 慈善组织清算后的剩余财产,应当按照慈善组织章程的规定转给宗旨相同或者相近的慈善组织;章程未规定的,由民政部门主持转给宗旨相同或者相近的慈善组织,并向社会公告。 慈善组织清算结束后,应当向其登记的民政部门办理注销登记,并由民政部门向社会公告。	**第十八条** 慈善组织终止,应当进行清算。 慈善组织的决策机构应当在本法第十七条规定的终止情形出现之日起三十日内成立清算组进行清算,并向社会公告。不成立清算组或者清算组不履行职责的,~~**慈善组织发起人、主要捐赠人等利害关系人或者**~~民政部门可以申请人民法院指定有关人员组成清算组进行清算。 慈善组织清算后的剩余财产,应当按照慈善组织章程的规定~~**或者决策机构的决议用于慈善目的;无法按照慈善组织章程的规定或者决策机构的决议处理的,**~~由民政部门主持转给宗旨相同或者相近的慈善组织,并向社会公告。 慈善组织清算结束后,应当向其登记的民政部门办理注销登记,并由民政部门向社会公告。	**第十八条** 慈善组织终止,应当进行清算。 慈善组织的决策机构应当在本法第十七条规定的终止情形出现之日起三十日内成立清算组进行清算,并向社会公告。不成立清算组或者清算组不履行职责的,**办理其登记的**民政部门可以申请人民法院指定有关人员组成清算组进行清算。 慈善组织清算后的剩余财产,应当按照慈善组织章程的规定转给宗旨相同或者相近的慈善组织;章程未规定的,由**办理其登记的**民政部门主持转给宗旨相同或者相近的慈善组织,并向社会公告。 慈善组织清算结束后,应当向**办理其登记**的民政部门办理注销登记,并由民政部门向社会公告。

续表

慈善法(2016)	慈善法(修订草案)	慈善法(2023)
第十九条 慈善组织依法成立行业组织。 慈善行业组织应当反映行业诉求,推动行业交流,提高慈善行业公信力,促进慈善事业发展。	**第十九条** 慈善组织依法成立行业组织。 慈善行业组织应当**收集行业信息**,反映行业诉求,**制定团体标准**,推动行业交流,提高慈善行业公信力,促进慈善事业发展。	**第十九条** 慈善组织依法成立行业组织。 慈善行业组织应当反映行业诉求,推动行业交流,提高慈善行业公信力,促进慈善事业发展。
第二十条 慈善组织的组织形式、登记管理的具体办法由国务院制定。	**第二十条** 慈善组织的组织形式、登记管理的具体办法由国务院制定。	**第二十条** 慈善组织的组织形式、登记管理的具体办法由国务院制定。
第三章 慈善募捐	**第三章 慈善募捐**	**第三章 慈善募捐**
第二十一条 本法所称慈善募捐,是指慈善组织基于慈善宗旨募集财产的活动。 慈善募捐,包括面向社会公众的公开募捐和面向特定对象的定向募捐。	**第二十一条** 本法所称慈善募捐,是指慈善组织基于慈善宗旨募集财产的活动。 慈善募捐,包括面向社会公众的公开募捐和面向特定对象的定向募捐。	**第二十一条** 本法所称慈善募捐,是指慈善组织基于慈善宗旨募集财产的活动。 慈善募捐,包括面向社会公众的公开募捐和面向特定对象的定向募捐。
第二十二条 慈善组织开展公开募捐,应当取得公开募捐资格。依法登记满二年的慈善组织,可以向其登记的民政部门申请公开募捐资格。民政部门应当自受理申请之日起二十日内作出决定。慈善组织符合内部治理结构健全、运作规范的条件的,发给公开募捐资格证书;不符合条件的,不发给公开募捐资格证书并书面说明理由。 法律、行政法规规定~~自登记之日起~~可以公开募捐的**基金会和社会团体**,由民政部门直接发给公开募捐资格证书。	**第二十二条** 慈善组织开展公开募捐,应当取得公开募捐资格。依法登记满一年的慈善组织,可以向其登记的民政部门申请公开募捐资格。民政部门应当自受理申请之日起二十日内作出决定。慈善组织符合内部治理结构健全、运作规范的条件的,发给公开募捐资格证书;不符合条件的,不发给公开募捐资格证书并书面说明理由。 ~~**慈善组织放弃公开募捐资格的,应当向其登记的民政部门申请注销,由民政部门注销公开募捐资格,收回公开募捐资格证书并向社会公告。公开募捐资格注销的,三年内不得再次申请。**~~ **其他**法律、行政法规规定可以公开募捐的**非营利法人**,由民政部门直接发给公开募捐资格证书。	**第二十二条** 慈善组织开展公开募捐,应当取得公开募捐资格。依法登记满一年的慈善组织,可以向**办理其登记**的民政部门申请公开募捐资格。民政部门应当自受理申请之日起二十日内作出决定。慈善组织符合内部治理结构健全、运作规范的条件的,发给公开募捐资格证书;不符合条件的,不发给公开募捐资格证书并书面说明理由。 **其他**法律、行政法规规定可以公开募捐的**非营利性组织**,由**县级以上人民政府**民政部门直接发给公开募捐资格证书。

续表

慈善法(2016)	慈善法(修订草案)	慈善法(2023)
第二十三条 开展公开募捐,可以采取下列方式: (一)在公共场所设置募捐箱; (二)举办面向社会公众的义演、义赛、义卖、义展、义拍、慈善晚会等; (三)通过广播、电视、报刊、互联网等媒体发布募捐信息; (四)其他公开募捐方式。 慈善组织采取前款第一项、第二项规定的方式开展公开募捐的,应当在其**登记**的民政部门管辖区域内进行,确有必要在其登记的民政部门管辖区域外进行的,应当报其开展募捐活动所在地的县级以上人民政府民政部门备案。捐赠人的捐赠行为不受地域限制。 ~~慈善组织通过互联网开展公开募捐的,应当在国务院民政部门统一或者指定的慈善信息平台发布募捐信息,并可以同时在其网站发布募捐信息。~~	**第二十三条** 开展公开募捐,可以采取下列方式: (一)在公共场所设置募捐箱; (二)举办面向社会公众的义演、义赛、义卖、义展、义拍、慈善晚会等; (三)通过广播、电视、报刊、互联网等媒体发布募捐信息; (四)其他公开募捐方式。 慈善组织采取前款第一项、第二项规定的方式开展公开募捐的,应当在其**登记**的民政部门管辖区域内进行,确有必要在其登记的民政部门管辖区域外进行的,应当报其开展募捐活动所在地的县级以上人民政府民政部门备案。捐赠人的捐赠行为不受地域限制。	**第二十三条** 开展公开募捐,可以采取下列方式: (一)在公共场所设置募捐箱; (二)举办面向社会公众的义演、义赛、义卖、义展、义拍、慈善晚会等; (三)通过广播、电视、报刊、互联网等媒体发布募捐信息; (四)其他公开募捐方式。 慈善组织采取前款第一项、第二项规定的方式开展公开募捐的,应当在**办理其登记**的民政部门管辖区域内进行,确有必要在办理其登记的民政部门管辖区域外进行的,应当报其开展募捐活动所在地的县级以上人民政府民政部门备案。捐赠人的捐赠行为不受地域限制。
第二十四条 开展公开募捐,应当制定募捐方案。募捐方案包括募捐目的、起止时间和地域、活动负责人姓名和办公地址、接受捐赠方式、银行账户、受益人、募得款物用途、募捐成本、剩余财产的处理等。 募捐方案应当在开展募捐活动前报慈善组织登记的民政部门备案。	**第二十四条** 开展公开募捐,应当制定募捐方案。募捐方案包括募捐目的、起止时间和地域、活动负责人姓名和办公地址、接受捐赠方式、银行账户、受益人、募得款物用途、募捐成本、剩余财产的处理等。 募捐方案应当在开展募捐活动前报慈善组织登记的民政部门备案。	**第二十四条** 开展公开募捐,应当制定募捐方案。募捐方案包括募捐目的、起止时间和地域、活动负责人姓名和办公地址、接受捐赠方式、银行账户、受益人、募得款物用途、募捐成本、剩余财产的处理等。 募捐方案应当在开展募捐活动前报慈善组织登记的民政部门备案。

续表

慈善法(2016)	慈善法(修订草案)	慈善法(2023)
第二十五条 开展公开募捐,应当在募捐活动现场或者募捐活动载体的显著位置,公布募捐组织名称、公开募捐资格证书、募捐方案、联系方式、募捐信息查询方法等。	**第二十五条** 开展公开募捐,应当在募捐活动现场或者募捐活动载体的显著位置,公布募捐组织名称、公开募捐资格证书、募捐方案、联系方式、募捐信息查询方法等。	**第二十五条** 开展公开募捐,应当在募捐活动现场或者募捐活动载体的显著位置,公布募捐组织名称、公开募捐资格证书、募捐方案、联系方式、募捐信息查询方法等。
第二十六条 不具有公开募捐资格的组织或者个人基于慈善目的,可以与具有公开募捐资格的慈善组织合作,由该慈善组织开展公开募捐并管理募得款物。	**第二十六条** 不具有公开募捐资格的组织或者个人基于慈善目的,可以与具有公开募捐资格的慈善组织合作,由该慈善组织开展公开募捐~~并管理募得款物~~。 **慈善组织应当对合作方进行评估,并在募捐方案中载明合作方的相关信息。**	**第二十六条** 不具有公开募捐资格的组织或者个人基于慈善目的,可以与具有公开募捐资格的慈善组织合作,由该慈善组织开展公开募捐,合作方不得以任何形式自行开展公开募捐。具有公开募捐资格的慈善组织应当对合作方进行评估,依法签订书面协议,在募捐方案中载明合作方的相关信息,并对合作方的相关行为进行指导和监督。 具有公开募捐资格的慈善组织负责对合作募得的款物进行管理和会计核算,将全部收支纳入其账户。
第二十三条第三款 慈善组织通过互联网开展公开募捐的,应当在国务院民政部门统一或者指定的慈善信息平台发布募捐信息,并可以同时在其网站发布募捐信息。	**第二十七条 国务院民政部门建立健全统一的慈善信息平台,提供公开募捐方案备案、慈善信息发布等服务。** **慈善组织通过互联网开展公开募捐的,应当在前款规定的平台发布募捐信息。**	**第二十七条** **慈善组织通过互联网开展公开募捐的,应当在国务院民政部门指定的互联网公开募捐服务平台进行,并可以同时在其网站进行。** **国务院民政部门指定的互联网公开募捐服务平台,提供公开募捐信息展示、捐赠支付、捐赠财产使用情况查询等服务;无正当理由不得拒绝为具有公开募捐资格的慈善组织提供服务,不得向其收费,不得在公开募捐信息页面插入商业广告和商业活动链接。**

续表

慈善法(2016)	慈善法(修订草案)	慈善法(2023)
	第二十八条　国务院民政部门指定互联网公开募捐服务平台,提供信息展示、捐赠支付、捐赠使用情况查询等服务。 慈善组织通过互联网开展公开募捐的,应当在前款规定的平台上进行,并可以同时在其网站进行。 互联网公开募捐服务平台不得拒绝为具有公开募捐资格的慈善组织提供服务,不得向其收费,不得在公开募捐信息页面插入商业广告和商业活动链接。	
第二十七条　广播、电视、报刊以及网络服务提供者、电信运营商,应当对利用其平台开展公开募捐的慈善组织的登记证书、公开募捐资格证书进行验证。	**第二十九条**　广播、电视、报刊以及网络服务提供者、电信运营商,应当对利用其平台开展公开募捐的慈善组织的登记证书、公开募捐资格证书进行验证。	**第二十八条**　广播、电视、报刊以及网络服务提供者、电信运营商,应当对利用其平台开展公开募捐的慈善组织的登记证书、公开募捐资格证书进行验证。
第二十八条　慈善组织自登记之日起可以开展定向募捐。 慈善组织开展定向募捐,应当在发起人、理事会成员和会员等特定对象的范围内进行,并向募捐对象说明募捐目的、募得款物用途等事项。	**第三十条**　慈善组织自登记之日起可以开展定向募捐。 慈善组织开展定向募捐,应当在发起人、理事会成员和会员等特定对象的范围内进行,并向募捐对象说明募捐目的、募得款物用途等事项。	**第二十九条**　慈善组织自登记之日起可以开展定向募捐。 慈善组织开展定向募捐,应当在发起人、理事会成员和会员等特定对象的范围内进行,并向募捐对象说明募捐目的、募得款物用途等事项。
第二十九条　开展定向募捐,不得采取或者变相采取本法第二十三条规定的方式。	**第三十一条**　开展定向募捐,不得采取或者变相采取本法第二十三条规定的方式。	**第三十条**　开展定向募捐,不得采取或者变相采取本法第二十三条规定的方式。

续表

慈善法(2016)	慈善法(修订草案)	慈善法(2023)
~~**第三十条** 发生重大自然灾害、事故灾难和公共卫生事件等突发事件,需要迅速开展救助时,有关人民政府应当建立协调机制,提供需求信息,及时有序引导开展募捐和救助活动。~~		
第三十一条 开展募捐活动,应当尊重和维护募捐对象的合法权益,保障募捐对象的知情权,不得通过虚构事实等方式欺骗、诱导募捐对象实施捐赠。	**第三十二条** 开展募捐活动,应当尊重和维护募捐对象的合法权益,保障募捐对象的知情权,不得通过虚构事实等方式欺骗、诱导募捐对象实施捐赠。	**第三十一条** 开展募捐活动,应当尊重和维护募捐对象的合法权益,保障募捐对象的知情权,不得通过虚构事实等方式欺骗、诱导募捐对象实施捐赠。
第三十二条 开展募捐活动,不得摊派或者变相摊派,不得妨碍公共秩序、企业生产经营和居民生活。	**第三十三条** 开展募捐活动,不得摊派或者变相摊派,不得妨碍公共秩序、企业生产经营和居民生活。	**第三十二条** 开展募捐活动,不得摊派或者变相摊派,不得妨碍公共秩序、企业生产经营和居民生活。
第三十三条 禁止任何组织或者个人假借慈善名义或者假冒慈善组织开展募捐活动,骗取财产。	**第三十四条** 禁止任何组织或者个人假借慈善名义或者假冒慈善组织开展募捐活动,骗取财产。	**第三十三条** 禁止任何组织或者个人假借慈善名义或者假冒慈善组织开展募捐活动,骗取财产。
第四章 慈善捐赠	**第四章 慈善捐赠**	**第四章 慈善捐赠**
第三十四条 本法所称慈善捐赠,是指自然人、法人和**其他组织**基于慈善目的,自愿、无偿赠与财产的活动。	**第三十五条** 本法所称慈善捐赠,是指自然人、法人和**其他组织**基于慈善目的,自愿、无偿赠与财产的活动。	**第三十四条** 本法所称慈善捐赠,是指自然人、法人和**非法人组织**基于慈善目的,自愿、无偿赠与财产的活动。
第三十五条 捐赠人可以通过慈善组织捐赠,也可以直接向受益人捐赠。	**第三十六条** 捐赠人可以通过慈善组织捐赠,也可以直接向受益人捐赠。	**第三十五条** 捐赠人可以通过慈善组织捐赠,也可以直接向受益人捐赠。

续表

慈善法(2016)	慈善法(修订草案)	慈善法(2023)
第三十六条 捐赠人捐赠的财产应当是其有权处分的合法财产。捐赠财产包括货币、实物、房屋、有价证券、股权、知识产权等有形和无形财产。 捐赠人捐赠的实物应当具有使用价值,符合安全、卫生、环保等标准。 捐赠人捐赠本企业产品的,应当依法承担产品质量责任和义务。	**第三十七条** 捐赠人捐赠的财产应当是其有权处分的合法财产。捐赠财产包括货币、实物、房屋、有价证券、股权、知识产权等有形和无形财产。 捐赠人捐赠的实物应当具有使用价值,符合安全、卫生、环保等标准。 捐赠人捐赠本企业产品的,应当依法承担产品质量责任和义务。	**第三十六条** 捐赠人捐赠的财产应当是其有权处分的合法财产。捐赠财产包括货币、实物、房屋、有价证券、股权、知识产权等有形和无形财产。 捐赠人捐赠的实物应当具有使用价值,符合安全、卫生、环保等标准。 捐赠人捐赠本企业产品的,应当依法承担产品质量责任和义务。
第三十七条 自然人、法人和**其他组织**开展演出、比赛、销售、拍卖等经营性活动,承诺将全部或者部分所得用于慈善目的的,应当在举办活动前与慈善组织或者其他接受捐赠的人签订捐赠协议,活动结束后按照捐赠协议履行捐赠义务,并将捐赠情况向社会公开。	**第三十八条** 自然人、法人和**其他组织**开展演出、比赛、销售、拍卖等经营性活动,承诺将全部或者部分所得用于慈善目的的,应当在举办活动前与慈善组织或者其他接受捐赠的人签订捐赠协议,活动结束后按照捐赠协议履行捐赠义务,并将捐赠情况向社会公开。	**第三十七条** 自然人、法人和**非法人组织**开展演出、比赛、销售、拍卖等经营性活动,承诺将全部或者部分所得用于慈善目的的,应当在举办活动前与慈善组织或者其他接受捐赠的人签订捐赠协议,活动结束后按照捐赠协议履行捐赠义务,并将捐赠情况向社会公开。
第三十八条 慈善组织接受捐赠,应当向捐赠人开具由财政部门统一监(印)制的捐赠票据。捐赠票据应当载明捐赠人、捐赠财产的种类及数量、慈善组织名称和经办人姓名、票据日期等。捐赠人匿名或者放弃接受捐赠票据的,慈善组织应当做好相关记录。	**第三十九条** 慈善组织接受捐赠,应当向捐赠人开具由财政部门统一监(印)制的捐赠票据。捐赠票据应当载明捐赠人、捐赠财产的种类及数量、慈善组织名称和经办人姓名、票据日期等。	**第三十八条** 慈善组织接受捐赠,应当向捐赠人开具由财政部门统一监(印)制的捐赠票据。捐赠票据应当载明捐赠人、捐赠财产的种类及数量、慈善组织名称和经办人姓名、票据日期等。捐赠人匿名或者放弃接受捐赠票据的,慈善组织应当做好相关记录。
第三十九条 慈善组织接受捐赠,捐赠人要求签订书面捐赠协议的,慈善组织应当与捐赠人签订书面捐赠协议。 书面捐赠协议包括捐赠人和慈善组织名称,捐赠财产的种类、数量、质量、用途、交付时间等内容。	**第四十条** 慈善组织接受捐赠,捐赠人要求签订书面捐赠协议的,慈善组织应当与捐赠人签订书面捐赠协议。 书面捐赠协议包括捐赠人和慈善组织名称,捐赠财产的种类、数量、质量、用途、交付时间等内容。	**第三十九条** 慈善组织接受捐赠,捐赠人要求签订书面捐赠协议的,慈善组织应当与捐赠人签订书面捐赠协议。 书面捐赠协议包括捐赠人和慈善组织名称,捐赠财产的种类、数量、质量、用途、交付时间等内容。

续表

慈善法(2016)	慈善法(修订草案)	慈善法(2023)
第四十条 捐赠人与慈善组织约定捐赠财产的用途和受益人时,不得指定捐赠人的利害关系人作为受益人。 任何组织和个人不得利用慈善捐赠违反法律规定宣传烟草制品,不得利用慈善捐赠以任何方式宣传法律禁止宣传的产品和事项。	**第四十一条** 捐赠人与慈善组织约定捐赠财产的用途和受益人时,不得指定捐赠人的利害关系人作为受益人。 任何组织和个人不得利用慈善捐赠违反法律规定宣传烟草制品,不得利用慈善捐赠以任何方式宣传法律禁止宣传的产品和事项。	**第四十条** 捐赠人与慈善组织约定捐赠财产的用途和受益人时,不得指定**或者变相指定**捐赠人的利害关系人作为受益人。 任何组织和个人不得利用慈善捐赠违反法律规定宣传烟草制品,不得利用慈善捐赠以任何方式宣传法律禁止宣传的产品和事项。
第四十一条 捐赠人应当按照捐赠协议履行捐赠义务。捐赠人违反捐赠协议逾期未交付捐赠财产,有下列情形之一的,慈善组织或者其他接受捐赠的人可以要求交付;捐赠人拒不交付的,慈善组织和其他接受捐赠的人可以依法向人民法院申请支付令或者提起诉讼: (一)捐赠人通过广播、电视、报刊、互联网等媒体公开承诺捐赠的; (二)捐赠财产用于本法第三条第一项至第三项规定的慈善活动,并签订书面捐赠协议的。 捐赠人公开承诺捐赠或者签订书面捐赠协议后经济状况显著恶化,严重影响其生产经营或者家庭生活的,经向公开承诺捐赠地或者书面捐赠协议签订地的民政部门报告并向社会公开说明情况后,可以不再履行捐赠义务。	**第四十二条** 捐赠人应当按照捐赠协议履行捐赠义务。捐赠人违反捐赠协议逾期未交付捐赠财产,有下列情形之一的,慈善组织或者其他接受捐赠的人可以要求交付;捐赠人拒不交付的,慈善组织和其他接受捐赠的人可以依法向人民法院申请支付令或者提起诉讼: (一)捐赠人通过广播、电视、报刊、互联网等媒体公开承诺捐赠的; (二)捐赠财产用于本法第三条第一项至第三项规定的慈善活动,并签订书面捐赠协议的。 捐赠人公开承诺捐赠或者签订书面捐赠协议后经济状况显著恶化,严重影响其生产经营或者家庭生活的,经向公开承诺捐赠地或者书面捐赠协议签订地的民政部门报告并向社会公开说明情况后,可以不再履行捐赠义务。	**第四十一条** 捐赠人应当按照捐赠协议履行捐赠义务。捐赠人违反捐赠协议逾期未交付捐赠财产,有下列情形之一的,慈善组织或者其他接受捐赠的人可以要求交付;捐赠人拒不交付的,慈善组织和其他接受捐赠的人可以依法向人民法院申请支付令或者提起诉讼: (一)捐赠人通过广播、电视、报刊、互联网等媒体公开承诺捐赠的; (二)捐赠财产用于本法第三条第一项至第三项规定的慈善活动,并签订书面捐赠协议的。 捐赠人公开承诺捐赠或者签订书面捐赠协议后经济状况显著恶化,严重影响其生产经营或者家庭生活的,经向公开承诺捐赠地或者书面捐赠协议签订地的**县级以上人民政府**民政部门报告并向社会公开说明情况后,可以不再履行捐赠义务。

续表

慈善法(2016)	慈善法(修订草案)	慈善法(2023)
第四十二条 捐赠人有权查询、复制其捐赠财产管理使用的有关资料,慈善组织应当及时主动向捐赠人反馈有关情况。 慈善组织违反捐赠协议约定的用途,滥用捐赠财产的,捐赠人有权要求其改正;拒不改正的,捐赠人可以向民政部门投诉、举报或者向人民法院提起诉讼。	**第四十三条** 捐赠人有权查询、复制其捐赠财产管理使用的有关资料,慈善组织应当及时主动向捐赠人反馈有关情况。 慈善组织违反捐赠协议约定的用途,滥用捐赠财产的,捐赠人有权要求其改正;拒不改正的,捐赠人可以向民政部门投诉、举报或者向人民法院提起诉讼。	**第四十二条** 捐赠人有权查询、复制其捐赠财产管理使用的有关资料,慈善组织应当及时主动向捐赠人反馈有关情况。 慈善组织违反捐赠协议约定的用途,滥用捐赠财产的,捐赠人有权要求其改正;拒不改正的,捐赠人可以向**<u>县级以上人民政府</u>**民政部门投诉、举报或者向人民法院提起诉讼。
第四十三条 国有企业实施慈善捐赠应当遵守有关国有资产管理的规定,履行批准和备案程序。	**第四十四条** 国有企业实施慈善捐赠应当遵守有关国有资产管理的规定,履行批准或者备案程序。	**第四十三条** 国有企业实施慈善捐赠应当遵守有关国有资产管理的规定,履行批准和备案程序。
第五章 慈善信托	**第五章 慈善信托**	**第五章 慈善信托**
第四十四条 本法所称慈善信托属于公益信托,是指委托人基于慈善目的,依法将其财产委托给受托人,由受托人按照委托人意愿以受托人名义进行管理和处分,开展慈善活动的行为。	**第四十五条** 本法所称慈善信托属于公益信托,是指委托人基于慈善目的,依法将其财产委托给受托人,由受托人按照委托人意愿以受托人名义进行管理和处分,开展慈善活动的行为。	**第四十四条** 本法所称慈善信托属于公益信托,是指委托人基于慈善目的,依法将其财产委托给受托人,由受托人按照委托人意愿以受托人名义进行管理和处分,开展慈善活动的行为。
第四十五条 设立慈善信托、确定受托人和监察人,应当采取书面形式。受托人应当在慈善信托文件签订之日起七日内,将相关文件向受托人所在地县级以上人民政府民政部门备案。 未按照前款规定将相关文件报民政部门备案的,不享受税收优惠。	**第四十六条** 设立慈善信托、确定受托人和监察人,应当采取~~**信托合同、遗嘱或者法律、行政法规规定的其他书面形式**~~。受托人应当在慈善信托文件生效之日起七日内,将相关文件向受托人所在地县级以上人民政府民政部门备案。 未按照前款规定将相关文件报民政部门备案的,不享受税收优惠。	**第四十五条** 设立慈善信托、确定受托人和监察人,应当采取书面形式。受托人应当在慈善信托文件签订之日起七日内,将相关文件向受托人所在地县级以上人民政府民政部门备案。 未按照前款规定将相关文件报民政部门备案的,不享受税收优惠。

续表

慈善法(2016)	慈善法(修订草案)	慈善法(2023)
	第四十七条 慈善信托的委托人不得指定或者变相指定与委托人具有利害关系的人作为受益人。	**第四十六条** 慈善信托的委托人不得指定或者变相指定其利害关系人作为受益人。 慈善信托的受托人确定受益人,应当坚持公开、公平、公正的原则,不得指定或者变相指定受托人及其工作人员的利害关系人作为受益人。
第四十六条 慈善信托的受托人,可以由委托人确定其信赖的慈善组织或者信托公司担任。	**第四十八条** 慈善信托的受托人,可以由委托人确定其信赖的慈善组织或者信托公司担任。	**第四十七条** 慈善信托的受托人,可以由委托人确定其信赖的慈善组织或者信托公司担任。
第四十七条 慈善信托的受托人违反信托义务或者难以履行职责的,委托人可以变更受托人。变更后的受托人应当自变更之日起七日内,将变更情况报原备案的民政部门重新备案。	**第四十九条** 慈善信托的受托人不得自行辞任,信托文件另有规定的除外。 慈善信托的受托人违反信托义务或者难以履行职责的,委托人可以变更受托人。变更后的受托人应当自变更之日起七日内,将变更情况报原备案的民政部门重新备案。	**第四十八条** 慈善信托的受托人违反信托义务或者难以履行职责的,委托人可以变更受托人。变更后的受托人应当自变更之日起七日内,将变更情况报原备案的民政部门重新备案。
第四十八条 慈善信托的受托人管理和处分信托财产,应当按照信托目的,恪尽职守,履行诚信、谨慎管理的义务。 慈善信托的受托人应当根据信托文件和委托人的要求,及时向委托人报告信托事务处理情况、信托财产管理使用情况。慈善信托的受托人应当每年至少一次将信托事务处理情况及财务状况向其**备案**的民政部门报告,并向社会公开。	**第五十条** 慈善信托的受托人管理和处分信托财产,应当按照信托目的,恪尽职守,履行诚信、谨慎管理的义务。 慈善信托的受托人应当根据信托文件和委托人的要求,及时向委托人报告信托事务处理情况、信托财产管理使用情况。慈善信托的受托人应当每年至少一次将信托事务处理情况及财务状况向其**备案**的民政部门报告,并向社会公开。	**第四十九条** 慈善信托的受托人管理和处分信托财产,应当按照信托目的,恪尽职守,履行诚信、谨慎管理的义务。 慈善信托的受托人应当根据信托文件和委托人的要求,及时向委托人报告信托事务处理情况、信托财产管理使用情况。慈善信托的受托人应当每年至少一次将信托事务处理情况及财务状况向**办理其备案**的民政部门报告,并向社会公开。

续表

慈善法(2016)	慈善法(修订草案)	慈善法(2023)
第四十九条　慈善信托的委托人根据需要，可以确定信托监察人。 信托监察人对受托人的行为进行监督，依法维护委托人和受益人的权益。信托监察人发现受托人违反信托义务或者难以履行职责的，应当向委托人报告，并有权以自己的名义向人民法院提起诉讼。	**第五十一条**　慈善信托~~应当设置信托监察人。慈善信托监察人由信托文件规定。信托文件未规定的，由备案的民政部门指定。~~ 信托监察人对受托人的行为进行监督，依法维护委托人和受益人的权益。信托监察人发现受托人违反信托义务或者难以履行职责的，应当向委托人报告，并有权以自己的名义向人民法院提起诉讼。	**第五十条**　慈善信托的委托人根据需要，可以确定信托监察人。 信托监察人对受托人的行为进行监督，依法维护委托人和受益人的权益。信托监察人发现受托人违反信托义务或者难以履行职责的，应当向委托人报告，并有权以自己的名义向人民法院提起诉讼。
	第五十二条　~~慈善信托终止的，慈善信托的受托人应当自终止事由发生之日起十五日内，将终止事由、日期、剩余财产处分方案报告备案的民政部门；并在三十日内作出处理慈善信托事务的清算报告，经监察人书面认可后报告备案的民政部门。~~ ~~慈善信托清算后的剩余财产，应当按照信托文件的规定用于慈善目的；无法按照信托文件的规定处理的，经备案的民政部门同意，受托人应当将信托财产转移给慈善目的相同或者相近的慈善信托或者慈善组织，并向社会公告。~~	
第五十条　慈善信托的设立、信托财产的管理、信托当事人、信托的终止和清算等事项，本章未规定的，适用本法其他有关规定；本法未规定的，适用《中华人民共和国信托法》的有关规定。	**第五十三条**　慈善信托的设立、信托财产的管理、信托当事人、信托的终止和清算等事项，本章未规定的，适用本法其他有关规定；本法未规定的，适用《中华人民共和国信托法》的有关规定。	**第五十一条**　慈善信托的设立、信托财产的管理、信托当事人、信托的终止和清算等事项，本章未规定的，适用本法其他有关规定；本法未规定的，适用《中华人民共和国信托法》的有关规定。

续表

慈善法(2016)	慈善法(修订草案)	慈善法(2023)
第六章　慈善财产	**第六章　慈善财产**	**第六章　慈善财产**
	~~**第五十四条　慈善财产包括:**~~ ~~**(一)慈善组织的财产及其增值;**~~ ~~**(二)慈善信托财产及其增值;**~~ ~~**(三)用于慈善活动的其他财产。**~~ ~~**慈善财产中的非货币财产应当按照国家有关规定合理确定其财产价值。**~~	
第五十一条　慈善组织的财产包括: (一)发起人捐赠、资助的创始财产; (二)募集的财产; (三)其他合法财产。	**第五十五条**　慈善组织的财产包括: (一)发起人捐赠、资助的创始财产; (二)募集的财产; (三)其他合法财产。	**第五十二条**　慈善组织的财产包括: (一)发起人捐赠、资助的创始财产; (二)募集的财产; (三)其他合法财产。
第五十二条　慈善组织的财产应当根据章程和捐赠协议的规定全部用于慈善目的,不得在发起人、捐赠人以及慈善组织成员中分配。 任何组织和个人不得私分、挪用、截留或者侵占慈善财产。	**第五十六条**　慈善财产应当根据慈善组织章程、捐赠协议**或者慈善信托文件**的规定全部用于慈善目的,不得在发起人、捐赠人、慈善组织成员~~**或者慈善信托的委托人、与委托人具有利害关系的人、受托人**~~中分配。 任何组织和个人不得私分、挪用、截留或者侵占慈善财产。	**第五十三条**　慈善组织的财产应当根据章程和捐赠协议的规定全部用于慈善目的,不得在发起人、捐赠人以及慈善组织成员中分配。 任何组织和个人不得私分、挪用、截留或者侵占慈善财产。
第五十三条　慈善组织对募集的财产,应当登记造册,严格管理,专款专用。 捐赠人捐赠的实物不易储存、运输或者难以直接用于慈善目的的,慈善组织可以依法拍卖或者变卖,所得收入扣除必要费用后,应当全部用于慈善目的。	**第五十七条**　慈善组织对募集的财产,应当登记造册,严格管理,专款专用。 捐赠人捐赠的实物不易储存、运输或者难以直接用于慈善目的的,慈善组织可以依法拍卖或者变卖,所得收入扣除必要费用后,应当全部用于慈善目的。	**第五十四条**　慈善组织对募集的财产,应当登记造册,严格管理,专款专用。 捐赠人捐赠的实物不易储存、运输或者难以直接用于慈善目的的,慈善组织可以依法拍卖或者变卖,所得收入扣除必要费用后,应当全部用于慈善目的。

续表

慈善法(2016)	慈善法(修订草案)	慈善法(2023)
第五十四条　慈善组织为实现财产保值、增值进行投资的,应当遵循合法、安全、有效的原则,投资取得的收益应当全部用于慈善目的。慈善组织的重大投资方案应当经决策机构组成人员三分之二以上同意。政府资助的财产和捐赠协议约定不得投资的财产,不得用于投资。慈善组织的负责人和工作人员不得在慈善组织投资的企业兼职或者领取报酬。 前款规定事项的具体办法,由国务院民政部门制定。	**第五十八条**　为实现慈善财产保值、增值进行投资的,应当遵循合法、安全、有效的原则,投资取得的收益应当全部用于慈善目的。慈善组织的重大投资方案应当经决策机构组成人员三分之二以上同意。政府资助的财产和捐赠协议约定不得投资的财产,不得用于投资。慈善组织的负责人和工作人员不得在慈善组织投资的企业兼职或者领取报酬。 前款规定事项的具体办法,由国务院民政部门制定。	**第五十五条**　慈善组织为实现慈善财产保值、增值进行投资的,应当遵循合法、安全、有效的原则,投资取得的收益应当全部用于慈善目的。慈善组织的重大投资方案应当经决策机构组成人员三分之二以上同意。政府资助的财产和捐赠协议约定不得投资的财产,不得用于投资。慈善组织的负责人和工作人员不得在慈善组织投资的企业兼职或者领取报酬。 前款规定事项的具体办法,由国务院民政部门制定。
第五十五条　慈善组织开展慈善活动,应当依照法律法规和章程的规定,按照募捐方案或者捐赠协议使用捐赠财产。慈善组织确需变更募捐方案规定的捐赠财产用途的,应当报民政部门备案;确需变更捐赠协议约定的捐赠财产用途的,应当征得捐赠人同意。	**第五十九条**　慈善组织开展慈善活动,应当依照法律法规和章程的规定,按照募捐方案或者捐赠协议使用捐赠财产。慈善组织确需变更募捐方案规定的捐赠财产用途的,应当报民政部门备案;确需变更捐赠协议约定的捐赠财产用途的,应当征得捐赠人同意。 ~~**慈善信托的受托人开展慈善活动,应当依照法律法规的规定,按照慈善信托文件使用信托财产。慈善信托的受托人确需变更信托文件约定的财产用途的,应当征得委托人同意,并报民政部门备案。**~~	**第五十六条**　慈善组织开展慈善活动,应当依照法律法规和章程的规定,按照募捐方案或者捐赠协议使用捐赠财产。慈善组织确需变更募捐方案规定的捐赠财产用途的,应当报**原备案的**民政部门备案;确需变更捐赠协议约定的捐赠财产用途的,应当征得捐赠人同意。

续表

慈善法(2016)	慈善法(修订草案)	慈善法(2023)
第五十六条　慈善组织应当合理设计慈善项目,优化实施流程,降低运行成本,提高慈善财产使用效益。 慈善组织应当建立项目管理制度,对项目实施情况进行跟踪监督。	**第六十条**　慈善组织和**慈善信托的受托人**应当合理设计慈善项目,优化实施流程,降低运行成本,提高慈善财产使用效益。 慈善组织**和慈善信托的受托人**应当建立项目管理制度,对项目实施情况进行跟踪监督。	**第五十七条**　慈善组织应当合理设计慈善项目,优化实施流程,降低运行成本,提高慈善财产使用效益。 慈善组织应当建立项目管理制度,对项目实施情况进行跟踪监督。行跟踪监督。
第五十七条　慈善项目终止后捐赠财产有剩余的,按照募捐方案或者捐赠协议处理;募捐方案未规定或者捐赠协议未约定的,慈善组织应当将剩余财产用于目的相同或者相近的其他慈善项目,并向社会公开。	**第六十一条**　慈善项目终止后慈善财产有剩余的,按照募捐方案或者捐赠协议、**信托文件**处理;募捐方案未规定或者捐赠协议、信托文件未约定的,慈善组织和**慈善信托的受托人**应当将剩余财产用于目的相同或者相近的其他慈善项目,并向社会公开。	**第五十八条**　慈善项目终止后捐赠财产有剩余的,按照募捐方案或者捐赠协议处理;募捐方案未规定或者捐赠协议未约定的,慈善组织应当将剩余财产用于目的相同或者相近的其他慈善项目,并向社会公开。
第五十八条　慈善组织确定慈善受益人,应当坚持公开、公平、公正的原则,不得指定慈善组织管理人员的利害关系人作为受益人。	**第六十二条**　慈善组织和**慈善信托的受托人**确定慈善受益人,应当坚持公开、公平、公正的原则,不得指定其利害关系人作为受益人。	**第五十九条**　慈善组织确定慈善受益人,应当坚持公开、公平、公正的原则,不得指定**或者变相指定**慈善组织管理人员的利害关系人作为受益人。
第五十九条　慈善组织根据需要可以与受益人签订协议,明确双方权利义务,约定慈善财产的用途、数额和使用方式等内容。 受益人应当珍惜慈善资助,按照协议使用慈善财产。受益人未按照协议使用慈善财产或者有其他严重违反协议情形的,慈善组织有权要求其改正;受益人拒不改正的,慈善组织有权解除协议并要求受益人返还财产。	**第六十三条**　慈善组织和**慈善信托的受托人**根据需要可以与受益人签订协议,明确双方权利义务,约定慈善财产的用途、数额和使用方式等内容。 受益人应当珍惜慈善资助,按照协议使用慈善财产。受益人未按照协议使用慈善财产或者有其他严重违反协议情形的,慈善组织和**慈善信托的受托人**有权要求其改正;受益人拒不改正的,慈善组织和**慈善信托的受托人**有权解除协议并要求受益人返还财产。	**第六十条**　慈善组织根据需要可以与受益人签订协议,明确双方权利义务,约定慈善财产的用途、数额和使用方式等内容。 受益人应当珍惜慈善资助,按照协议使用慈善财产。受益人未按照协议使用慈善财产或者有其他严重违反协议情形的,慈善组织有权要求其改正;受益人拒不改正的,慈善组织有权解除协议并要求受益人返还财产。

续表

慈善法(2016)	慈善法(修订草案)	慈善法(2023)
第六十条 慈善组织应当积极开展慈善活动，~~充分、高效运用慈善财产，并~~遵循管理费用最必要原则，厉行节约，减少不必要的开支。 ~~慈善组织中~~具有公开募捐资格的基金会开展慈善活动的年度支出，不得低于上一年总收入的百分之七十或者前三年收入平均数额的百分之七十；年度管理费用不得超过当年总支出的百分之十，特殊情况下，**年度管理费用**难以符合前述规定的，应当报告其登记的民政部门并向社会公开说明情况。 ~~具有公开募捐资格的基金会以外的~~慈善组织开展慈善活动的年度支出和管理费用的标准，由国务院民政部门会同~~国务院~~财政、税务等部门~~依照前款规定的原~~~~则~~制定。 捐赠协议对单项捐赠财产的慈善活动支出和管理费用有约定的，按照其约定。	**第六十四条** 慈善组织和~~**慈善信托的受托人**~~应当积极开展慈善活动，充分、高效运用慈善财产，并遵循管理费用最必要原则，厉行节约，减少不必要的开支。 慈善组织中具有公开募捐资格的基金会开展慈善活动的年度支出，不得低于上一年总收入的百分之七十或者前三年收入平均数额的百分之七十；年度管理费用不得超过当年总支出的百分之十，特殊情况下，**年度支出**和**年度管理费用**难以符合前述规定的，应当报告其登记的民政部门并向社会公开说明情况。 具有公开募捐资格的基金会以外的慈善组织开展慈善活动的年度支出和管理费用的标准，由国务院民政部门会同国务院财政、税务等部门依照前款规定的原则制定。 捐赠协议对单项捐赠财产的慈善活动支出和管理费用有约定的，按照其约定。 **慈善信托的年度支出和管理费用标准，由国务院民政部门会同国务院财政、税务和银行保险监督管理等部门制定。**	**第六十一条** 慈善组织应当积极开展慈善活动，遵循管理费用、**募捐成本等**最必要原则，厉行节约，减少不必要的开支，**充分、高效运用慈善财产**。具有公开募捐资格的基金会开展慈善活动的年度支出，不得低于上一年总收入的百分之七十或者前三年收入平均数额的百分之七十；年度管理费用不得超过当年总支出的百分之十；特殊情况下，**年度支出和管理费用**难以符合前述规定的，应当报告**办理**其登记的民政部门并向社会公开说明情况。 慈善组织开展慈善活动的年度支出、管理费用**和募捐成本**的标准由国务院民政部门会同财政、税务等部门制定。 捐赠协议对单项捐赠财产的慈善活动支出和管理费用有约定的，按照其约定。 **慈善信托的年度支出和管理费用标准，由国务院民政部门会同财政、税务和金融监督管理等部门制定。**

续表

慈善法(2016)	慈善法(修订草案)	慈善法(2023)
第七章　慈善服务	**第七章　慈善服务**	**第七章　慈善服务**
第六十一条　本法所称慈善服务,是指慈善组织和其他组织以及个人基于慈善目的,向社会或者他人提供的志愿无偿服务以及其他非营利服务。 慈善组织开展慈善服务,可以自己提供或者招募志愿者提供,也可以委托有服务专长的其他组织提供。	**第六十五条**　本法所称慈善服务,是指慈善组织和其他组织以及个人基于慈善目的,向社会或者他人提供的志愿无偿服务以及其他非营利服务。 慈善组织开展慈善服务,可以自己提供或者招募志愿者提供,也可以委托有服务专长的其他组织提供。	**第六十二条**　本法所称慈善服务,是指慈善组织和其他组织以及个人基于慈善目的,向社会或者他人提供的志愿无偿服务以及其他非营利服务。 慈善组织开展慈善服务,可以自己提供或者招募志愿者提供,也可以委托有服务专长的其他组织提供。
第六十二条　开展慈善服务,应当尊重受益人、志愿者的人格尊严,不得侵害受益人、志愿者的隐私。	**第六十六条**　开展慈善服务,应当尊重受益人、志愿者的人格尊严,不得侵害受益人、志愿者的隐私。	**第六十三条**　开展慈善服务,应当尊重受益人、志愿者的人格尊严,不得侵害受益人、志愿者的隐私。
第六十三条　开展医疗康复、教育培训等慈善服务,需要专门技能的,应当执行国家或者行业组织制定的标准和规程。 慈善组织招募志愿者参与慈善服务,需要专门技能的,应当对志愿者开展相关培训。	**第六十七条**　开展医疗康复、教育培训等慈善服务,需要专门技能的,应当执行国家或者行业组织制定的标准和规程。 慈善组织招募志愿者参与慈善服务,需要专门技能的,应当对志愿者开展相关培训。	**第六十四条**　开展医疗康复、教育培训等慈善服务,需要专门技能的,应当执行国家或者行业组织制定的标准和规程。 慈善组织招募志愿者参与慈善服务,需要专门技能的,应当对志愿者开展相关培训。
第六十四条　慈善组织招募志愿者参与慈善服务,应当公示与慈善服务有关的全部信息,告知服务过程中可能发生的风险。 慈善组织根据需要可以与志愿者签订协议,明确双方权利义务,约定服务的内容、方式和时间等。	**第六十八条**　慈善组织招募志愿者参与慈善服务,应当公示与慈善服务有关的全部信息,告知服务过程中可能发生的风险。 慈善组织根据需要可以与志愿者签订协议,明确双方权利义务,约定服务的内容、方式和时间等。	**第六十五条**　慈善组织招募志愿者参与慈善服务,应当公示与慈善服务有关的全部信息,告知服务过程中可能发生的风险。 慈善组织根据需要可以与志愿者签订协议,明确双方权利义务,约定服务的内容、方式和时间等。

续表

慈善法(2016)	慈善法(修订草案)	慈善法(2023)
第六十五条 慈善组织应当对志愿者实名登记,记录志愿者的服务时间、内容、评价等信息。根据志愿者的要求,慈善组织应当无偿、如实出具志愿服务记录证明。	**第六十九条** 慈善组织应当对志愿者实名登记,记录志愿者的服务时间、内容、评价等信息。根据志愿者的要求,慈善组织应当无偿、如实出具志愿服务记录证明。	**第六十六条** 慈善组织应当对志愿者实名登记,记录志愿者的服务时间、内容、评价等信息。根据志愿者的要求,慈善组织应当无偿、如实出具志愿服务记录证明。
第六十六条 慈善组织安排志愿者参与慈善服务,应当与志愿者的年龄、文化程度、技能和身体状况相适应。	**第七十条** 慈善组织安排志愿者参与慈善服务,应当与志愿者的年龄、文化程度、技能和身体状况相适应。	**第六十七条** 慈善组织安排志愿者参与慈善服务,应当与志愿者的年龄、文化程度、技能和身体状况相适应。
第六十七条 志愿者接受慈善组织安排参与慈善服务的,应当服从管理,接受必要的培训。	**第七十一条** 志愿者接受慈善组织安排参与慈善服务的,应当服从管理,接受必要的培训。	**第六十八条** 志愿者接受慈善组织安排参与慈善服务的,应当服从管理,接受必要的培训。
第六十八条 慈善组织应当为志愿者参与慈善服务提供必要条件,保障志愿者的合法权益。 慈善组织安排志愿者参与可能发生人身危险的慈善服务前,应当为志愿者购买相应的人身意外伤害保险。	**第七十二条** 慈善组织应当为志愿者参与慈善服务提供必要条件,保障志愿者的合法权益。 慈善组织安排志愿者参与可能发生人身危险的慈善服务前,应当为志愿者购买相应的人身意外伤害保险。	**第六十九条** 慈善组织应当为志愿者参与慈善服务提供必要条件,保障志愿者的合法权益。 慈善组织安排志愿者参与可能发生人身危险的慈善服务前,应当为志愿者购买相应的人身意外伤害保险。
	第八章 应急慈善	**第八章 应急慈善**
~~**第三十条** 发生重大自然灾害、事故灾难和公共卫生事件等突发事件,需要迅速开展救助时,有关人民政府应当建立协调机制,提供需求信息,及时有序引导开展募捐和救助活动。~~	~~**第七十三条** **本法所称应急慈善,是指为应对特别重大、重大自然灾害、事故灾难和公共卫生事件等突发事件时开展的慈善活动。**~~	**第七十条** 发生重大突发事件需要迅速开展救助时,**履行统一领导职责或者组织处置突发事件的**人民政府应当**依法**建立协调机制,**明确专门机构、人员,**提供需求信息,及时有序引导**慈善组织、志愿者等社会力量**开展募捐和救助活动。

续表

慈善法(2016)	慈善法(修订草案)	慈善法(2023)
	第七十四条　履行统一领导职责或者组织处置突发事件的人民政府,应当建立协调机制,明确专门机构、人员,及时发布需求信息,引导慈善组织、志愿者等社会力量参与突发事件应对。	
	第七十五条　在发生特别重大、重大突发事件时,慈善组织、志愿者等应当在有关人民政府的协调引导下依法开展或者参与慈善活动。 **鼓励慈善组织、慈善行业组织建立应急机制,加强信息共享、协商合作,提高慈善组织运行和慈善资源使用的效率。**	**第七十一条　国家鼓励慈善组织、慈善行业组织建立应急机制,加强信息共享、协商合作,提高慈善组织运行和慈善资源使用的效率。** **在发生重大突发事件时,鼓励慈善组织、志愿者等在有关人民政府的协调引导下依法开展或者参与慈善活动。**
	第七十六条　为应对特别重大、重大突发事件开展公开募捐的,应当及时拨付或者使用募得款物,在应急处置与救援阶段至少每五日公开一次募得款物的接收、分配、使用情况。	**第七十二条　为应对重大突发事件开展公开募捐的,应当及时分配或者使用募得款物,在应急处置与救援阶段至少每五日公开一次募得款物的接收情况,及时公开分配、使用情况。**
	第七十七条　慈善组织为应对特别重大、重大突发事件,无法在开展公开募捐活动前办理募捐方案备案的,应当在公开募捐活动开始后十日内补办备案手续。	**第七十三条　为应对重大突发事件开展公开募捐,无法在募捐活动前办理募捐方案备案的,应当在活动开始后十日内补办备案手续。**
	第七十八条　县级以上人民政府及其有关部门应当根据应急慈善工作需要,为捐赠款物分配送达提供便利条件。 **乡级人民政府、街道办事处和居民委员会、村民委员会,应当积极支持各类应急慈善活动,为捐赠款物分配送达、信息统计等提供力所能及的帮助。**	**第七十四条　县级以上人民政府及其有关部门应当为捐赠款物分配送达提供便利条件。乡级人民政府、街道办事处和村民委员会、居民委员会,应当为捐赠款物分配送达、信息统计等提供力所能及的帮助。**

续表

慈善法(2016)	慈善法(修订草案)	慈善法(2023)
第八章　信息公开	第九章　信息公开	第九章　信息公开
第六十九条　**县级以上人民政府**建立健全慈善信息统计和发布制度。 县级以上人民政府民政部门应当在**统一的信息平台**，及时向社会公开慈善信息，**并免费提供慈善信息发布服务**。 慈善组织和慈善信托的受托人应当在**前款**规定的平台发布慈善信息，并对信息的真实性负责。	**第七十九条**　**国家**建立健全慈善信息统计和发布制度。 县级以上人民政府民政部门应当在**统一的慈善信息平台**，及时向社会公开慈善信息，**并免费提供慈善信息发布服务**。 慈善组织和慈善信托的受托人应当在**前款**规定的平台发布慈善信息，并对信息的真实性负责。	**第七十五条**　**国家**建立健全慈善信息统计和发布制度。 **国务院民政部门建立健全统一的慈善信息平台**，免费提供慈善信息发布服务。 县级以上人民政府民政部门应当在**前款规定的平台**及时向社会公开慈善信息。 慈善组织和慈善信托的受托人应当在**本条第二款**规定的平台发布慈善信息，并对信息的真实性负责。
第七十条　县级以上人民政府民政部门和其他有关部门应当及时向社会公开下列慈善信息： （一）慈善组织登记事项； （二）慈善信托备案事项； （三）具有公开募捐资格的慈善组织名单； （四）具有出具公益性捐赠税前扣除票据资格的慈善组织名单； （五）对慈善活动的税收优惠、资助补贴等促进措施； （六）向慈善组织购买服务的信息； （七）对慈善组织、慈善信托开展检查、评估的结果； （八）对慈善组织和其他组织以及个人的表彰、处罚结果； （九）法律法规规定应当公开的其他信息。	**第八十条**　县级以上人民政府民政部门和其他有关部门应当及时向社会公开下列慈善信息： （一）慈善组织登记事项； （二）慈善信托备案事项； （三）具有公开募捐资格的慈善组织名单； （四）具有公益性捐赠税前扣除资格的慈善组织名单； （五）对慈善活动的税收优惠、资助补贴等促进措施； （六）向慈善组织购买服务的信息； （七）对慈善组织、慈善信托开展检查、评估的结果； （八）对慈善组织和其他组织以及个人的表彰、处罚结果； （九）法律法规规定应当公开的其他信息。	**第七十六条**　县级以上人民政府民政部门和其他有关部门应当及时向社会公开下列慈善信息： （一）慈善组织登记事项； （二）慈善信托备案事项； （三）具有公开募捐资格的慈善组织名单； （四）具有出具公益性捐赠税前扣除票据资格的慈善组织名单； （五）对慈善活动的税收优惠、资助补贴等促进措施； （六）向慈善组织购买服务的信息； （七）对慈善组织、慈善信托开展检查、评估的结果； （八）对慈善组织和其他组织以及个人的表彰、处罚结果； （九）法律法规规定应当公开的其他信息。
第七十一条　慈善组织、慈善信托的受托人应当依法履行信息公开义务。信息公开应当真实、完整、及时。	**第八十一条**　慈善组织、慈善信托的受托人应当依法履行信息公开义务。信息公开应当真实、完整、及时。	**第七十七条**　慈善组织、慈善信托的受托人应当依法履行信息公开义务。信息公开应当真实、完整、及时。

续表

慈善法(2016)	慈善法(修订草案)	慈善法(2023)
第七十二条 慈善组织应当向社会公开组织章程和决策、执行、监督机构成员信息以及国务院民政部门要求公开的其他信息。上述信息有重大变更的,慈善组织应当及时向社会公开。 慈善组织应当每年向社会公开其年度工作报告和财务会计报告。具有公开募捐资格的慈善组织的财务会计报告须经审计。	**第八十二条** 慈善组织应当向社会公开组织章程和决策、执行、监督机构成员信息以及国务院民政部门要求公开的其他信息。上述信息有重大变更的,慈善组织应当及时向社会公开。 慈善组织应当每年向社会公开其年度工作报告和财务会计报告。具有公开募捐资格的慈善组织的财务会计报告须经审计。	**第七十八条** 慈善组织应当向社会公开组织章程和决策、执行、监督机构成员信息以及国务院民政部门要求公开的其他信息。上述信息有重大变更的,慈善组织应当及时向社会公开。 慈善组织应当每年向社会公开其年度工作报告和财务会计报告。具有公开募捐资格的慈善组织的财务会计报告须经审计。
	~~**第八十三条** 慈善信托的受托人应当向社会公开慈善信托设立情况说明、信托事务处理情况报告和财产状况报告以及国务院民政部门要求公开的其他信息。上述信息有重大变更的,慈善信托的受托人应当及时向社会公开。~~	
第七十三条 具有公开募捐资格的慈善组织应当定期向社会公开其募捐情况和慈善项目实施情况。 公开募捐周期超过六个月的,至少每三个月公开一次募捐情况,公开募捐活动结束后三个月内应当全面公开募捐情况。 慈善项目实施周期超过六个月的,至少每三个月公开一次项目实施情况,项目结束后三个月内应当全面公开项目实施情况和募得款物使用情况。	**第八十四条** 具有公开募捐资格的慈善组织应当定期向社会公开其募捐情况和慈善项目实施情况。 公开募捐周期超过六个月的,至少每三个月公开一次募捐情况,公开募捐活动结束后三个月内应当全面公开募捐情况。 慈善项目实施周期超过六个月的,至少每三个月公开一次项目实施情况,项目结束后三个月内应当全面公开项目实施情况和募得款物使用情况。	**第七十九条** 具有公开募捐资格的慈善组织应当定期向社会公开其募捐情况和慈善项目实施情况。 公开募捐周期超过六个月的,至少每三个月公开一次募捐情况,公开募捐活动结束后三个月内应当全面、详细公开募捐情况。 慈善项目实施周期超过六个月的,至少每三个月公开一次项目实施情况,项目结束后三个月内应当全面、详细公开项目实施情况和募得款物使用情况。

续表

慈善法(2016)	慈善法(修订草案)	慈善法(2023)
第七十四条 慈善组织开展定向募捐的,应当及时向捐赠人告知募捐情况、募得款物的管理使用情况。	**第八十五条** 慈善组织开展定向募捐的,应当及时向捐赠人告知募捐情况、募得款物的管理使用情况。	**第八十条** 慈善组织开展定向募捐的,应当及时向捐赠人告知募捐情况、募得款物的管理使用情况。
第七十五条 慈善组织、慈善信托的受托人应当向受益人告知其资助标准、工作流程和工作规范等信息。	**第八十六条** 慈善组织、慈善信托的受托人应当向受益人告知其资助标准、工作流程和工作规范等信息。	**第八十一条** 慈善组织、慈善信托的受托人应当向受益人告知其资助标准、工作流程和工作规范等信息。
第七十六条 涉及国家秘密、商业秘密、个人隐私的信息以及捐赠人、慈善信托的委托人不同意公开的姓名、名称、住所、通讯方式等信息,不得公开。	**第八十七条** 涉及国家秘密、商业秘密、个人隐私的信息以及捐赠人、慈善信托的委托人不同意公开的姓名、名称、住所、通讯方式等信息,不得公开。	**第八十二条** 涉及国家秘密、商业秘密、个人隐私的信息以及捐赠人、慈善信托的委托人不同意公开的姓名、名称、住所、通讯方式等信息,不得公开。
第九章 促进措施	**第十章 促进措施**	**第十章 促进措施**
第七十七条 县级以上人民政府应当**根据经济社会发展情况**,制定促进慈善事业发展的政策和措施。 县级以上人民政府有关部门应当在各自职责范围内,向慈善组织、慈善信托受托人等提供慈善需求信息,为慈善活动提供指导和帮助。	**第八十八条** 县级以上人民政府应当**将慈善事业纳入国民经济和社会发展规划**,制定促进慈善事业发展的政策和措施。 县级以上人民政府有关部门应当在各自职责范围内,向慈善组织、慈善信托的受托人等提供慈善需求信息,为慈善活动提供指导和帮助。	**第八十三条** 县级以上人民政府应当**将慈善事业纳入国民经济和社会发展规划**,制定促进慈善事业发展的政策和措施。 县级以上人民政府有关部门应当在各自职责范围内,向慈善组织、慈善信托受托人等提供慈善需求信息,为慈善活动提供指导和帮助。
第七十八条 县级以上人民政府民政部门应当建立与其他部门之间的慈善信息共享机制。	**第八十九条** 县级以上人民政府民政部门应当建立与其他部门之间的慈善信息共享机制。	**第八十四条** 县级以上人民政府民政部门应当建立与其他部门之间的慈善信息共享机制。
	第九十条 国家对慈善事业实施税收优惠政策,鼓励引导自然人、法人和其他组织积极参与慈善事业。具体办法由国务院民政、财政、税务等有关部门制定。	**第八十五条 国家鼓励、引导、支持有意愿有能力的自然人、法人和非法人组织积极参与慈善事业。** **国家对慈善事业实施税收优惠政策,具体办法由国务院财政、税务部门会同民政部门依照税收法律、行政法规的规定制定。**

续表

慈善法(2016)	慈善法(修订草案)	慈善法(2023)
第七十九条 慈善组织及其取得的收入依法享受税收优惠。	**第九十一条** 慈善组织及其取得的收入依法享受税收优惠。	**第八十六条** 慈善组织及其取得的收入依法享受税收优惠。
第八十条 自然人、法人和其他组织捐赠财产用于慈善活动的,依法享受税收优惠。企业慈善捐赠支出超过法律规定的准予在计算企业所得税应纳税所得额时当年扣除的部分,允许结转以后三年内在计算应纳税所得额时扣除。 境外捐赠用于慈善活动的物资,依法减征或者免征进口关税和进口环节增值税。	**第九十二条** 自然人、法人和其他组织捐赠财产用于慈善活动的,依法享受税收优惠。企业慈善捐赠支出超过法律规定的准予在计算企业所得税应纳税所得额时当年扣除的部分,允许结转以后三年内在计算应纳税所得额时扣除。 境外捐赠用于慈善活动的物资,依法减征或者免征进口关税和进口环节增值税。	**第八十七条** 自然人、法人和非法人组织捐赠财产用于慈善活动的,依法享受税收优惠。企业慈善捐赠支出超过法律规定的准予在计算企业所得税应纳税所得额时当年扣除的部分,允许结转以后三年内在计算应纳税所得额时扣除。 境外捐赠用于慈善活动的物资,依法减征或者免征进口关税和进口环节增值税。
	第九十三条 自然人、法人和其他组织设立慈善信托开展慈善活动的,依法享受税收优惠。	**第八十八条** **自然人、法人和非法人组织设立慈善信托开展慈善活动的,依法享受税收优惠。**
第八十一条 受益人接受慈善捐赠,依法享受税收优惠。	**第九十四条** 受益人接受慈善捐赠,依法享受税收优惠。	**第八十九条** 受益人接受慈善捐赠,依法享受税收优惠。
第八十二条 慈善组织、捐赠人、受益人依法享受税收优惠的,有关部门应当及时办理相关手续。	**第九十五条** **慈善活动参与者**依法享受税收优惠的,**民政、财政、税务等**有关部门应当及时办理相关手续。	**第九十条** 慈善组织、捐赠人、受益人依法享受税收优惠的,有关部门应当及时办理相关手续。
第八十三条 捐赠人向慈善组织捐赠实物、有价证券、股权和知识产权的,依法免征权利转让的相关行政事业性费用。	**第九十六条** **开展慈善捐赠、设立慈善信托的**,依法免征实物、有价证券、股权和知识产权等权利转让的行政事业性收费。	**第九十一条** 捐赠人向慈善组织捐赠实物、有价证券、股权和知识产权的,依法免征权利转让的相关行政事业性费用。
第八十四条 国家对开展扶贫济困的慈善活动,实行特殊的优惠政策。	**第九十七条** 国家对开展扶贫济困,**参与特别重大、重大突发事件应对,参与重大国家战略的慈善活动**,实行特殊的优惠政策。	**第九十二条** 国家对开展扶贫济困、**参与重大突发事件应对、参与重大国家战略**的慈善活动,实行特殊的优惠政策。

续表

慈善法(2016)	慈善法(修订草案)	慈善法(2023)
第八十五条 慈善组织开展本法第三条第一项、第二项规定的慈善活动需要慈善服务设施用地的，可以依法申请使用国有划拨土地或者农村集体建设用地。慈善服务设施用地非经法定程序不得改变用途。	**第九十八条** 慈善组织开展本法第三条第一项、第二项规定的慈善活动需要慈善服务设施用地的，可以依法申请使用国有划拨土地或者农村集体建设用地。慈善服务设施用地非经法定程序不得改变用途。	**第九十三条** 慈善组织开展本法第三条第一项、第二项规定的慈善活动需要慈善服务设施用地的，可以依法申请使用国有划拨土地或者农村集体建设用地。慈善服务设施用地非经法定程序不得改变用途。
第八十六条 国家为慈善事业提供金融政策支持，鼓励金融机构为慈善组织、慈善信托提供融资和结算等金融服务。	**第九十九条** 国家为慈善事业提供金融政策支持，鼓励金融机构为慈善组织、慈善信托提供融资和结算等金融服务。	**第九十四条** 国家为慈善事业提供金融政策支持，鼓励金融机构为慈善组织、慈善信托提供融资和结算等金融服务。
第八十七条 各级人民政府及其有关部门可以依法通过购买服务等方式，支持符合条件的慈善组织向社会提供服务，并依照有关政府采购的法律法规向社会公开相关情况。	**第一百条** ~~**国家支持引导多层级、多类别的慈善组织发展，鼓励不同类型慈善组织加强合作。支持有意愿有能力的企业和其他社会力量通过设立基金会、慈善信托等积极参与慈善事业。**~~ 各级人民政府及其有关部门可以依法通过购买服务等方式，支持符合条件的慈善组织向社会提供服务，并依照有关政府采购的法律法规向社会公开相关情况。 **鼓励社会力量通过公益创投、孵化培育、人员培训、项目指导等方式，为慈善组织提供资金支持和能力建设服务。**	**第九十五条** 各级人民政府及其有关部门可以依法通过购买服务等方式，支持符合条件的慈善组织向社会提供服务，并依照有关政府采购的法律法规向社会公开相关情况。 **国家鼓励在慈善领域应用现代信息技术；鼓励社会力量通过公益创投、孵化培育、人员培训、项目指导等方式，为慈善组织提供资金支持和能力建设服务。**
	第一百零一条 **国家鼓励发展社区慈善，培育社区慈善组织，加强社区志愿者队伍建设，~~支持有条件的地方设立社区基金会、慈善信托~~，开展慈善活动。** ~~**鼓励社区与社会组织、社会工作者、社区志愿者、社会慈善资源建立联动机制。**~~	**第九十六条** **国家鼓励有条件的地方设立社区慈善组织，加强社区志愿者队伍建设，发展社区慈善事业。**

续表

慈善法(2016)	慈善法(修订草案)	慈善法(2023)
第八十八条 国家采取措施弘扬慈善文化,培育公民慈善意识。 学校等教育机构应当将慈善文化纳入教育教学内容。国家鼓励高等学校培养慈善专业人才,支持高等学校和科研机构开展慈善理论研究。 广播、电视、报刊、互联网等媒体应当积极开展慈善公益宣传活动,普及慈善知识,传播慈善文化。	**第一百零二条** 国家采取措施弘扬慈善文化,培育公民慈善意识。 国家鼓励学校等教育机构将慈善文化纳入教育教学内容。鼓励高等学校培养慈善专门人才,支持高等学校和科研机构开展慈善理论研究。 广播、电视、报刊、互联网等媒体应当积极开展慈善公益宣传活动,普及慈善知识,传播慈善文化。	**第九十七条** 国家采取措施弘扬慈善文化,培育公民慈善意识。 学校等教育机构应当将慈善文化纳入教育教学内容。国家鼓励高等学校培养慈善专业人才,支持高等学校和科研机构开展慈善理论研究。 广播、电视、报刊、互联网等媒体应当积极开展慈善公益宣传活动,普及慈善知识,传播慈善文化。
第八十九条 国家鼓励企业事业单位和其他组织为开展慈善活动提供场所和其他便利条件。	**第一百零三条** 国家鼓励企业事业单位和其他组织为开展慈善活动提供场所和其他便利条件。	**第九十八条** 国家鼓励企业事业单位和其他组织为开展慈善活动提供场所和其他便利条件。
	第一百零四条 ~~国家鼓励和支持自然人、法人和其他组织开展多种形式的慈善创新活动。支持引导大数据、云计算、区块链等现代信息技术手段在慈善领域的应用。~~	
第九十条 经受益人同意,捐赠人对其捐赠的慈善项目可以冠名纪念,法律法规规定需要批准的,从其规定。	**第一百零五条** 经受益人同意,捐赠人对其捐赠的慈善项目可以冠名纪念,法律法规规定需要批准的,从其规定。	**第九十九条** 经受益人同意,捐赠人对其捐赠的慈善项目可以冠名纪念,法律法规规定需要批准的,从其规定。
第九十一条 国家建立慈善表彰制度,对在慈善事业发展中做出突出贡献的自然人、法人和**其他**组织,由县级以上人民政府或者有关部门予以表彰。	**第一百零六条** 国家建立慈善表彰制度,对在慈善事业发展中做出突出贡献的自然人、法人和**其他**组织,由县级以上人民政府或者有关部门予以表彰。	**第一百条** 国家建立慈善表彰制度,对在慈善事业发展中做出突出贡献的自然人、法人和**非法人**组织,由县级以上人民政府或者有关部门予以表彰。

续表

慈善法(2016)	慈善法(修订草案)	慈善法(2023)
	第一百零七条　国家将慈善捐赠、志愿服务记录等信息纳入相关主体信用记录,健全信用激励制度。	第一百零一条　县级以上人民政府民政等有关部门将慈善捐赠、志愿服务记录等信息纳入相关主体信用记录,健全信用激励制度。
	第一百零八条　国家鼓励开展慈善国际交流。 慈善组织接受境外慈善捐赠、与境外组织或者个人合作开展慈善活动的,根据国家有关规定履行批准或者备案程序。	第一百零二条　国家鼓励开展慈善国际交流与合作。 慈善组织接受境外慈善捐赠、与境外组织或者个人合作开展慈善活动的,根据国家有关规定履行批准、备案程序。
第十章　监督管理	**第十一章　监督管理**	**第十一章　监督管理**
第九十二条　县级以上人民政府民政部门应当依法履行职责,对慈善活动进行监督检查,对慈善行业组织进行指导。	第一百零九条　~~县级以上人民政府应当加强慈善活动综合监管。~~ 县级以上人民政府民政部门应当依法履行职责,对慈善活动进行监督检查,对慈善行业组织进行指导,~~维护良好慈善秩序。~~ ~~工信、公安、财政、税务、审计、网信、银行保险监督管理等部门在各自职责范围内依法履行监管职责。~~ ~~教育、科技、文化、卫生健康、体育、应急管理、生态环境、医疗保障等行业管理部门应当加强对相关行业慈善活动的指导、管理和服务。~~ ~~慈善组织有业务主管单位的,业务主管单位应当对其进行指导、监督。~~	第一百零三条　县级以上人民政府民政部门应当依法履行职责,对慈善活动进行监督检查,对慈善行业组织进行指导。

续表

慈善法(2016)	慈善法(修订草案)	慈善法(2023)
第九十三条 县级以上人民政府民政部门对涉嫌违反本法规定的慈善组织,有权采取下列措施: (一)对慈善组织的住所和慈善活动发生地进行现场检查; (二)要求慈善组织作出说明,查阅、复制有关资料; (三)向与慈善活动有关的单位和个人调查与监督管理有关的情况; (四)经本级人民政府批准,可以查询慈善组织的金融账户; (五)法律、行政法规规定的其他措施。	**第一百一十条** 县级以上人民政府民政部门对涉嫌违反本法规定的慈善组织、**慈善信托的受托人**进行查处,有权采取下列措施: (一)对慈善组织、慈善信托的受托人的住所和慈善活动发生地进行现场检查; (二)要求慈善组织、**慈善信托的受托人**作出说明,查阅、复制有关资料; (三)向与慈善活动有关的单位和个人调查与监督管理有关的情况; (四)经本级人民政府批准,可以查询慈善组织的金融账户; (五)法律、行政法规规定的其他措施。 **其他慈善活动参与者涉嫌违反本法规定的,县级以上人民政府民政部门可以会同有关部门调查和处理。**	**第一百零四条** 县级以上人民政府民政部门对涉嫌违反本法规定的慈善组织、**慈善信托的受托人**,有权采取下列措施: (一)对慈善组织、**慈善信托的受托人**的住所和慈善活动发生地进行现场检查; (二)要求慈善组织、**慈善信托的受托人**作出说明,查阅、复制有关资料; (三)向与慈善活动有关的单位和个人调查与监督管理有关的情况; (四)经本级人民政府批准,可以查询慈善组织的金融账户; (五)法律、行政法规规定的其他措施。 **慈善组织、慈善信托的受托人涉嫌违反本法规定的,县级以上人民政府民政部门可以对有关负责人进行约谈,要求其说明情况、提出改进措施。** **其他慈善活动参与者涉嫌违反本法规定的,县级以上人民政府民政部门可以会同有关部门调查和处理。**
第九十四条 县级以上人民政府民政部门对慈善组织、有关单位和个人进行检查或者调查时,检查人员或者调查人员不得少于二人,并应当出示合法证件和检查、调查通知书。	**第一百一十一条** 县级以上人民政府民政部门**及其他有关部门**对慈善组织、有关单位和个人进行检查或者调查时,检查人员或者调查人员不得少于二人,并应当出示合法证件和检查、调查通知书。	**第一百零五条** 县级以上人民政府民政部门对慈善组织、有关单位和个人进行检查或者调查时,检查人员或者调查人员不得少于二人,并应当出示合法证件和检查、调查通知书。

续表

慈善法(2016)	慈善法(修订草案)	慈善法(2023)
第九十五条 县级以上人民政府民政部门应当建立慈善组织及其负责人信用记录制度,并向社会公布。 民政部门应当建立慈善组织评估制度,鼓励和支持第三方机构对慈善组织进行评估,并向社会公布评估结果。	**第一百一十二条** 县级以上人民政府民政部门应当建立慈善组织及其负责人、**慈善信托的受托人**信用记录制度,并向社会公布。 民政部门应当建立慈善组织评估制度,鼓励和支持第三方机构对慈善组织**的内部治理、财务状况、项目开展情况以及信息公开等**进行评估,并向社会公布评估结果。	**第一百零六条** 县级以上人民政府民政部门应当建立慈善组织及其负责人、**慈善信托的受托人**信用记录制度,并向社会公布。 **县级以上人民政府**民政部门应当建立慈善组织评估制度,鼓励和支持第三方机构对慈善组织的**内部治理、财务状况、项目开展情况以及信息公开**等进行评估,并向社会公布评估结果。
第九十六条 慈善行业组织应当建立健全行业规范,加强行业自律。	**第一百一十三条** 慈善行业组织应当建立健全行业规范,加强行业自律,~~协助开展行业信用建设和信用监管。~~	**第一百零七条** 慈善行业组织应当建立健全行业规范,加强行业自律。
第九十七条 任何单位和个人发现慈善组织、慈善信托有违法行为的,可以向民政部门、其他有关部门或者慈善行业组织投诉、举报。民政部门、其他有关部门或者慈善行业组织接到投诉、举报后,应当及时调查处理。 国家鼓励公众、媒体对慈善活动进行监督,对假借慈善名义或者假冒慈善组织骗取财产以及慈善组织、慈善信托的违法违规行为予以曝光,发挥舆论和社会监督作用。	**第一百一十四条** 任何单位和个人发现有违反本法规定行为的,可以向民政部门、其他有关部门或者慈善行业组织投诉、举报。民政部门、其他有关部门或者慈善行业组织接到投诉、举报后,应当及时调查处理。 国家鼓励公众、媒体对慈善活动进行监督,对假借慈善名义或者假冒慈善组织骗取财产以及慈善组织、慈善信托的违法违规行为予以曝光,发挥舆论和社会监督作用。	**第一百零八条** 任何单位和个人发现慈善组织、慈善信托有违法行为的,可以向**县级以上人民政府**民政部门、其他有关部门或者慈善行业组织投诉、举报。民政部门、其他有关部门或者慈善行业组织接到投诉、举报后,应当及时调查处理。 国家鼓励公众、媒体对慈善活动进行监督,对假借慈善名义或者假冒慈善组织骗取财产以及慈善组织、慈善信托的违法违规行为予以曝光,发挥舆论和社会监督作用。
	第一百一十五条 ~~慈善组织、慈善信托的受托人涉嫌违反本法规定的,县级以上人民政府民政部门可以对有关负责人、工作人员进行责任约谈,要求其提出改进措施。~~	

续表

慈善法(2016)	慈善法(修订草案)	慈善法(2023)
第十一章　法律责任	第十二章　法律责任	第十二章　法律责任
第九十八条　慈善组织有下列情形之一的,由民政部门责令限期改正;**逾期不改正的**,吊销登记证书并予以公告: (一)未按照慈善宗旨开展活动的; (二)私分、挪用、截留或者侵占慈善财产的; (三)接受附加违反法律法规或者违背社会公德条件的捐赠,或者对受益人附加违反法律法规或者违背社会公德的条件的。	**第一百一十六条**　慈善组织有下列情形之一的,由民政部门责令限期改正;**逾期不改正的,责令限期停止活动;情节严重的,吊销登记证书并予以公告**: (一)未按照慈善宗旨开展活动的; (二)私分、挪用、截留或者侵占慈善财产的; (三)接受附加违反法律法规或者违背社会公德条件的捐赠,或者对受益人附加违反法律法规或者违背社会公德的条件的。	**第一百零九条**　慈善组织有下列情形之一的,由**县级以上人民政府**民政部门责令限期改正,**予以警告或者责令限期停止活动,并没收违法所得;情节严重的**,吊销登记证书并予以公告: (一)未按照慈善宗旨开展活动的; (二)私分、挪用、截留或者侵占慈善财产的; (三)接受附加违反法律法规或者违背社会公德条件的捐赠,或者对受益人附加违反法律法规或者违背社会公德的条件的。
第九十九条　慈善组织有下列情形之一的,由民政部门予以警告、责令限期改正;逾期不改正的,责令限期停止活动并进行整改: (一)违反本法第十四条规定造成慈善财产损失的; (二)将不得用于投资的财产用于投资的; (三)擅自改变捐赠财产用途的; (四)开展慈善活动的年度支出或者管理费用的标准违反本法第六十条规定的; (五)未依法履行信息公开义务的; (六)未依法报送年度工作报告、财务会计报告或者报备募捐方案的; (七)泄露捐赠人、志愿者、受益人个人隐私以及捐赠人、慈善信托的委托人不同	**第一百一十七条**　慈善组织有下列情形之一的,由民政部门予以警告,责令限期改正;逾期不改正的,责令限期停止活动并进行整改: (一)违反本法第十四条规定造成慈善财产损失的; (二)将不得用于投资的财产用于投资的; (三)擅自改变捐赠财产用途的; (四)开展慈善活动的年度支出或者管理费用违反本法第六十四条规定的; (五)未依法履行信息公开义务的; (六)未依法报送年度工作报告、财务会计报告或者报备募捐方案的。 慈善组织有前款规定的情形,经依法处理后一年内再出现前款规定的情形,或者	**第一百一十条**　慈慈善组织有下列情形之一的,由**县级以上人民政府**民政部门责令限期改正,**予以警告,并没收违法所得**;逾期不改正的,责令限期停止活动并进行整改: (一)违反本法第十四条规定造成慈善财产损失的; **(二)指定或者变相指定捐赠人、慈善组织管理人员的利害关系人作为受益人的;** (三)将不得用于投资的财产用于投资的; (四)擅自改变捐赠财产用途的; (五)**因管理不善造成慈善财产重大损失的;** (六)开展慈善活动的年度支出、管理费用**或者募捐成本**违反规定的; (七)未依法履行信息公开

续表

慈善法(2016)	慈善法(修订草案)	慈善法(2023)
意公开的姓名、名称、住所、通讯方式等信息的。 慈善组织违反本法规定泄露国家秘密、商业秘密的，依照有关法律的规定予以处罚。 慈善组织有前两款规定的情形，经依法处理后一年内再出现前款规定的情形，或者有其他情节严重情形的，由民政部门吊销登记证书并予以公告。	有其他情节严重情形的，由民政部门吊销登记证书并予以公告。	义务的； （八）未依法报送年度工作报告、财务会计报告或者报备募捐方案的； （九）泄露捐赠人、志愿者、受益人个人隐私以及捐赠人、慈善信托的委托人不同意公开的姓名、名称、住所、通讯方式等信息的。 慈善组织违反本法规定泄露国家秘密、商业秘密的，依照有关法律的规定予以处罚。 慈善组织有前两款规定的情形，经依法处理后一年内再出现前款规定的情形，或者有其他情节严重情形的，由**县级以上人民政府**民政部门吊销登记证书并予以公告。
第一百条　慈善组织有本法**第九十八条、第九十九条**规定的情形，有违法所得的，由民政部门予以没收；对直接负责的主管人员和其他直接责任人员处二万元以上二十万元以下罚款。	**第一百一十八条**　慈善组织有本法**第一百一十六条、第一百一十七条**规定的情形，有违法所得的，由民政部门予以没收；对直接负责的主管人员和其他直接责任人员处二万元以上二十万元以下罚款。	
第一百零一条　开展募捐活动有下列情形之一的，由**民政部门**予以警告、责令停止募捐活动；对**违法募集的财产，责令退还捐赠人；难以退还的**，由民政部门予以收缴，转给其他慈善组织用于慈善目的；~~对有关组织或者个人处二万元以上二十万元以下罚款：~~ ~~（一）不具有公开募捐资格的组织或者个人开展公开募捐的；~~	**第一百一十九条**　**慈善组织**开展募捐活动有下列情形之一的，由**民政部门**予以警告，责令停止募捐活动；**有违法募集的财产的**，责令退还捐赠人；**难以退还的**，由民政部门予以收缴，转给其他慈善组织用于慈善目的： （一）通过虚构事实等方式欺骗、诱导募捐对象实施捐赠的； （二）向单位或者个人摊派或者变相摊派的；	**第一百一十一条**　**慈善组织**开展募捐活动有下列情形之一的，由**县级以上人民政府**民政部门予以警告，责令停止募捐活动；**责令退还违法募集的财产，无法退还**的，由民政部门予以收缴，转给其他慈善组织用于慈善目的；**情节严重的，吊销公开募捐资格证书或者登记证书并予以公告，公开募捐资格证书被吊销的，五年内不得再次申请；**

续表

慈善法(2016)	慈善法(修订草案)	慈善法(2023)
(二)通过虚构事实等方式欺骗、诱导募捐对象实施捐赠的; (三)向单位或者个人摊派或者变相摊派的; (四)妨碍公共秩序、企业生产经营或者居民生活的。 广播、电视、报刊以及网络服务提供者、电信运营商未履行本法第二十七条规定的验证义务的,由其主管部门予以警告,责令限期改正;逾期不改正的,予以通报批评。	(三)妨碍公共秩序、企业生产经营或者居民生活的; (四)公开募捐活动开始前未将募捐方案向其登记的民政部门备案的; (五)通过互联网开展公开募捐,不在本法第二十六条规定的平台进行的; (六)与不具有公开募捐资格的组织或者个人合作,未对合作方进行评估或者未在募捐方案中载明合作方信息的; (七)为应对特别重大、重大突发事件开展公开募捐,不及时拨付、使用募得款物的。 有前款规定的情形,情节严重的,对直接负责的主管人员和其他直接责任人员处三万元以上三十万元以下罚款。有公开募捐资格的慈善组织有前款规定的情形,情节严重的,吊销公开募捐资格证书;公开募捐资格证书被吊销的,五年内不得再次申请。	(一)通过虚构事实等方式欺骗、诱导募捐对象实施捐赠的; (二)向单位或者个人摊派或者变相摊派的; (三)妨碍公共秩序、企业生产经营或者居民生活的; (四)与不具有公开募捐资格的组织或者个人合作,违反本法第二十六条规定的; (五)通过互联网开展公开募捐,违反本法第二十七条规定的; (六)为应对重大突发事件开展公开募捐,不及时分配、使用募得款物的。
第一百条　慈善组织有本法第九十八条、第九十九条规定的情形,有违法所得的,由民政部门予以没收;对直接负责的主管人员和其他直接责任人员处二万元以上二十万元以下罚款。		第一百一十二条　慈善组织有本法第一百零九条、第一百一十条、第一百一十一条规定情形的,由县级以上人民政府民政部门对直接负责的主管人员和其他直接责任人员处二万元以上二十万元以下罚款,并没收违法所得;情节严重的,禁止其一年至五年内担任慈善组织的管理人员。

续表

慈善法(2016)	慈善法(修订草案)	慈善法(2023)
第一百零七条 自然人、法人或者**其他**组织假借慈善名义或者假冒慈善组织骗取财产的,由公安机关依法查处。	**第一百二十条 不具有公开募捐资格的组织或者个人擅自开展公开募捐的,由民政部门责令停止募捐活动;有违法募集的财产的,责令退还捐赠人;难以退还的,由民政部门予以收缴,转给慈善组织用于慈善目的;情节严重的,对有关组织或者个人处二万元以上二十万元以下罚款。** 自然人、法人或者**其他**组织假借慈善名义或者假冒慈善组织开展募捐活动、骗取财产的,由公安机关依法查处。	**第一百一十三条 不具有公开募捐资格的组织或者个人擅自开展公开募捐的,由县级以上人民政府民政部门予以警告,责令停止募捐活动;责令退还违法募集的财产,无法退还的,由民政部门予以收缴,转给慈善组织用于慈善目的;情节严重的,对有关组织或者个人处二万元以上二十万元以下罚款。** 自然人、法人或者**非法人**组织假借慈善名义或者假冒慈善组织骗取财产的,由公安机关依法查处。
第一百零一条第二款 广播、电视、报刊以及网络服务提供者、电信运营商未履行**本法第二十七条**规定的验证义务的,由其主管部门**予以警告,责令限期改正**;逾期不改正的,予以通报批评。	**第一百二十一条** 广播、电视、报刊以及网络服务提供者、电信运营商未履行本法**第二十九条**规定的验证义务的,由其主管部门予以警告,责令限期改正;逾期不改正的,予以通报批评。 **互联网公开募捐服务平台违反本法第二十八条规定的,由民政部门责令限期改正;逾期不改正的,由国务院民政部门取消指定。** **未经指定的互联网信息服务提供者擅自提供互联网公开募捐服务的,由民政部门责令限期停止活动;逾期不停止活动的,由民政部门会同网信、工信部门依法进行处理。**	**第一百一十四条 互联网公开募捐服务平台违反本法第二十七条规定的,由省级以上人民政府民政部门责令限期改正;逾期不改正的,由国务院民政部门取消指定。** **未经指定的互联网信息服务提供者擅自提供互联网公开募捐服务的,由县级以上人民政府民政部门责令限期改正;逾期不改正的,由县级以上人民政府民政部门会同网信、工业和信息化部门依法进行处理。** 广播、电视、报刊以及网络服务提供者、电信运营商未**依法履行**验证义务的,由其主管部门责令限期改正,**予以警告**;逾期不改正的,予以通报批评。

续表

慈善法（2016）	慈善法（修订草案）	慈善法（2023）
第一百零二条　慈善组织不依法向捐赠人开具捐赠票据、不依法向志愿者出具志愿服务记录证明或者不及时主动向捐赠人反馈有关情况的，由民政部门予以警告，责令限期改正；逾期不改正的，责令限期停止活动。	**第一百二十二条**　慈善组织不依法向捐赠人开具捐赠票据、不依法向志愿者出具志愿服务记录证明或者不及时主动向捐赠人反馈有关情况的，由民政部门予以警告，责令限期改正；逾期不改正的，责令限期停止活动。	**第一百一十五条**　慈善组织不依法向捐赠人开具捐赠票据、不依法向志愿者出具志愿服务记录证明或者不及时主动向捐赠人反馈有关情况的，由**县级以上人民政府**民政部门予以警告，责令限期改正；逾期不改正的，责令限期停止活动。
第一百零三条　慈善组织弄虚作假骗取税收优惠的，由税务机关依法查处；情节严重的，由民政部门吊销登记证书并予以公告。	**第一百二十三条**　慈善组织弄虚作假骗取税收优惠的，由税务机关依法查处；情节严重的，由民政部门吊销登记证书并予以公告。	**第一百一十六条**　慈善组织弄虚作假骗取税收优惠的，由税务机关依法查处；情节严重的，由**县级以上人民政府**民政部门吊销登记证书并予以公告。
第一百零四条　慈善组织从事、资助危害国家安全或者社会公共利益活动的，由有关机关依法查处，由民政部门吊销登记证书并予以公告。	**第一百二十四条**　慈善组织从事、资助危害国家安全或者社会公共利益活动的，由有关机关依法查处，由民政部门吊销登记证书并予以公告。	**第一百一十七条**　慈善组织从事、资助危害国家安全或者社会公共利益活动的，由有关机关依法查处，由**县级以上人民政府**民政部门吊销登记证书并予以公告。
第一百零五条　慈善信托的受托人有下列情形之一的，由民政部门**予以警告，责令限期改正；有违法所得的，由民政部门予以没收**；对直接负责的主管人员和其他直接责任人员处二万元以上二十万元以下罚款： （一）将信托财产及其收益用于非慈善目的的； （二）未按照规定将信托事务处理情况及财务状况向民政部门报告~~或者向社会公开的~~。	**第一百二十五条**　慈善信托的**委托人**、受托人有下列情形之一的，由民政部门**予以警告，责令限期改正；有违法所得的，由民政部门予以没收**；对直接负责的主管人员和其他直接责任人员处二万元以上二十万元以下罚款： （一）将信托财产及其收益用于非慈善目的的； **（二）指定其利害关系人作为受益人的；** （三）未按照规定将信托事务处理情况及财务状况向民政部门报告；	**第一百一十八条**　慈善信托的**委托人**、受托人有下列情形之一的，由**县级以上人民政府**民政部门**责令限期改正，予以警告，并没收违法所得**；对直接负责的主管人员和其他直接责任人员处二万元以上二十万元以下罚款： （一）将信托财产及其收益用于非慈善目的的； **（二）指定或者变相指定委托人、受托人及其工作人员的利害关系人作为受益人的；**

续表

慈善法(2016)	慈善法(修订草案)	慈善法(2023)
	(四)开展慈善活动的年度支出或者管理费用违反本法第六十四条规定的; (五)未依法履行信息公开义务的; ~~(六)信托终止未按照本法第五十二条的规定报告剩余财产处分方案、作出清算报告或者未依法处理剩余财产的;~~ ~~(七)私分、挪用、截留或者侵占慈善财产的。~~	(三)未按照规定将信托事务处理情况及财务状况向民政部门报告的; (四)违反慈善信托的年度支出或者管理费用标准的; (五)未依法履行信息公开义务的。
	~~**第一百二十六条**　慈善活动参与者违反本法规定,泄露国家秘密、商业秘密或者个人信息的,依照有关法律的规定予以处罚。~~	
第一百零六条　慈善服务过程中,因慈善组织或者志愿者过错造成受益人、第三人损害的,慈善组织依法承担**赔偿责任**;损害是由志愿者故意或者重大过失造成的,慈善组织可以向其追偿。 志愿者在参与慈善服务过程中,因慈善组织过错受到损害的,慈善组织依法承担赔偿责任;损害是由不可抗力造成的,慈善组织应当给予适当补偿。	**第一百二十七条**　慈善服务过程中,因慈善组织或者志愿者过错造成受益人、第三人损害的,慈善组织依法承担**侵权责任**;损害是由志愿者故意或者重大过失造成的,慈善组织可以向其追偿。 志愿者在参与慈善服务过程中,因慈善组织过错受到损害的,慈善组织依法承担赔偿责任;损害是由不可抗力造成的,慈善组织应当给予适当补偿。	**第一百一十九条**　慈善服务过程中,因慈善组织或者志愿者过错造成受益人、第三人损害的,慈善组织依法承担**赔偿责任**;损害是由志愿者故意或者重大过失造成的,慈善组织可以向其追偿。 志愿者在参与慈善服务过程中,因慈善组织过错受到损害的,慈善组织依法承担赔偿责任;损害是由不可抗力造成的,慈善组织应当给予适当补偿。
第一百零八条　县级以上人民政府民政部门和其他有关部门及其工作人员有下列情形之一的,由上级机关或者监察机关责令改正;依法应当给予处分的,由任免机关或者监察机关对直接负责的主管人员和其他直接责任人员给予处分:	**第一百二十八条**　县级以上人民政府民政部门和其他有关部门及其工作人员有下列情形之一的,由上级机关或者监察机关责令改正;依法应当给予处分的,由任免机关或者监察机关对直接负责的主管人员和其他直接责任人员给予处分:	**第一百二十条**　县级以上人民政府民政部门和其他有关部门及其工作人员有下列情形之一的,由上级机关或者监察机关责令改正;依法应当给予处分的,由任免机关或者监察机关对直接负责的主管人员和其他直接责任人员给予处分:

续表

慈善法(2016)	慈善法(修订草案)	慈善法(2023)
(一)未依法履行信息公开义务的; (二)摊派或者变相摊派捐赠任务,强行指定志愿者、慈善组织提供服务的; (三)未依法履行监督管理职责的; (四)违法实施行政强制措施和行政处罚的; (五)私分、挪用、截留或者侵占慈善财产的; (六)其他滥用职权、玩忽职守、徇私舞弊的行为。	(一)未依法履行信息公开义务的; (二)摊派或者变相摊派捐赠任务,强行指定志愿者、慈善组织提供服务的; (三)未依法履行监督管理职责的; (四)违法实施行政强制措施和行政处罚的; (五)私分、挪用、截留或者侵占慈善财产的; (六)其他滥用职权、玩忽职守、徇私舞弊的行为。	(一)未依法履行信息公开义务的; (二)摊派或者变相摊派捐赠任务,强行指定志愿者、慈善组织提供服务的; (三)未依法履行监督管理职责的; (四)违法实施行政强制措施和行政处罚的; (五)私分、挪用、截留或者侵占慈善财产的; (六)其他滥用职权、玩忽职守、徇私舞弊的行为。
第一百零九条 违反本法规定,构成违反治安管理行为的,由公安机关依法给予治安管理处罚;构成犯罪的,依法追究刑事责任。	**第一百二十九条** 违反本法规定,构成违反治安管理行为的,由公安机关依法给予治安管理处罚;构成犯罪的,依法追究刑事责任。	**第一百二十一条** 违反本法规定,构成违反治安管理行为的,由公安机关依法给予治安管理处罚;构成犯罪的,依法追究刑事责任。
第十二章 附 则	**第十三章 附 则**	**第十三章 附 则**
第一百一十条 城乡社区组织、单位可以在本社区、单位内部开展群众性互助互济活动。	**第一百三十条** 城乡社区组织、单位可以在本社区、单位内部开展群众性互助互济活动。	**第一百二十二条** 城乡社区组织、单位可以在本社区、单位内部开展群众性互助互济活动。
第一百一十一条 慈善组织以外的其他组织可以开展力所能及的慈善活动。	**第一百三十一条** 慈善组织以外的其他组织可以开展力所能及的慈善活动。 **红十字会、公益性非营利的事业单位等开展募捐或者接受捐赠,其他法律有规定的从其规定,没有规定的参照适用本法的规定。**	**第一百二十三条** 慈善组织以外的其他组织可以开展力所能及的慈善活动。

续表

慈善法(2016)	慈善法(修订草案)	慈善法(2023)
	第一百三十二条　个人为了解决本人或者家庭的困难向社会发布求助信息的，求助人和信息发布人应当对信息真实性负责，不得通过虚构事实等方式骗取救助。网络服务提供者应当承担求助信息真实性审查义务。对个人求助的网络服务提供者的管理规则由国务院民政部门会同有关部门另行制定。	第一百二十四条　个人因疾病等原因导致家庭经济困难，向社会发布求助信息的，求助人和信息发布人应当对信息真实性负责，不得通过虚构、隐瞒事实等方式骗取救助。 从事个人求助网络服务的平台应当经国务院民政部门指定，对通过其发布的求助信息真实性进行查验，并及时、全面向社会公开相关信息。具体管理办法由国务院民政部门会同网信、工业和信息化等部门另行制定。
第一百一十二条　本法自2016年9月1日起施行。	第一百三十三条　本法自　年　月　日起施行。	第一百二十五条　本法自2016年9月1日起施行。